U0564233

乡村振兴的湖南实践

典型案例选编

中共湖南省委政策研究室 / 组编

湖南大学出版社

·长沙·

图书在版编目（CIP）数据

乡村振兴的湖南实践 / 中共湖南省委政策研究室组编. — 长沙：湖南大学
出版社，2023.1

ISBN 978-7-5667-2828-9

Ⅰ.①乡… Ⅱ.①中… Ⅲ.①农村—社会主义建设—研究 Ⅳ.①F327.64

中国版本图书馆CIP数据核字（2023）第007696号

乡村振兴的湖南实践
XIANGCUN ZHENXING DE HUNAN SHIJIAN

组　　编：中共湖南省委政策研究室

策划编辑：陈建华　刘　旺

责任编辑：刘　旺

印　　装：湖南省众鑫印务有限公司

开　　本：787 mm × 1 092 mm　1/16　　印　　张：20.25　字　　数：377千字

版　　次：2023年1月第1版　　　　　印　　次：2023年1月第1次印刷

书　　号：ISBN 978-7-5667-2828-9

定　　价：47.00元

出 版 人：李文邦

出版发行：湖南大学出版社

社　　址：湖南·长沙·岳麓山　　　　　邮　　编：410082

电　　话：0731-88822559（营销部）　　88821174（编辑部）　　88821006（出版部）

传　　真：0731-88822264（总编室）

网　　址：http：//www.hnupress.com

　　"民族要复兴，乡村必振兴。"党的十九大明确提出，要实施乡村振兴战略，这是党中央从党和国家事业全局出发、顺应亿万农民对美好生活的向往作出的重大决策。习近平总书记围绕乡村振兴发表了一系列重要论述，立意高远、内涵丰富、思想深刻，科学回答了乡村振兴一系列重大理论和实践问题，为实施乡村振兴战略提供了行动纲领和根本遵循。

　　近年来，湖南深入学习贯彻习近平总书记关于"三农"工作重要论述和对湖南重要讲话重要指示批示精神，大力实施乡村振兴战略，推动全省农业农村发展取得历史性成就、发生历史性变革。脱贫攻坚取得全面胜利，粮食生产连年丰收，乡村产业蓬勃发展，农民收入持续增长，农村民生显著改善，乡村面貌焕然一新，为全面建设社会主义现代化新湖南提供了重要支撑。

　　实施乡村振兴战略以来，全省各地各部门坚决贯彻党中央和省委、省政府决策部署，牢牢把握"产业兴旺、生态宜居、乡风文明、治理有效、生活富裕"总要求，统筹推进乡村产业振兴、人才振兴、文化振兴、生态振兴、组织振兴，大胆探索、勇于创新，涌现出了一大批好典型、好经验，充分展示了习近平总书记关于"三农"工作重要论述在湖南的生动实践。

　　"强国必先强农，农强方能国强。"党的二十大对全面推进乡村振兴、加快建设农业强国进行了战略部署，省委十二届三次全会对全面推进乡村振兴、加快建设农业强省作了科学安排。为认真贯彻落实党的二十大和省委全会精神，省委政研室组织编辑出版了《乡村振兴的湖南实践》，希望通过典型引路、示范带动为各地各有关部门推进乡村振兴提供有益参考。

该书共选编百余个典型案例，分实施乡村振兴战略综合篇、扛稳国家粮食安全重任篇、巩固拓展脱贫攻坚成果篇、发展乡村产业篇、推进乡村建设篇、加强和改进乡村治理篇、深化农村改革篇、加强党对"三农"工作的全面领导篇等8个篇目，所选案例突出创新性、可读性和经验的可推广性，从市、县、乡、村各个层面展示了乡村振兴的最新实践成果。

在该书编辑过程中，省委、省政府有关领导给予了精心指导，各市州、县市区有关领导和党委政研室、党委农办、农业农村局、乡村振兴局等有关部门付出了辛勤劳动，湖南大学出版社给予了大力支持，在此一并表示感谢！

鉴于篇幅，全省还有很多好经验、好典型未能录入。书中还难免有错漏之处，敬请批评指正。

编　者

2023 年 1 月

一 实施乡村振兴战略综合篇 / 001

二 扛稳粮食安全重任篇 / 043

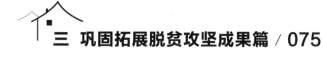

三　巩固拓展脱贫攻坚成果篇 / 075

四 发展乡村产业篇 / 105

五 推进乡村建设篇 / 161

六　加强和改进乡村治理篇 / 205

七 深化农村改革篇 / 259

八 加强党对"三农"工作的全面领导篇 / 287

一

实施乡村振兴战略
综合篇

实施乡村振兴战略，是我们党"三农"工作一系列方针政策的继承和发展，是亿万农民的殷切期盼。全党同志务必深刻认识实施乡村振兴战略的重大意义，把农业农村优先发展作为现代化建设的一项重大原则，把振兴乡村作为实现中华民族伟大复兴的一个重大任务，以更大的决心、更明确的目标、更有力的举措，书写好中华民族伟大复兴的"三农"新篇章。

——习近平

打造具有辨识度的乡村振兴新路径

——长沙市实施乡村振兴战略经验做法

近年来，长沙市坚持以习近平新时代中国特色社会主义思想为指导，认真贯彻习近平总书记关于"三农"工作重要论述精神，全面落实习近平总书记考察湖南重要讲话重要指示批示精神，围绕"三高四新"战略定位和使命任务，扎实推进乡村振兴示范市建设，着力打造有长沙辨识度的乡村振兴工作，2021年获评全省实施乡村振兴战略先进市。

一、突出优先发展，切实强化组织领导

坚持把实施乡村振兴战略摆在优先位置，举全市之力抓好乡村振兴工作。**强化党的领导。**严格落实"五级书记抓乡村振兴"责任，市级成立由省委常委、市委书记任组长的市委实施乡村振兴战略工作领导小组，建立由市委副书记、市长任组长的市委农村工作领导小组，市委常委会会议、市政府常务会议、书记市长办公会议对乡村振兴工作多次研究部署，市委、市政府每年组织开展乡村振兴重点工作现场观摩会、推进会等活动，不断加强党对"三农"工作的领导。**强化规划引领。**出台《长沙市建设乡村振兴示范市规划纲要（2021—2025）》及乡村振兴七大专项行动方案。督促各区县（市）和涉农乡镇（街道）全部完成"十四五"乡村振兴规划编制，启动760个"多规合一"村庄规划编制，形成了市、县、乡、村四级乡村振兴一盘棋推进的规划体系。**强化投入保障。**2021年全市农林水预算安排83.43亿元，同比增长10.6%；土地出让收益中

用于农业农村的资金占比达到 56.12%，占土地出让收入总量的 5.87%。与中国农业银行湖南省分行合作搭建长沙市农村综合金融服务平台，未来五年将为全市涉农中小微企业、新型农业经营主体提供授信总额度约 300 亿元。

二、突出提质提效，大力发展富民产业

持续深化农业供给侧结构性改革，一产增加值在全国省会城市中总量排名第八位。**坚持产业链相加。**以发展农产品加工业、乡村休闲旅游等产业为着力点，构建一二三产业融合发展体系。2021 年全市农产品加工业总产值达 2920 亿元，加工业产值与一产产值比达到 3.99∶1。丰富乡村休闲旅游内涵，推动"农家乐"向旅游观光、养生养老、创意农业、农耕体验等业态转型升级，乡村休闲旅游接待旅客超过 6000 万人次，营业收入达 530 亿元，同比分别增长 15%、18%。**坚持供应链相通。**坚持线下实体市场与农产品电商相结合，推进产销衔接、农商互联，降低农产品流通成本，提高供给效率。实施"一圈两场三道"工程，打造形成居民生鲜农产品消费"15 分钟生活圈"；统筹推进大型农产品批发市场建设，红星农副产品大市场、长沙黄兴海吉星国际农产品物流园等入围 2021 年度中国商品市场综合百强。大力发展"互联网＋农业"，培育了兴盛优选、搜农坊等本土农产品电商，其中兴盛优选被评为中国独角兽企业。**坚持利益链相融。**充分发挥龙头企业对小农户的带动作用，大力发展"龙头企业＋小农户""龙头企业＋合作社（基地）＋小农户"的农业产业化联合体，推广"订单收购＋分红""农民入股＋保底收益＋按股分红"等模式，促进农民稳定增收。2021 年全市农村居民人均可支配收入达到 38195 元，位列省会城市第二位。

三、突出有效衔接，全面巩固脱贫成果

坚持把巩固拓展脱贫攻坚成果同乡村振兴有效衔接作为首要任务抓紧抓实抓好。**精细精准做实监测帮扶。**抓好防返贫动态监测，聚焦脱贫不稳定户、边缘易致贫户、突发严重困难户三类监测对象，全面建立农户自主申报、干部走访排查、部门筛查预警三个预警机制，实现应纳尽纳。按照"缺什么补什么"的原则，根据监测对象的风险类别、发展需求建立针对性的村、镇、县级行业部门三级联动的帮扶机制，筑牢防返贫防护网。**从严从实巩固"两**

不愁三保障"成果。保持主要帮扶政策总体稳定，全市脱贫户和监测对象辍学率为零，小学、初中学生入学率、巩固率均达到100%；建档立卡脱贫人口、特困人员等困难群众100%参保并全额资助，100%纳入基本医保、大病保险和医疗救助三重保障范围；实现农村饮水安全率达100%。**接续接力推进乡村振兴**。抓好就业和产业"两个关键"，投入产业资金1.27亿元，实施产业项目351个，直接带动7248人稳定增收；实施"311"就业服务，培育"扶贫车间"125家，脱贫劳动力务工人数达5.62万人。

四、突出美丽宜居，聚力推进乡村建设

全面启动乡村建设行动，推动乡村基础设施提档升级，持续缩小城乡发展差距。**以人居环境整治塑造乡村新风貌**。深入推进农村"厕所革命"，累计完成农村户用无害化厕所改造87.5万户，实现农村无害化厕所应改尽改。建立健全农村垃圾分类减量长效机制，按照每150人配备一名保洁员的标准配备8200余名保洁员，实现农村生活垃圾分类覆盖率达100%、减量率达60%。**以美丽宜居村庄建设焕发乡村新气象**。把美丽宜居村庄建设作为乡村建设行动的重要抓手，2021年铺排建设美丽宜居村庄955个，2022年铺排建设800个。坚持全民参与，举办屋场夜话、村民议事会、屋场理事会等3000余场次，发动群众累计筹资筹款约9.5亿元，有效避免了村级负债建设。**以基础设施提标促进乡村新发展**。按照规划同步、建设同质、投入同量、管护同标的要求，督促区县（市）统筹编制基础设施"七张网"建设规划，全面提升农村路、水、电、气、讯、广电、物流"七张网"建设标准。加快农村公路提档升级，成功获评"四好农村路"省级示范市，望城区、浏阳市获评"四好农村路"全国示范县。稳步推进快递进村，供销合作社惠农服务网络涉农乡镇覆盖率达100%。

五、突出改革创新，增强乡村发展动能

聚焦乡村振兴重点难点，系统推进农村关键领域改革创新，为乡村振兴提供强劲动能。**创新乡村人才培育机制**。在全国率先出台系统性的乡村人才认定扶持体系，包括《长沙市乡村振兴产业人才队伍建设若干措施》及13个配套实施办法，在106个乡镇（街道）设立人才服务窗口，认定全国首批农

业领域高层次人才 46 人并同等享受城市人才优惠政策，培育新型职业农民 1974 人、乡村工匠 665 人，构建形成多层次的乡村人才队伍。**创新乡村治理模式。**探索自治、法治、德治"三治"融合乡村治理体系的有效实现路径，形成长沙县"党建＋五零"、望城区"党建＋乡贤"、浏阳市"党建＋微网格"、宁乡市"道德积分"等乡村治理新模式，2 镇 6 村先后荣获全国乡村治理示范镇村称号。**创新集体经济发展路径。**全面开展农村集体资产清产核资、成员身份确认，全市共核实农村集体资产 341.62 亿元，登记赋码集体经济组织 1068 家；大力发展新型村级集体经济，全市所有村集体经济收入均超过 20 万元。

加快"五好乡村"建设 全面推进乡村振兴
——株洲市实施乡村振兴战略经验做法

　　株洲是全国第一个成建制双季稻亩产过吨粮的地级市，农业文化底蕴十分深厚，炎帝神农氏就安寝在株洲市炎陵县。近年来，株洲市坚持以习近平新时代中国特色社会主义思想为指导，深入贯彻落实党中央、国务院和省委、省政府决策部署，以"五好"实力乡村建设为抓手，以湘赣边乡村振兴示范区建设为重点，扎实推动农业农村高质量发展和乡村振兴，取得阶段性成效。

一、突出产业发展好，打造乡村振兴"主引擎"

　　重点推进以"一县一特"为抓手的特色强农行动，以品牌宣传为抓手的品牌强农行动，以院士专家服务为抓手的科技强农行动，以特色小镇创建为抓手的产业融合强农行动，以深化改革激活产业发展动力，加快推进乡村产业振兴。**实施特色强农行动。**开展全市"十大农业区域公用品牌""十大农产品品牌"等评选活动，出台支持特色产业发展的政策，各县市区的农业产业特色显著增强。炎陵县鹿原镇、炎陵县中村乡、攸县皇图岭镇和茶陵县严塘镇获评国家级农业产业强镇，炎陵黄桃入选"湖南十大农业（区域公用）品牌"，通过了"中国优质黄桃之乡""地理标志证明商标""中国特色农产品优势区"等标志认证。**实施品牌强农行动。**市本级近两年每年拿出1000多万元，组织开展在央视、湖南卫视、长沙地铁、机场等媒体媒介宣传特色优质农产品，组织开展直播带货、展示展销，提升了农产品知名度、美誉度，优质农产品销售实现了量价齐升。**实施科技强农行动。**挂牌成立柏连阳院士创新团队渌口区工作室，建立"一个区域公用品牌、一名院士指导、一个专家团队服务建设公共服务人才队伍、一笔专项资金支持"的保障机制，与湖南农业大学、上海市农业科学院、中南林业科技大学等签订校地、校企合作协议，引进 40 余名院士专家组建服务团，对口开展科技服务。**实施产业融合强农行动。**出台专门方案，按照"基地＋园区＋景区"融合发展理念，培育了 14 个市级农业特色小镇。全市市级以上农业产业化龙头企业达 300 家，农产品加工产值达 1103 亿元，唐人神集团年产值超 200 亿元，成为全省最大农产品加工企业。**深化农村改革。**巩固拓展农村集体产权制度改革成果，建成全省首个市级农村产权流转交易平台，实现交易额超 8.5 亿元。全面完成农业综合执法改革，市农业综合执法支队获评第三批全国农业综合行政执法示范窗口。

二、突出人才队伍好，培育乡村振兴"主力军"

着力完善人才培养、引进、使用机制，发展壮大农村产业人才、公共服务人才、农村治理人才三支队伍。**注重人才政策优化。**出台"新人才 30 条"，在原"人才 30 条"基础上，围绕落实"三高四新"战略、对接长株潭人才一体化等目标，优化升级措施 17 条，创新措施 13 条。建立"三农"人才库，动态储备人才 139 人，加强联络对接、争取支持，更好服务乡村振兴。**注重产业人才培育。**围绕产业发展需求，大力开展培育培训，共培育农业产业发展带头人 10915 人、农村电商人才 12856 人，培训乡土人才 12.1 万人次。**注重公共服务人才培育。**做到科技专家服务县市区全覆盖，加大公费定向师范生、定向医学生培养力度，共选派科技特派员 343 名、挂职科技副县长 5 名，定向培育专技人才 1500 多人，引进专技人才 1135 人。**注重治理人才培育。**对村党组织书记进行全面轮训，培训基层骨干 5000 余人次。加强新乡贤队伍建设，新乡贤发展到 6385 人。创优乡村人才发展环境，完善乡村柔性引才、人才激励等机制，柔性引进湘雅医院等 13 家知名医院 114 名专家教授服务农民群众，工作做法在全省人才培训会上推介。

三、突出乡村风尚好，唱响乡村振兴"主旋律"

实施乡风文明培育、乡村文化服务效能提升、乡村优秀传统文化传承、乡村文旅产业融合发展"四大工程"，让优秀乡村文化温润千家万户。**在阵地建设上下功夫。**全市建有新时代文明实践中心 10 个、实践所 107 个、实践站 1392 个，乡镇（街道）综合文化站设置率达到 100%，村级综合文化服务中心建成率 100%；建成农家书屋 1561 个，实现所有行政村全覆盖。以中部第一、全国第二的优异成绩，成功创建国家公共文化服务体系示范区。**在服务供给上下功夫。**开展"服务基层、服务农民"活动，每年免费放映电影 2 万余场，开展"送戏曲进万村、送书画进万家"活动 700 余场，湘东院线公司、攸县花鼓戏保护传承中心等单位获评全国"双服务"先进集体。**在遗产保护上下功夫。**先后争取国家和省级保护经费近亿元，新增中国传统村落 4 处、中国历史文化名村 1 处、全国重点文物保护单位 8 处、省级文物保护单位 24 处。醴陵沩山村、茶陵秩塘镇、炎陵中村瑶族乡被评为全省经典文化村镇。**在移风易俗上下功夫。**大力倡导文明节俭办婚丧喜庆事宜，厚葬薄养、农村大操大办等不良风气得到有效遏制，涌现出醴陵市孙家村、隆兴坳村，以及攸县罗家坪村等一批好典型。

四、突出生态环境好，守好乡村振兴"主阵地"

坚持"绿水青山就是金山银山"的发展理念，打赢打好农村人居环境整治、农业面源污染治理、长江禁捕退捕攻坚战。**打赢打好农村人居环境整治攻坚战。**新建和改造垃圾中转站 38 座，建成 37 个乡镇污水处理厂，68 个乡镇全面建成农村污水处理设施，整治"四类房"880 万平方米，改（新）建农村户厕 17.6 万个，农村户用卫生厕所总数达 63 万余个，卫生厕所普及率接近 94%。株洲市荣获 2021 年全省农村人居环境整治提升先进市。**打赢打好农业面源污染防治攻坚战。**主要农作物化肥、农药使用量实现负增长，测土配方施肥覆盖率超过 90%，农作物秸秆综合利用率提高到 87.3%，农膜回收率达 85.4%。全市湘江干流沿岸一公里范围内等禁养区共退养畜禽养殖场 1553 家，全市畜禽规模养殖场粪污处理设施设备配套率达 100%，畜禽废弃物资源化利用率达 95.6%，位居全省前列。**打赢打好长江禁捕退捕攻坚战。**全市共精准识别各类渔民 835 户，捕捞权证书回收、退捕协议签订、退捕渔船处置、涉渔"三无"

船舶处置均 100% 到位，有就业意愿的退捕渔民 100% 就业，符合条件的困难渔民 100% 得到救助帮扶。株洲市 2019 年获评全国水生态文明城市、2020 年获评中国绿水青山典范城市。

五、突出组织建设好，强健乡村振兴"主心骨"

充分发挥党的政治优势、组织优势、密切联系群众的优势，把组织活力转化为乡村振兴的动力。**建强基层组织。**全面完成乡村两级换届，吸纳 2080 名致富带头人进入村支"两委"班子，全市党组织书记、村主任"一肩挑"的村占比 95.1%。**开展示范创建。**全面启动湘赣边乡村振兴党建示范带创建，选择 106 国道沿线、湘赣边交界地区 32 个乡镇 42 个村为示范，计划用 3 年时间，形成核心村带动周边村的辐射效应，推动党建示范带"党建强、发展强"。**发展集体经济。**深入开展村级集体经济"消薄"集中攻坚，创新部门、企业"2+1"联建共建机制，统筹安排市（县）直机关、事业单位和国有企业、两新组织作为后盾单位，与 250 个"薄弱村"结成党建联建共同体，确保集体经济"薄弱村"年内全面清零。**提升治理水平。**开展村级治理试点，努力探索党建引领"三治融合"的村级治理模式。全市村议事机构全覆盖率达到 100%，村规民约覆盖率达到 100%，建有综合服务站的村占比达到 100%，全市所有村（社区）实现"一站式"办理、"一门式"服务，相关做法被新华网、《湖南日报》等多次报道推介，攸县"门前三小"模式入选第二批全国农村公共服务典型案例。

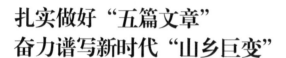

扎实做好"五篇文章"
奋力谱写新时代"山乡巨变"

——益阳市实施乡村振兴战略经验做法

近年来，益阳市牢记习近平总书记"着力推进农业现代化"的殷殷嘱托，扛牢新一轮现代农业综合改革试点重任，找准"先行先试"切入点、瞄准"特色发展"突破口，大胆探索、主动作为，扎实做好现代农业融合、创新、改革、数字、绿色"五篇文章"，奋力谱写出新时代的"山乡巨变"。2021年全市实现农林牧渔业总产值607.5亿元，农村居民人均可支配收入20741元，高于全省平均水平2446元。

一、做强融合文章，推动产业发展

聚集产业，培育壮大优势特色产业。加快打造现代农业"131千亿级产业"工程升级版，培育壮大农业优势特色产业，茶叶、稻虾、蔬菜、水产、休闲食品等优势主导产业综合产值突破千亿元，百亿级农业产业达6个，安化县连续12年位列中国茶业百强县前十强。深入实施"百企"培育工程，农业产业化国家重点龙头企业达8家、省级66家，农产品加工业年销售额达1578亿元。**聚焦特色，以"农业产业园区"推进三产融合。**依托全市"茶乡""渔乡""花乡""果乡"等资源优势，构建形成安化黑茶、南县稻虾米、桃江竹笋、沅江芦笋、资阳休闲食品、大通湖闸蟹等特色产业差异化发展格局。建成国家级现代农业产业园1个、省级现代农业产业园2个、省级现代农特色产业园 56 个。同时，顺应消费需求新变化新趋势，推动农业与旅游、文化、康养融合发展，形成茶乡花海、罗文涂鸦、"清溪村 + 国联水产"等三产融合样本。**聚力共建，以"一县一品"引领品牌融合。**着力构建"区域公用品牌 + 企业品牌 + 特色农产品品牌"体系，实现农业区域公用品牌、企业品牌、农产品品牌协同发展，不断提升益阳农业知名度和美誉度。全市成功注册国家地理标志证明商标 22 个、国家地理标志保护产品 3 个、农产品地理标志登记产品 12 个，南县稻虾米获巴拿马太平洋万国博览会金奖，桃江竹笋获评全国农业十大领军地标品牌，安化黑茶成为湖南唯一进入全国首批 100 个中欧互认互保名单的地标产品。

二、做实创新文章，强化支撑保障

运用机制创新增活力。围绕特色产业发展，实行各类补贴、专项资金支持向规模经营倾斜的投入引导机制，大力培育壮大新型农业经营主体。在全省率先开展家庭农场标准化体系建设、一亩茶园（稻虾）助推一人脱贫等改革创新试点，发展农民合作社、家庭农场等 3 万余家，带动土地适度规模经营水平居全省首位。**运用科技创新添动力。**坚持向科技创新要产能，探索推动政企研多方合作，共建农业科技创新平台。引进省农科院、湖南农业大学、中联农科等科研院所力量，联合创立稻虾米产业研究院，推进"数字大米"工程。全市创建国家级农业科技园区 1 个、全国农村创新创业园区（基地）3 个，建立省级重点实验室 1 个、院士工作站 2 个、省级工程技术研究中心 10 个，主要农作物耕种收综合机械化水平达 78.48%，高于全省平均水平 24 个百分点，农业科技贡献率达 61%。**运用模式创新挖潜力。**深化供销合作社综合改革，构建以供销合作社为主力军、农业社会化服务组织为生力军的农业社会化服务组织体系，创新"服务组织 + 农村集体经济组织 + 小农户""服务组织 + 新型农业经营主体 + 小农户"等多种组织形式，探索形成"供销e家""十代"社会化服务等模式。目前，益阳农业生产社会化服务总面积达到 225.4 万亩，服务收入超过 3 亿元，为农民增收节支超过 2000 万元。

三、做深改革文章，释放要素活力

土地以"分置"增益。聚焦农村土地资源高效利用，稳妥推进"三权分置"

和农村集体经营性建设用地入市改革，全面完成农村土地承包经营权确权登记颁证，截至 2021 年家庭承包耕地流转率达 71.5%，农民土地收益不断增加。**产权以"交易"增值。**至 2021 年底深化农村产权制度改革，涉改的 1256 个行政村清理账面资产 48.57 亿元，确认集体成员身份 380.77 万人，实现村级集体经济（股份）合作社全覆盖。建立农村产权流转交易平台 2 个，通过平台招商引资壮大产业，让当地农民既获得财产性收入，又增加工资性收入。赫山区作为全国农村集体产权制度改革试点区，联合土流集团成立农村产权交易中心，建立区、镇、村三级服务体系，推动实现粮食增产、农业增效、农民增收。**金融以"产品"增贷。**持续创新农村金融产品，形成"产品抵押＋远程监控"贷款新模式，为农业发展注入"金融活水"。制定实施《益阳市农村土地承包经营权抵押贷款暂行办法》，引导桃江县 10 家金融机构累计发放农村土地经营权抵押贷款 3.9 亿元。推出"稻虾惠农贷""黑茶仓乐通"等地方特色产业金融贷款产品，有效解决农业经营主体贷款难、贷款贵问题。**涉农资金以"整合"增效。**着力完善财政支农保护政策和农信担保机制，创新"银行＋保险＋担保＋政府"四位一体联动支农模式，市、县两级政府分设担保风险保障金，减轻担保企业风险压力，带动社会资本投向"三农"。"十三五"期间，全市共吸引 800 余家工商企业投资乡村产业，总投资额达 490 亿元。

四、做优数字文章，建设智慧农业

生产管理向数字化转型。携手中联重科、华为、58 集团布局农村"新基建"，打造农业"云"平台，在全省率先建成智慧渔政平台。推进智慧农业"5G 产业链"核心示范基地建设，建成一批智慧育秧工厂和现代智慧农机作业管理平台。**质量监管向智能化转型。**建立农产品"身份证"、食用农产品合格证与质量追溯相结合的"数字化全程智能追溯体系"，实现从生产到流通全程智能监管，确保"舌尖上的安全"。组织制（修）订农业标准 24 个、技术操作规程 161 个，对 483 家生产企业、2004 个农产品实行"身份证"管理，引导 894 家企业进驻国家农产品质量安全追溯平台。全市农产品综合检测合格率 98% 以上。**产品销售向网络化转型。**联合"58"农服打造便民服务平台，做优做强本土电商企业，完善电商（冷链）物流配送体系，助推更多农产品上网销售、出村进城,全市农产品电商交易额突破 500 亿元。推广复制"互联网＋直销"模式,一批"益"字号农业品牌成功"火出圈"。安化黑茶一年直播 500 余场、带货超亿元,桃江凉席销售额排淘宝、天猫、京东同类产品销售榜第一。

五、做好绿色文章,确保持续发展

抓绿色治理。美丽庭院"六个一"模式被农业农村部推介。全面推行河湖长制,坚决落实长江"十年禁渔"重大任务,扎实开展洞庭湖生态环境专项整治行动,打出"退养、截污、疏浚、增绿、活水"组合拳,稳步提升大通湖水质,协同控制洞庭湖输入性污染,水域生态持续向好。持续推进清淤还流,"十三五"期间共疏浚沟渠 2.9 万公里、清淤塘坝 1.2 万处,水体自我净化能力大大增强。**抓绿色修复**。在全省率先出台《畜禽水产养殖污染防治条例》,全力推动农业面源污染防治。扎实推进农业废弃物资源化利用、"大棚房"整治、秸秆禁烧、农药化肥减量行动,全市农膜回收率达 86.35%,秸秆综合利用率达 89.3%。抓好重金属污染修复治理和受污染耕地安全利用,绘制耕地安全利用"一张图",在安全利用区落实"六改"农艺措施 71.88 万亩。实施高标准农田成片提质行动,全市建成高标准农田 322.33 万亩。**抓绿色发展**。探索实施稻虾、稻鱼、稻蟹、稻龟鳖、稻蛙等多种"水稻＋"生态种养模式,建成一批生态循环养殖示范基地,引导传统养殖向绿色生态养殖转型。南县出台《关于推进稻虾产业持续健康发展的指导意见》《稻虾生态种养技术规范》,打造 8 个高标准集中连片万亩稻虾示范基地、22 个千亩稻虾产业示范园,19 个稻虾产品获得绿色食品标志使用权,30 万亩稻虾田成为国家绿色产品原料基地,2021 年综合产值超过 150 亿元。

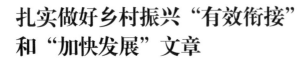

扎实做好乡村振兴"有效衔接"和"加快发展"文章

——娄底市实施乡村振兴战略经验做法

近年来，娄底市深入贯彻习近平总书记关于巩固拓展脱贫攻坚成果同乡村振兴有效衔接的重要论述精神，认真落实中央和省委、省政府有关部署，扎实做好"有效衔接"和"加快发展"两篇文章，全面推进乡村振兴，开创了农业农村发展新局面。娄底市粮食稳产增产工作经验被农业农村部以专刊形式向全国推介；巩固脱贫攻坚成果工作经验获国家乡村振兴局推介；易地搬迁安置点建设及后扶工作经验得到中组部推介；农村生活垃圾分类回收"三次多分法"工作模式入选农业农村部"案例选编"，获全国供销合作总社向全国推介。

一、健全机制强领导

建立健全工作机制，着手高标准谋划、高效率推进乡村振兴战略。**把力量充实**。落实"五级书记抓乡村振兴"要求，市、县、乡、村均成立由党委（支部）书记任组长的实施乡村振兴战略领导小组。建立领导机制、调度机制、督查机制和责任清单、任务清单的"三机制两清单"，19名市级领导分别联系36个帮扶村，每季度至少到村调研指导1次。市委从市直单位选派82名优秀年轻干部，到乡村振兴任务较重的乡镇挂任党委副书记或副乡（镇）长，充实一线力量。**把责任压实**。2022年以来，市委常委会会议、市政府常务会议共计 15 次专题研究部署巩固拓展脱贫攻坚成果同乡村振兴有效衔接工作，市委、市政府主要领导带头深入乡、村两级开展调研，精准指导各项工作有序推进。**把考核抓实。**把乡村振兴作为绩效考核重要内容，健全相关考核机制，注重表彰、奖励、重用服务农村、业绩突出的党政干部、专业人才等，推动全市上下形成高度重视"三农"工作、全面推进乡村振兴的良好氛围。

二、多措并举抓巩固

坚持把巩固拓展脱贫攻坚成果摆在首位，坚决守住不发生规模性返贫的底线，切实夯实乡村振兴基础。**全力抓好帮扶。**市委研究出台《关于严格落实"四个不摘"高质量巩固拓展脱贫攻坚成果同乡村振兴有效衔接的若干规定》，明确 24 条具体措施，推动市县乡领导、行业部门、驻村工作队、结对帮扶责任人和市场经济主体等"五支力量齐上阵"；建立"四个走遍"工作机制，规定"3 个 10 天"时间表，畅通防返贫监测"四种渠道"，对所有监测户实行"一户一策""一户一册"帮扶管理。2022 年新增"三类监测对象"4368 户 1.35 万人，累计消除风险 1.08 万户 2.09 万人。**问题动态"清零"。**保持主要帮扶政策总体稳定，动态清零"三保障"和饮水安全领域新增风险，切实提升"两不愁、三保障"和饮水安全保障水平。义务教育阶段实现控辍保学动态清零，学生资助实现应助尽助；脱贫人口、监测人口全部纳入基本医保；农村新增危房和因灾致危农房全部实施改造；全市农村自来水普及率达到 91%。**拓宽增收渠道。**加大"311"就业帮扶工作力度，"因人设岗、因岗定人"，充分发挥 7022 个公益性岗位"兜底"作用。267 个易扶点实现党的组织、党的工作、第一书记、后扶产业"四个全覆盖"，有就业意愿搬迁劳动力 100% 实现就业，"楼下赚票子、楼上过日子"成为易地扶贫新风景。通过组织农民工返岗专列、务工专列等形式，推动脱贫人口稳定就业、充分就业。

三、突出特色兴产业

做好"特色 + 坚持"文章，立足特色资源，坚持精准发力，促进一二三产业融合发展，构建了地域特色鲜明、区域分工合理的精细农业生产格局。**扛起政治责任，保障粮食安全。**严格落实粮食安全"党政同责"，坚持"五个一起抓"，探索出一条山地丘陵地带抓好粮食生产的创新之路。2021 年全市以占全省 4.8% 的耕地面积，完成了全省 5.1% 的粮食生产总量。2022 年全年粮食面积有望超过 370.41 万亩，比上年增加 1.55 万亩。**突出特色优势，实现错位发展。**立足各县、乡、村资源禀赋优势，坚持宜工则工、宜农则农、宜文则文、宜游则游，把特色做足、把产业做强、把效益做大，构建了"一县一特""一乡一业""一村一品"的特色发展格局，形成了新化红茶、双峰辣酱辣椒、涟源蔬菜和柑橘、冷水江小水果、娄星区休闲农业等区域特色品牌。**坚持融合发展，增强产业效益。**围绕"粮头食尾""农头工尾"，推进农产品精深加工，促进一二三产业融合发展。因地制宜发展乡村旅游、休闲农业、文化体验、健康养老等新产业新业态。2021 年，全市 2496 家农产品加工企业营业收入达 562.28 亿元，1861 家休闲农业企业经营收入达 34.6 亿元，接待游客 1016 万人次。**补齐短板弱项，壮大集体经济。**实施村级集体经济发展三年行动计划，推进"消薄攻坚"行动，出台"金融十条"等帮扶措施，着力盘活农村集体资产，实现"空壳村"全面清零。2021 年集体经济收入 10 万元以上的村达 321 个。

四、夯实基础优环境

推进农村人居环境整治，完善基础设施建设，激发村民内生动力，推动清源头、见底色、展形象。娄底市农村人居环境整治经验做法被农业农村部网站推介。**坚持规划先行。**按照"三村一面向"原则，抓好乡村规划编制，着力解决"有新房无新村、有新村无新貌"的问题。把全市所有的农村新建住房都统一纳入规划，做到"不进规划不批准、不进规划不建设"。第一批已完成 500 个村庄规划，第二批正在实施中。**完善基础建设。**推动公共基础设施向村覆盖、向户延伸，抓好"四好农村路"示范创建和"最美农村路"评选，全市所有农村公路列养率达 100%、优良中等路率达到 85%。**优化人居环境。**扎实推进农村人居环境整治提升五年行动，深入开展"三清理""三拆除""三整治""三提升"，切实解决好农村脏、乱、差问题，推动农村人居环境不断改善。**推进"厕所革命"。**全市已改（新）建户厕 108554 户，卫生厕所普及率超过 88%。目前，共建设省、市、县三级美丽乡村示范村 510 个，精品美丽乡村 8 个。

五、创新模式促治理

积极构建新时代党建引领基层系统治理新格局，充分发挥基层党组织战斗堡垒作用和党员先锋模范作用，不断提升乡村治理水平，促进乡风文明。**注重发挥家庭这个"最小细胞"作用。**制定出台《关于加强家庭建设促进基层治理的通知》，坚持"以党建带家建"，从源头上提高治理成效。**积极引导乡贤参与治理。**打造了"乡贤理事会""乡贤数据库""乡贤人才库"等平台，建立常态化联络机制，引导乡贤通过不同方式参与乡村治理，全市20373名乡贤投身家乡产业发展、乡村建设、乡村治理、公益事业等，成为乡村治理的生力军。**打造共治共享"共同体"。**鼓励基层积极探索、大胆创新，全面推行网格化、积分制、屋场会、村级小微权力监督等基层治理好模式，推动构建人人有责、人人尽责、人人享有的社会治理共同体。新化县油溪桥村的"积分制"入选全国首批20个乡村治理典型案例；涟源市"屋场会"群众工作模式入选全国"创新社会治理典型案例20例"。

奋力打造新时代乡村振兴样板

——浏阳市实施乡村振兴战略经验做法

浏阳市享有"烟花之乡""花木之乡""将军之乡"和"千年古县"等美誉。近年来，该市以打造新时代乡村振兴样板为目标，创新发展思路，突出重点任务，狠抓工作落实，推进乡村振兴取得了积极成果。**争创了一项国家级激励。**2021年获国务院农村人居环境真抓实干督查激励。**举办了两场高规格观摩。**全省抓党建促乡村振兴推进会和长沙市乡村振兴暨美丽宜居村庄建设现场观摩推进会在浏阳市召开。**拿到了三块国字号"牌子"。**2021年获评"全国休闲农业重点县"，创建"全国农业科技现代化先行县"和"国家农业现代化示范区"。在2021年度考核中，获得了全省"实施乡村振兴战略先进县市区"和"实施乡村振兴战略示范创建先进县"。

一、"全视角"谋划，坚决扛牢工作主责

将实施"乡村振兴全驱动"作为"十四五"三大战略之一系统谋划，坚决扛牢乡村振兴政治责任。**全景式构图。**坚持以规划为引领，突出整乡推进、整市提升，出台实施全域推进乡村振兴创建规划、实施方案等一揽子制度文件，明确路线图、时间表、责任人，并通过市委常委会会议、市委月工作碰头会、政府常务会议等，专题研究解决乡村振兴推进中的问题。**全过程促推。**落实"五级书记抓乡村振兴"责任，建立所有市级领导包乡联村制度，做到一线督导、一线推动、一线落实。实行"重点任务领办、重点项目督办、重点问题交办"

机制，推动全市上下真抓实干促振兴。**全方位激励**。对乡村振兴实行"四个纳入"，即纳入党建述职、绩效考核、专项督查和现场观摩考评，考评结果作为评价干部的重要依据。注重正向激励、积极引导，将 2021 年土地出让收益计提用于乡村振兴的资金占比提高到 30.5%。

二、"钉钉子"落实，全域推进示范创建

聚焦农业高质高效、乡村宜居宜业、农民富裕富足，靶向施策，全域推进乡村振兴示范创建。**做实产业振兴大文章**。重点发展油茶、花木、烤烟、蔬菜、小水果等优势特色产业，大力发展乡村旅游、研学、民宿等新业态，推动一二三产业融合发展。其中张坊镇田溪村众筹打造国家 3A 级旅游景区——西溪磐石大峡谷景区，年均带动村民增收 1500 余万元，获评全国乡村旅游重点村；古港镇梅田湖村打造研学实践基地，2021 年村集体收入达126.74 万元，带动 41 户村民现场分红 312 万元。2021 年，全市村级集体经济总收入达到 1.02 亿元，所有村级收入均超过 20 万元。**构建全域美丽大花园**。大力实施乡村建设行动，扎实开展农村人居环境整治，突出抓好"厕所革命"、生活垃圾和污水治理，2021 年改厕 10000 座，浏阳河出境断面水质均值保持Ⅱ类，获评"四好农村路"全国示范县。深入开展美丽宜居村庄建设，扎实推进"十百千万"工程（打造 10 条精品线路、100 个示范村庄、1000 个幸福屋场、10000 户美丽庭院），2021 年已建成美丽宜居村庄 275 个。**释放农村改革大红利**。重点抓好全国农村宅基地改革、小农户和现代农业有效衔接、全域土地综合整治和自然资源服务乡村振兴试点，推动资源变资产、资产变资本、资本变资金。比如通过宅基地改革，全市共盘活闲置宅基地 1986 宗、带动农民增收 7149 万元。2021 年在全国农村宅基地改革试点培训暨经验交流会上，浏阳作为全省唯一代表作典型发言。**引领区域合作大开放**。抢抓湘赣边区域合作上升为国家战略的重大机遇，充分发挥发起者、牵头人作用，借区域合作之力促乡村全面振兴。比如牵头开展"湘赣红"品牌数字地图建设，将浏阳 14 个品牌（数量居全省县、市、区第一）和有特色的农产品整合"一本农品名录、一个云商平台、一个展销窗口"，推动产品变商品，流量为销量；牵头湘赣边 9 县（市、区）发行推广"初心源一卡通"6 万张，确定 23 家医院为湘赣边跨省异地就医联网结算医院，为湘赣边群众提供便利。

三、"组合拳"发力，着力夯实振兴基础

坚持党建引领乡村振兴，深入实施党群连心"五个到户"和"党建聚合力"工程，一级带着一级干，一级做给一级看。**驻村联帮，加固"有效衔接"的底板。**派驻乡村振兴驻村帮扶工作队 154 个，每队配备一名第一书记（队长），建立健全监测预警、常态帮扶、示范带动等机制，牢牢守住不发生规模性返贫的底线。目前全市没有出现一例返贫致贫。扎实推动大围山有效衔接示范片区建设，全国首档乡村振兴题材大型综艺节目《云上的小店》落户小河乡，通过建立物流集散中心、培训农村主播、搭建线上销售平台等方式，带动当地增收 1000 万元以上。**人才联手，拉长"智力支撑"的长板。**加强"三农"人才队伍建设，2021 年回引本土大学生、务工返乡人才、致富能手 745 人进入村支"两委"，引进紧缺急需专业人才 63 名，认定农业产业领军人才、新型职业农民、乡村工匠 655 人。加快共建"全国农业科技现代化先行县"，深化"1+1+N"院县合作模式，即 1 个院士专家团队指导 1 个产业、联结多个经营主体，推动科技成果转化。比如，邹学校院士指导壮大了国家地理标志品牌——葛家鸡肠子辣椒产业，印遇龙院士指导兴嘉生物饲料公司获得了全省科技发明一等奖。**党员联户，打造"基层治理"的样板。**建立"村党总支部—党支部—微网格"基层治理架构，3.5 万名党员联系服务全市 41.92 万户群众。比如依托"党员微服务、群众大满意"平台，赋予每名党员不少于 200 元的微服务资金使用权，帮助解决群众身边的小问题、小困难、小矛盾。2021 年，全市通过走访收集群众意见诉求 1.2 万多个，解决民生问题 3.6 万余项，"'五微联治'打通'最后一步路'"成功入选第三批"全国乡村治理典型案例"。

大力推进农业兴农村美农民富

——珠晖区实施乡村振兴战略经验做法

近年来，珠晖区紧紧围绕"产业兴旺、生态宜居、乡风文明、治理有效、生活富裕"总目标，担当作为，精准发力，努力走出一条农业兴、农村美、农民富的乡村振兴新路子。茶山坳镇获评全国乡村治理示范镇、省级乡村示范镇，堰头村获评全国乡村旅游重点村，新华村、新龙村分别获评国家、省级文明村。珠晖区成功承办了全国"厕所革命"现场会，打造了金甲村全国改厕示范点。

一、以强化领导为核心，擘画乡村振兴蓝图

坚持把巩固拓展脱贫攻坚成果同乡村振兴有效衔接摆在重要位置，统筹规划、强力推进，按下乡村振兴"加速键"。**坚持高位推动。**按照"五级书记抓乡村振兴"的要求，把实施乡村振兴战略列入重要议事日程，纳入年度考核内容，多次专题调度乡村振兴、防返贫监测工作，解决项目资金、产业发展、监测帮扶等难题。**突出规划引领。**统筹编制乡村旅游规划、村庄规划、美丽乡村规划、农村环境综合整治规划，确保各类规划衔接融合、多规合一，着力打造东阳渡、茶山坳一南一北现代都市农业经济带。**做实工作保障。**选优配强 13 支乡村振兴工作队，严格按照《珠晖区驻村管理办法》开展工作，确保乡村振兴工作不断档、不留白。探索实行财政投入一点、项目整合一点、群众自筹一点的"三点投入法"，千方百计破解资金瓶颈。统筹整合财政"三

农"资金 5810.79 万元，其中区本级投入 2515.8 万元。

二、以巩固成果为重点，夯实乡村振兴基础

紧盯脱贫攻坚后半篇文章，坚决守住不发生规模性返贫的底线。**坚决消除各类风险。**深入开展"回头看"、集中排查、"五大行动"等动态监测工作，1033 名机关和乡村党员逐人逐户上门摸底，监测"四类对象"致贫返贫动态，做到早发现、早干预、早帮扶。全区监测对象 45 户 114 人，33 户 83 人已消除风险。**坚决防止返贫致贫。**12 个行业部门持续打好巩固脱贫成果组合拳，每月开展数据信息比对、分析研究，全方位开展监控，结对帮扶干部定期走访脱贫户和监测户，确保边缘易致贫户和监测户不致贫、不返贫。**坚决守住脱贫成果。**严格按照"四个不摘"要求，优化"1+32"系列政策，及时制定实施方案，打造巩固脱贫攻坚成果同乡村振兴有效衔接的政策体系。全区 939 户 3226 名脱贫户和监测户持续享受政策，确保稳定脱贫。

三、以产业发展为根本，激发乡村振兴动力

坚持以项目促产业，培育特色产业，大力发展集种养、加工、休闲、旅游为一体的现代都市农业，打造乡村振兴"主引擎"。**抓项目、兴产业。**建立农业产业项目库，按照"村申报、乡审核、县审定"入库程序，调整优化入库项目 130 个，确保 62% 以上的资金用于金甲岭萝卜、仙碧葡萄等产业发展。**育特色、强龙头。**坚持"一特一片""一乡一业""一村一品"，大力发展金甲萝卜、葡萄、早熟梨、草菇等特色产业。依托农产品地理标志和"湘江源"蔬菜公用品牌，培育了金甲吉、猴哥、波哥等一批萝卜深加工企业。新增市级农业产业化龙头企业 5 家，现有市级以上龙头企业 21 家，其中省级 6 家。**提质量、创品牌。**突出抓好农产品"三品一标"建设，"两品一标"认证累计达 25 个，楚芳草莓、亮农萝卜、三承香菇等 5 个农产品被认证为绿色食品，"金甲吉""波哥农场"等优质农产品亮相全国和全省农业博览会，力丰梨园和萝卜园入选粤港澳菜篮子基地、全国休闲农业示范百强。依托"直播带货"，培育农民主播 16 名，引进湖南晖创公司搭建电商平台，上线农副产品 175 种，累计交易额 500 余万元。

四、以生态宜居为底色，提升乡村振兴颜值

以农村人居环境整治为抓手，扎实开展村庄清洁行动，打造全域美丽乡村"新标杆"。**基础应强尽强**。计划投入近 1600 万元，建成农村资源产业路 5 条，养护农村公路 325 公里，油化乡村道路 7.2 公里，安装路灯 298 盏。建设休闲广场 3 个，村庄和庭院面貌明显改善。**环境应治尽治**。组织实施"一拆二改三清四化""三清理三整治四提升"等专项村庄清洁行动，清理废弃杂物 3250 吨。全面实行示范河湖、幸福河湖、智慧河湖"三个河湖"建设，新建生态廊道 700 余米。深入推进"厕所革命"，加大问题厕所整改力度，完成农村改厕任务 200 户。2021 年成功承办了全国"厕所革命"现场会。**生态应美尽美**。抓好农村耕地安全利用、高标准农田建设、退耕还林还湿、湘江流域禁捕退捕等工作。以房前屋后排水沟、河流塘坝、灌溉渠道等为重点，全面清淤疏浚，全面退出环保不达标的畜禽养殖，引导农户规范排放生活污水，全区农村基本无黑臭水体、无污水乱流现象。

五、以生活富裕为目标，筑牢乡村振兴根本

把让农民生活得更美好作为推进乡村振兴的出发点和落脚点，千方百计促进农民增收，铺就乡村振兴"小康路"。**坚决落实资助补贴**。及时通过"一卡通"发放惠农补贴 4232.7 万元。其中，义务教育阶段困难学生补助 1096 人次 38.5 万元，春季雨露计划 114 人次 17.1 万元，农户低保 259.42 万元，困难残疾人生活补贴 241 人次 11 万元，困难残疾人护理补贴 2570 人 96.57 万元。**持续强化就业帮扶**。开展"点亮万家灯火"就业帮扶、"311"就业服务等活动，农村转移就业劳动者培训 158 人次，新增农村劳动力转移就业 1373 人，线下农户岗位推荐累计达 256 人次。**全面加强公共服务**。加大农村薄弱学校改造力度，加快完善乡村小规模学校和乡镇寄宿制学校的基础设施建设。积极推进城乡社会和医疗保障体系建设，乡镇卫生院标准化建设达标率 100%，行政村卫生室标准化建设达标率 81.58%。农村危房"应改尽改"，全区贫困人口饮水保障率达 100%。

发展全域旅游 加快乡村振兴

——双牌县以乡村全域旅游带动全面振兴经验做法

双牌县拥有丰富的文化旅游资源和中国最美生态康养旅游目的地品牌，发展乡村旅游条件得天独厚。近年来，双牌县结合乡村振兴战略，大力发展乡村全域旅游，获评"中国县域旅游发展潜力百强县""中国最美生态康养旅游目的地"，跻身国家生态旅游示范区、省旅游强县、省第三批特色县域经济文化旅游产业重点县、省首批全域旅游示范区行列。2017—2020年连续4年获评全省脱贫攻坚先进县，2021年度获评全省实施乡村振兴战略先进县。

一、以全域旅游为引领，赋能产业兴旺

依托丰富的旅游资源，按照"1147"的发展思路，即突出县城板块这个核心，阳明山景区这个龙头，抓好桐子坳、花千谷、国际慢城、云台山4个支点，辅以7个乡镇打造省级星级乡村旅游服务区（点），把景、城、镇、村、店有机结合起来，形成"无处不风景、无处不休闲、无处不度假"的全域旅游格局，为乡村产业兴旺注入新动力。**围绕"旅游＋第一产业"调结构。**推动旅游与现代农业有机结合，把全县12个乡镇串联成风景线，打造乡村精品旅游线路4条，开发枫木山油菜花观光、盘家村农耕体验、九甲村无花果采摘游、乌鸦山村美食游等不同特色的主题旅游活动，涌现了茶林镇、廖家村、盘家村等一批乡村旅游重点村镇。桐子坳村每年仅门票分成就可为村集体增收30万元以上，跻身中国美丽休闲乡村、全国乡村旅游重点村、全国

生态文化村行列。**围绕"旅游＋第二产业"出产品。**推动乡村旅游纪念品开发与农村家庭手工业、农产品精深加工融合，开发茶叶、乳腐、竹荪、竹木工艺品、保健养生品、虎爪姜、银杏制品等系列旅游商品。发展制茶企业6家、剁椒鱼等休闲食品生产企业10多家、旅游工艺品加工企业近20家，直接提供就业岗位2000多个，间接带动就业1.6万余人，还吸引了不少外出务工农民返乡创业，就业的村民每人每年可增收3万余元。**围绕"旅游＋第三产业"做服务。**以民宿产业为切入点，成立民宿协会，建设了"一圈一带六片"的民宿集群，打造了阳明山民宿片区、花千谷·月湖片区、云台山民宿片区、探花岭民宿片区等各具特色的民宿片区。构建集休闲旅游、观光度假、农耕体验等为一体的乡村旅游产业链，推出阳明山药王谷、温泉疗养等特色医养项目；推出"双牌味道"系列美食，发展夜间经济，结合各种文化体验活动，让文艺演起来、游客住下来、品牌响起来、商贸旺起来。在全域旅游的强势推动下，乡村产业实现主营业务收入近20亿元，对经济增长贡献率达到30.4%。

二、以文旅融合为核心，铸魂乡风文明

深入挖掘红色文化、和文化、象文化、瑶文化、佛文化等历史文化资源，加快文化与乡村旅游深度融合，不断推动文明新风入乡村、进农家，为乡村振兴凝魂聚气。**推动红色文化传承创新。**利用红六军团过境和周文红色武装留下的历史遗址，建立阳明山"红军亭""红军纪念碑"、大河江红六军团转战纪念馆、麻江"红军泉"等红色教育基地和党性教育基地。打造小黄溪"重走长征路"等三条红色精品线路，讲好抗日战争期间李达来紫金山避难和本土抗日游击队英勇奋战的故事，传承"库区精神""西山精神"等地域红色精神，着力打造乡村振兴红色名片。**推动传统文化活态保护。**实施古村落保护性开发，建设非遗博物馆、村史馆等文化传习场馆，坦田、访尧等6个村入选中国传统村落和中国历史文化名村。挖掘地域历史文化，讲好和文化、象文化那山那水那人那事。开发民俗文化体验、传统文艺表演等文化产品，打造上梧江村民俗文化街、盘家古村落瑶寨、瑶族特色小镇等瑶族特色景区，打造白水岭瑶族村"汉"文化旅游特色小镇，推动优秀乡土文化复兴与发展，提升群众文化素养和精神文明水平。过去县里的8个问题村、软弱涣散村实现由乱到治，成为市级以上文明示范村。**推动公共文化**

共建共享。推进"文化乡村、书香双牌"建设，构建县、乡、村三级文化平台、三级借阅网络，建成114个村级综合性文化服务中心。定期举办乡村文化艺术节，开展油菜花节、"阳明之恋"大型相亲交友活动、采茶制茶技能大赛、"相约云台山书香伴我行"等文旅活动，实现乡村文化"月月有主题、周周有活动、户户能参与、人人受教育"。推行"乡村振兴月例会"制度，探索村务监管与文化活动的有机结合，破解乡村事务"不透明、不畅通、不参与"难题。近几年，全县乡村文明水平明显提升，茶林镇被授予省级"扫黄打非"进基层示范标兵荣誉称号，五里牌镇正创建全国"扫黄打非"进基层示范点。

三、以乡村旅游为目标，绘就美丽乡村

把全域旅游纳入乡村振兴规划中，不断完善优化旅游环境、丰富旅游供给，着力打造生态宜居、兴业富民的美丽乡村。**提标基础设施建设**。投入2亿余元，提质改造县城、阳明山、桐子坳、花千谷·月湖、云台山、青龙洞等重点景区。整合资金3亿多元构建旅游立体交通网络，推进重点景区的旅游公路建设，开通串联重要旅游景区点的公交线路，加快城区至旅游景区、乡村旅游点之间的连接道路建设。推动公共基础设施向乡村延伸，建设农村公路（乡乡通三级路、旅游路、资源路、产业路）200多公里，完成农村公路安保工程64公里，乡村发展承载能力显著增强。**提升人居环境整治成效**。打好农村人居环境整治"组合拳"，推进"垃圾革命""厕所革命""能源革命"。开展村庄清洁行动和"百村大比武"活动，大力实施"一廊一带一片"示范创建。优化旅游沿线风景，在路边、水边、山边、村边开展净化、绿化、美化行动，31个村镇被授予"永州市卫生村镇"称号，2个乡镇被授予"湖南省卫生镇（乡）"称号，双牌县获评全省农村人居环境整治三年行动先进县。**提速智慧旅游发展**。整合推进数字乡村试点与智慧旅游平台建设，打造数字乡村平台手机终端APP，各景区、门票、酒店、农家乐、家庭旅馆全部纳入智慧旅游平台管理服务。利用微网络新媒体，尤其是"网红直播"强化宣传造势，扩展游客市场，形成了"一部手机知双牌、一套资料宣双牌、一条线路游双牌、一张门票串双牌、一个抖音推双牌"的宣传体系，切实让游客感受一站式服务体验，走出了"智慧旅游＋美丽乡村"的新路子。

建设休闲农业示范区 打造乡村振兴新样板

——宜章县平和洞实施乡村振兴战略经验做法

宜章县平和洞乡村振兴休闲农业示范区,是全县五大示范区之一,辖平和、土桥、月梅、城头四个行政村,人口 5500 余人,耕地 5600 余亩,以水稻制种、烟草种植、蔬菜种植、油菜种植、小龙虾养殖为主要产业。2021 年以来,平和洞聚焦"八好乡村""六要六不"建设标准,发挥乡村振兴"一带一片"示范引领,积极探索具有本地特色的乡村振兴模式,全力打造风景宜人、生态宜居、产业兴旺、环境优美、乡风文明的新平和洞。

一、坚持整片推进,四村联动"一盘棋"

谋准一个规划抓振兴。 立足打造红色沙洲的承接区、郴州乡村旅游示范区,制定平和洞乡村振兴规划暨"多规合一"村庄规划,确定"445588"发展路线图,即明确 4 个目标定位:打造中国最美旅游村庄群落、湖南乡村振兴示范片区、郴州网红打卡农业基地、宜章县休闲农业样板区;发展 4 大支柱产业:杂交水稻制种、红薯产业、烤烟种植、高寒蔬菜;发掘 5 条文化街:平和红军街、平和供销街、月梅古道街、城头知青街、土桥农耕街;建好 5 大运营中心:游客集散中心、电商销售中心、农耕文化中心、老年康养中心、健康医疗中心;打造平和 8 景:月梅古村、彩虹大道、龙鳞水坝、荷塘月色、古桥流水、龙虾戏水、五彩油菜、无边稻浪;建设 8 好乡村:乡路好走、乡景好看、乡屋好住、乡味好吃、乡间好玩、乡品好卖、乡风好淳、乡民好富。**制定一个方案抓推进。** 精心制定《平和洞片区乡村振兴休闲农业样板区建设三年（2022—2024 年）行动方案》，全力抓好机制、政策、帮扶、项目等衔接，力争到 2024 年，平和洞片区农业产业规模化、机械化水平大幅提升，特色农产品规模和品牌效益持续扩大。**成立一个班子抓指挥**。成立以县委书记任顾问，县委常委、县委办公室主任任指挥长，县人大常委会副主任为常务副指挥长，各项目单位主要负责人为成员的平和洞乡村振兴建设指挥部，下设 4 个工作专班，统筹协调调度示范区各项工作。

二、突出党建引领，4 个支部"一台戏"

抓好组织强村。大力选拔优秀年轻干部，平和洞 4 个村支"两委"班子均有 2 名以上 80 后年轻干部。选优派强驻村第一书记和工作队，聚焦建强村党组织、推进强村富民、提升治理水平、抓实为民办事 4 个方面，充分发挥党建引领作用。**打造平台治村**。建设"三员三网"平台，以党建资料员、纪检员、网格员推动党员联系网、纪检监督网、平安网建设，提高干群参与乡村振兴积极性。用好党群服务中心平台，全面落实党群连心"五个到户"工作机制，督促平和洞四村 158 名党员对接联系 1679 户群众。**用好人才兴村**。建立健全村级后备力量培养制度，确保每个村保持 2 名以上积极分子，动态储备 3 名以上后备干部。建立在外优秀人才库，目前在库人才 87 名。加强农村实用技术技能人才培训，每年为平和洞培训农村实用人才 20 名，培育高素质农民 120 名。

三、培育特色产业，四季平和"一张图"

立足"四季四节"，发展传统特色产业。充分利用平和洞气候和地形特色，着力打造"四季四节四景"。春在油菜花节中看平和花海。采用分区连片种植方式，发展油菜 2800 亩形成金黄花海，种植桃花树 1800 株塑造粉红花海。夏在小龙虾美食节中享农耕体验。发展稻田养虾和水塘养虾产业，打造集游客观光垂钓、捕捞购买、美食餐饮、农耕体验于一体的现场体验农家乐。秋在稻香丰收节中品稻香浪漫。继续加大隆平高科水稻制种基地投入力度，水稻制种面积实现比例翻番，可在秋高气爽时节望金色稻浪翻滚。冬在红薯干节中赏腊梅斗艳。坚持"龙头企业 + 合作社 + 农户"的产业化模式，推进红薯种植加工销售走向标准化、规范化、市场化，实现红薯干、红薯粉年产值 650 余万元。**立足"一村一品"，培育新兴特色产业**。大力推进民宿产业发展，将平和村下湾和第五批中国传统村落月梅村定为民宿客栈发展点，引进郴州市那山那水等民宿公司进行投资。坚持"互联网＋乡村振兴"融合，培育发展网络电商，优化物流配送体系，实现"小农品、大发展"。力争到2024 年，平和洞培育省级以上示范农民专业合作社 2 家，发展农业企业品牌3 个、特色农产品品牌 4 个。**立足"创新创业"，推动能人发展产业。**引导村民返乡创业、乡村能人就地创业，建立常态化跨区域岗位信息共享和发布机制，着力打造特色鲜明、带动明显的工坊车间 8 个以上。平和村欧群锋是水稻制种的行家里手，2017 年回到平和村，成立锋亮种养专业合作社，流转土地近 400 亩，进行水稻制种和油菜种植，带动村民发家致富。

四、突出群众主体，四共四强"一起干"

"三带共建"强主体。坚持村党支部带领、党员干部带头、乡贤能人带动，充分发挥群众在乡村振兴工作中的主体作用。2021 年—2022 年 9 月，群众自愿拆除旧房、危房、旱厕、杂房共计 26997.5 平方米。平和曾家、欧家自然村112 户村民为建设生态停车场共捐赠土地 3500 平方米。**"五会共治"强治理。**实现村民理事会管村事、道德评议会树新风、村好人协会做好事、治安协作会护稳定、屋场恳谈会议大事，引导群众积极参与村级事务管理、社会事业发展、人居环境整治和乡村文明建设。发挥"网格化＋户积分"作用，治理三乱（家禽乱跑、污水乱排、垃圾乱丢）、清洁三道（河道、村道、巷道）、移风易俗（反对高价彩礼、反对封建迷信、反对红白喜事攀比）。**"三业共兴"强集体。**通过发展产业、组织就业、创办企业壮大村级集体经济。2022 年，平和洞片区的土地租金均价 650 元／亩以上，是邻近乡村的 3—4 倍，平和洞土地流转年收入 200 余万元，可为 4 个村级集体经济增收 15 万余元。成立平和村平和洞生态旅游开发有限责任公司，2021 年为村集体增收 17.4 万元，2022 年集体收入有望突破 40 万元。**"全民共富"强使命。**设立共富基金，发动各界人士踊跃捐款，在助学帮困、应急救难等方面发挥积极作用。推广共富保险，实行共富基金配套，村民全覆盖购买共富保险，兜底赔付人均收入未达到当年全省最低人均收入标准的农户，有效守住防返贫底线。2022 年，平和洞四村共购买共富保险 20 余万元，当年上半年为村民赔付 5 万元。探索共富养老，争取资金 400 万元，利用原平和学校场地改建康养中心，实现老有所养、老有所乐。

阔步迈向振兴路

——花垣县十八洞村实施乡村振兴战略经验做法

作为精准扶贫首倡地，花垣县十八洞村始终牢记习近平总书记殷切嘱托，因地制宜发展特色种植、乡村旅游、山泉水、苗绣和劳务经济"五大产业"，积极探索巩固拓展脱贫攻坚成果同乡村振兴有效衔接的科学路径，全村村民实现了从全面小康路阔步迈向乡村振兴共同富裕路。2021 年，全村人均纯收入突破 2 万元，村集体经济收入达 268 万元，十八洞村先后入选湖南省潇湘"红八景"、全国"建党百年红色旅游百条精品线路"，获评全国爱国主义教育示范基地、中国减贫交流基地、全国青少年研学基地、湖南省党性教育基地、国家 5A 级旅游景区，成为新时代的红色地标、弘扬脱贫攻坚精神的重要阵地和党史学习教育的生动课堂。

一、着力创建乡村振兴示范样板

按照实施乡村振兴战略总体要求，聚焦乡村"五个振兴"，努力在全面推进乡村振兴中走在前列、做好样板。**巩固脱贫攻坚成果。**落实"四个不摘"要求，村集体经济为参保群众补贴缴费金额 60%，村民 100% 参加基本医疗保险，教育补助、低保等资金全面落实到位，切实筑牢返贫防线。**强化基层党建引领。**加强村"两委"班子建设，将 2 名大学生村官选入班子；制定《十八洞村村集体经济收益分配暂行办法》，将村集体经济收益分配与"互助五兴"工作成效挂钩，充分激发干部群众干事创业热情。**发展壮大特色产业。**发展十八洞猕猴桃、蜂蜜、腊肉等产业，"11·3"活动线上销售十八洞系列农产品1000多万元；十八洞苗绣与中车株机、湖南工业大学合作，54名留守妇女实现"家门口"就业，人均每年增收1.5万元；支持十八洞山泉水厂扩充生产线、扩建工厂成品仓库，2021年按"50+1"形式给村集体分红64万元。大力推动就近就业，十八洞旅游公司等吸纳147名村民就业，人均年收入突破2万元。**培育文明乡风**。开展星级文明户、美丽农家、最美十八洞人等创建评选活动，每人给予300—1000元不等奖励，激发村民义务投工投劳500余个；制定《十八洞村村规民约"三字经"》，开展"乡村振兴论坛""十八洞相亲会""重阳节敬老""11·3"等活动，巩固全国文明村创建成果。**提升基层治理效能**。以社会治理现代化州级试点村为抓手，全面建成一站式矛盾纠纷化解中心，"雪亮乡村"安装摄像头100余个，十八洞获评"全国综合减灾示范社区"。

二、着力擦亮新时代红色地标品牌

以十八洞获评5A级景区为契机，全力抓好景区规划、提质升级、项目建设等工作，继续擦亮十八洞这块"金字招牌"。**修订完善村庄规划**。围绕"一核、两心、三色、四区、五基地"定位，联合湖南大学常驻规划团队，修订完善多规合一的村庄规划，建设全国减贫交流基地、爱国主义教育基地、青少年研学基地、党性教育基地、民族团结示范基地，着力打造十八洞新时代红色地标。**实施景区提质工程**。按照国家5A级旅游景区标准，明确了13项硬件和21项软件提升工程，开发了人脸识别、旅行APP、智能停车等多种智慧管理模式，启用无人售检票系统，开通到矮寨景区的"18路"旅游公交专线，建成精准扶贫展陈馆、旅游厕所、电商服务站、特色产品店、金融服务站、3000米游步道、4个停车场、标识标牌等旅游服务设施并投入使用，开展了景区从业人员食品安全、职业技能、安全生产及文明礼仪等培训，全面提升服务意识和服务品质。2021年，十八洞景区接待游客78.8万人次，同比增长12.1%。**加快推进项目建设**。先后与中青旅、南粤基金等公司签署战略合作协议，成功引进一批大项目、好项目。目前，高名山十八溶洞进入深度设计阶段，张刀大通道路基全面拉通，游客服务中心、"希望的田野"灯光秀选址完毕，"地球仓"二期项目已完工，飞虫寨文化广场已开始动工，成功引进十八洞红酒、洞藏白酒、油茶、辣椒、葡萄等产业项目。

三、着力打造党史学习教育"鲜活样本"

围绕弘扬伟大建党精神、脱贫攻坚精神，充分挖掘十八洞村在百年党史中的独特价值，讲好十八洞脱贫攻坚与乡村振兴故事，着力打造新时代红色课堂。**打造优质"党性课堂"**。结合党史学习教育，抽调县委党校教师 10 名、兼职教师 7 名，开发了"精准扶贫精准脱贫的十八洞样板""精准扶贫精准脱贫从这里出发"等"菜单式"课程 7 项；以专业队伍集中宣讲、专题宣讲、微宣讲与观看情景剧、红色电影实践活动相结合的形式，研发 1—5 天培训套餐。央视《新闻联播》、中央《党史学习教育简报》等推介十八洞党史学习教育经验。**打造精品"实景课堂"**。从湘西州择优选聘讲解员 10 名，与十八洞村解说员组成精准扶贫"红色旅游"景区导游队伍 29 人，通过实地讲述具体人、具体事，带领参学人员重走习近平总书记视察线路，见证"老百姓的生活好幸福"的深刻变化，全方位、立体化呈现十八洞村的脱贫故事和乡村振兴新实践。2021 年，累计接待海内外参学团体 4000 余批次、20 万余人次。**打造全民"公益课堂"**。充分利用被授牌"全国青少年教育基地"的优势，组建 10 名"红领巾讲解员"队伍，通过苗汉双语讲解，教育引导村民感党恩、听党话、跟党走。十八洞脱贫攻坚和乡村振兴故事相继在各大媒体报社刊播，十八洞"唱支山歌给党听"主题快闪、花垣县党史学习教育中把学习课堂放在乡村振兴一线的创新做法在央视《新闻联播》播出，《湖南湘西花垣县十八洞村——精准扶贫引领山村巨变》《这么好的日子，是党带着我得来的》等宣传报道在《人民日报刊》登；《湖南日报》推出 8 个连版特刊《十八洞村：走上幸福大道》，全方位、全景式地呈现十八洞村波澜壮阔的精准脱贫与乡村振兴之路。

塑造农旅融合新品牌 激活振兴"源动力"

——衡阳县西渡镇梅花村实施乡村振兴战略经验做法

衡阳县西渡镇梅花村坚持党建引领,创新发展思路,大力塑造农旅新品牌,全面推进乡村振兴,彻底甩掉贫困落后的帽子,获得全国先进基层党组织、全国乡村治理示范村、全省美丽乡村建设示范村等荣誉称号。

一、统筹施策,分区生产经营,塑造"梅花"品牌

把做强产业放在第一位,因地制宜打造农旅融合五大功能区,培育现代农业产业经济,实现农户变商户、农村变景区、农产品变旅游商品。**打造农事科普体验区。**成立优质稻种植专业合作社,围绕 3000 余亩高档优质稻规模化生产,建设"人不下田、谷不落地"的现代化、机械化稻作公园,满足休闲观光、农事体验、农业科普、农业研学等市场需要。**打造特色瓜果采摘区。**统筹利用 800 余亩园地资源,引导村民栽培三红柚、黄桃、酥脆枣等 10 余种特色果树,实现休闲有园、游览有花、采摘有果。**打造生态蔬菜种植区。**成立梅红果蔬种植专业合作社,建成 300 亩无公害蔬菜产业基地。策划推出"共享农场",专供城里人领种,农户协助日常管护,让城里人获得"出出汗,劳动劳动,蛮过瘾"的满足。**打造乡村休闲美食区。**深度挖掘传统饮食、农耕和民俗文化,发展"民宿型"家庭农庄、农家乐以及原生态家庭手工作坊,唤起舌尖上的乡愁。全村已建成星级以上休闲农庄 3 个、特色农家乐 6 个。注册"梅花村""梅花缘""梅花俏"3 个村级公用品牌,用于销售具有品

质保证的香米、扁粑、糍粑等农家特产。**打造梅花文化康养区。**以梅岭为中心观景台，依山傍水沿路种植 12 个品类、万余株梅花，建设绵延 3 公里的梅花文化长廊、6 米宽的村主干道梅花大道，打造一步一景、移步换景的"康养小镇"。

二、深化改革，规范土地流转，盘活"梅花"资源

深化"三权分置"改革，既确保流转效率，又保障村民利益。**确权到组不到户。**按照村民总户数，把土地集中确权到 22 个村民小组，但只确权到面积，不确具体地块，从源头上杜绝土地承包经营纠纷。**优先自种再流转。**有意自己种田的村民，可优先选一块连片的田地耕种。愿意流转的村民，以每户确权颁证的面积入股，由村民小组长代理，与种粮大户、田园综合体等签订流转合同。共流转村田土山塘 2140 余亩，土地流转费以 330 元／亩为基准价，每三年递增 10%，给村民带来沉甸甸的获得感。

三、探索创新，多个渠道"引水"，壮大"梅花"资本

为解决钱从哪里来的问题，梅花村大胆探索，积极争取金融支持、财政保障和社会资本投入。**整村授信，解决农户融资难题。**扎实开展信用乡村创建，争取衡州农商银行整村授信。村民获得信用评级后，可凭信用无抵押贷款 30 万元—50 万元，年利率不超过 0.72%。配套建立村民个人信用积分制度，村民贷款额度直接与信用积分挂钩。**招商选资，引导社会资本进村。**以成熟的基础设施或配套服务入股，同社会资本合作，成立以乡村文旅为主的梅花股份经济合作社和以高档瓜果为主的梅花特色水果种植合作社，村集体经济分别持股 40%，形成"以短养长""以长补短"的产业组合，收益按比例分配。2022 年收益有望突破 100 万元，三年内可达到 500 万元。**立项争资，赢取财政奖补支持。**准确把握政策红利，合理规划产业项目，争得各级财政项目资金 3000 万元，带动社会资本投入近 5000 万元，吸引产业项目投入超过 3 亿元。

四、推进"三化"，建设宜居空间，提升"梅花"颜值

依托山水田园，全面实施绿化、美化、净化工程，让村民享受到既有农

村风情又有城市般便利的宜居环境。**全面推进乡村绿化。**大力开展林宅路水"四旁"、庭院、公园等绿化建设。全村林木覆盖率达 70.35%，入选第一批国家森林乡村。**全面推进宜居美化。**严格落实"一户一宅"，拆除"空心房"万余平方米，改水、改厕、改厨 560 户，统规联建村民住宅小区 11 个，新建文化休闲广场 3 个。**全面推进环境净化。**实行"门前三包"制度，定期开展美丽屋场、美丽庭院等评比，做到整治不留尾巴、卫生不留空白、维护不留缝隙。

"柳桥模式"让黄土地里长出"金子"

——湘潭县中路铺镇柳桥村实施乡村振兴战略经验做法

近年来，湘潭县中路铺镇柳桥村坚持以乡村振兴"二十字方针"为指引，一手抓党建强引领，一手抓产业促发展，探索出来了一条"党建＋产业振兴"的乡村振兴道路。2019 年该村被确定为湖南省扶持壮大村级集体经济行政村，2020 年被评定为省级基层党建示范点，2021 年村集体经济收入突破 100 万元，并获评"全国第二批乡村治理示范村"。

一、坚持党建引领，坚定乡村振兴"主心骨"

坚持和完善党对"三农"工作的领导，牢牢抓住党建引领这一根本，凝心铸魂、强基固本，为推进乡村振兴提供了坚实的保障。**选好"领头羊"**。全村现有党员 185 人，下设 5 个支部、12 个党小组，是全县唯一的党委村。村党委书记曹铁光 19 岁在村工作，具有 36 年的农村工作经验，凭着一颗公心、一身干劲，赢得了全村党员和群众信任，先后担任 7 届村书记，并先后当选市人大代表、市党代表，获省劳模、省优秀共产党员等多项荣誉。**筑牢"桥头堡"**。村党委班子秉持"党员干部带头干、村民群众跟着干"的"柳桥精神"，团结带领党员群众干事创业，成为真正可信赖、可依靠的坚强战斗堡垒。2019 年，为顺利推进 2000 亩的订单南瓜项目，村党委带头劳动，党员群众积极响应，自发组建 50 余人的队伍，早出晚归抢进度，将原本需要 3 个月甚至半年才能完成的土地平整项目，仅半个月就拿了下来。同时，村党委班子成员不计报酬、不讲待遇，除开正常的工资之外，没有一个人领取额外的补贴和待遇。**锻造"先锋队"**。村党委严把党员"入口关"，2018年以来，新增党员1名、培养预备党员2名、发展入党积极分子6名，村党委的凝聚力、战斗力不断增强。2018年，面对种植结构调整的巨大压力，180多名党员主动联系群众、组建经营主体，逐户上门宣传政策，仅用23天时间便将6400亩水田一次性流转到位，是全市唯一整村推进种植结构调整的示范村。

二、坚持产业为本，夯实乡村振兴"压舱石"

产业振兴是乡村振兴的基础。柳桥村始终把加快产业发展作为重中之重，着力在规模化、机械化、科技化上下功夫，千方百计降成本、提质效，村级集体经济的造血功能显著增强。**全面推进规模化经营**。柳桥村以推进种植结构调整为契机，按照"一片一品一特色"的发展思路，先后打造2000亩夏橙、1000亩小籽花生、1500亩高粱、800亩中药材、300亩香芋南瓜、300亩蔬菜等集中连片种植基地。规模经营有效降低了生产成本，也带来了大批量的订单。2021年香芋南瓜丰收后，外地客商过来采购，一次性采购香芋南瓜210吨。**积极推动机械化生产**。2021年投资200余万元，从湖北天门购置花生精播机、高粱精播机、大型农用拖拉机等，极大提高了生产效率。据曹铁光书记介绍，一台花生精播机一天可以播种400亩，相当于150个劳动力。预计2022年全村机械化率可超过80%，随着耕地连片建设的推进，2023年机械化率可超过95%。**切实加快科技化发展**。聘请湖南农业大学李林教授为科技特派员，为小籽花生种植提供技术指导，小籽花生亩产由75公斤提高到150公斤，价格达到30—36元/公斤，比其他品种的花生贵两倍多且供不应求，每亩纯利润达3500元。湖南农业大学谭晓明教授采取订单模式种植高粱，预计产量可达500—600公斤/亩。同时，还争取省市老科协联村，提供种养技术指导，取得了防风险、增产量、提质量的多重效果。

三、坚持共赢发展，激发乡村振兴"源动力"

农民是乡村振兴的主体，只有发动农民广泛参与，乡村振兴才能行稳致远。柳桥村大胆创新，形成村集体、经营主体、村民利益联合体，实现风险共担、效益共享的共赢发展。**培育经营主体支撑发展**。积极引进和培养专业合作社等经营主体，帮助合作社完善内部管理，并取得相关业务的施工资质，统一承接村级项目建设、发展特色农业。目前，全村有湖南永湘海川农业开发有限公司等较大型经营主体 6 家，主要采取"公司＋基地＋农户"的模式运营，2021 年仅发放村民务工工资一项就达 360 万元，为村民人均增收 1 万元—2万元。**鼓励村民加入壮大发展。**鼓励农民以出资或用土地流转金参股的形式成立或加入专业合作社。村民的参与减少了产业发展成本，也大大提升了工作效率。目前，全村有 165 户农户加入经营主体。2019 年，村党委带领 100多名党员群众开展夏橙基地志愿活动，完成了夏橙施肥、浇水、覆盖地膜、除草等任务，为合作社节约用工成本近 20 万元。**村集体参股引领发展。**目前，村集体在明远等 3 家合作社参股，实现风险共担，稳定合作社的生产。经过近三年的发展，全村形成了夏橙、小籽花生、高粱、中药材、毛豆、龙虾养殖、莲鱼共养、订单蔬菜等特色产业，2021 年总产值达 2000 万元，2022 年产值预计达 4000 万元。

四、坚持齐抓共管，塑造乡村振兴"新风气"

乡村治理是乡村振兴的重要内容。柳桥村以完善综合治理体系为抓手，多方参与、人人出力，形成了乡村治理齐抓共管的良好格局。**"一约五会"抓村民自治。**完善村规民约，成立村级道德评议委员会、村民议事会、禁赌禁毒会、红白理事会、农村人居环境理事会，健全"一约五会"组织，由党员干部带头抵制陈规陋俗、带头不办红白喜事，深入推进移风易俗。在"一约五会"的推动下，全村疫情防控、"厕所革命"、自建房排查、人居环境整治等难点工作都取得显著成效。**深度融合抓党群联治。**有序开展"党组织联项目、党员干部联网格、普通党员联群众"活动，大力推进"党建引领社会治理百千万工程"，积极为村级谋发展、为群众解难题。"三联"活动实施以来，全村基本实现矛盾纠纷不出村。**多方呼吁抓同心共治。**以"同心创建"活动为抓手，积极发挥本地乡贤作用，通过招引项目、股份合作等方式鼓励本村能人返乡创业，共建美丽乡村。近年来，全村累计引进资金 3000 余万元、新型农业经营主体 20 多家、本村能人 10 余名返乡共建"同心美丽乡村"，形成了共建家乡、勤劳致富的良好风尚。

抓实"五个聚焦" 打好乡村振兴组合拳

——桂阳县正和镇和谐村实施乡村振兴战略经验做法

近年来，桂阳县正和镇和谐村抢抓西河乡村振兴示范带建设有利契机，依托村庄现有资源和基础，以"和"为主题，充分挖掘文化特色，科学制定"四园九心三十六点"发展创意规划，抓实"五个聚焦"，打好乡村振兴组合拳，推动乡村呈现出一派欣欣向荣的景象，先后荣获湖南省美丽乡村建设示范村、湖南省卫生村、湖南省乡村治理示范村等荣誉称号。

一、聚焦兴产业，夯实经济基础

立足临县城优势及良好生态资源，精心提炼"和"主题，塑造"和乐""和顺""和谐"等文化特色，以"河、荷、和、禾"为延伸，以现代农业为基础，融合科技、文化等创新要素，聚焦"休闲体验园、鹭山风情园、荷蟹文化园、生态农耕园"四园建设，延长产业链，提升价值链，促进农文旅融合发展。**深挖乡村特色发展优势产业**。因地制宜发展荷花、蔬菜、烤烟等种植业和虾、蟹、甲鱼等养殖业，依托李家组现有资源扩大荷花基地100亩、水产基地100亩，烟稻轮种1500余亩，打造出以鉴烟、赏穗、观荷、采莲、品蟹、尝鲜为特色的体验式种养基地，带动村民增收致富。**推进三产融合拓展发展空间**。以郴嘉老铁路桥儿童乐园为核心，山水间白鹭翻飞为亮点，自然田园风光为基础，依托"在水一方"生态休闲农庄和河道滨水平台，建设体验式果蔬基地、"和乐"童趣园和"和美"鹭山恋婚纱摄影基地；利用交粮口"大厨村"优势，发展特色白鸽养殖，引入抖糍粑、抖辣椒等"抖"元素，打造特色全鸽宴，塑造独特的村庄美食文化，形成了以赏景、娱乐、美食为一体的林下旅游经济，让游客吃得香、玩得乐、引得来、留得下。**聚焦内外兼修优化产业环境。**一方面，以西河之源广场为基础，增设"和"元素窗口，丰富广场活动形式，以本土文化和活动塑造和谐共享、活力热情的和谐村新形象，展示和谐风采；另一方面，加大对生态环境保护、村落美化、精品产业打造、基础设施建设和红色文化挖掘力度，持续推进联组、适运组、交粮口组等村庄整治，提升村庄人居环境，通过从内到外营造良好的产业发展环境以吸引市场主体争相进驻。

二、聚焦汇人才，激活内生动力

开展"引老乡、回家乡、建故乡"活动，建立人才储备库，强化本土人才培育，做好人才"引、育、用"全链条工作，赋能乡村振兴，激发乡村活力。**广泛引才。**实施"归雁"工程，瞄准本村在外党政领导、企业经营管理人才、农村实用技术人才、致富能人等进行摸底，全面了解在外乡贤的基本情况、回乡创业投资意向并积极拜访，征集其对家乡建设发展的意见建议，并与在外乡贤建立起乡情桥梁。**悉心育才。**组织开展"传帮带"活动，组织新老干部进行"一对一"结对帮扶，全面提升村级青年干部工作能力；积极邀请县、镇专业力量及驻村工作队举办乡村振兴专题培训班，全面提升辖区干部、群众的振兴能力；创新开展职业农民培养，加强校、村、企三方合作，加大农技人才、厨艺人才培养力度，着力培养造就一支有文化、懂技术、善经营、会管理的高素质农民队伍。**全面用才。**打好"乡情牌"，积极利用政策、资金引导乡贤回乡"投智慧""投人才""投资金"，支持在家村民自筹资金创新创业，帮助创业人员按规定落实税费减免、场地安排、创业担保贷款及贴息、创业补贴和创业培训等政策。

三、聚焦育文化，铸造鲜活灵魂

坚持以文化人、以文惠民，塑造文化品牌，打造红色村庄，培育文明乡风，增强文化底蕴，为乡村铸魂。**挖"风韵"创特色。**大力挖掘胡腾"忠义文化"、王淑兰革命事迹"红色文化"、"鸡公石与麻蝈石"背后"井水不犯河水"的"和谐文化",激活本地优秀文化生命力,打造具有地方特色的和谐村文化。**修遗迹展底蕴**。提质改造望仙桥风雨亭、"交粮口"大粮仓、胡腾衣冠冢、王淑兰故居等人文景点,打造国学书院、红色文化礼堂等教育基地,成为展示本村历史文化的新平台,为进一步传承红色基因、赓续红色血脉和发展红色旅游发挥积极作用。**强引导树新风**。坚持教育引导、实践养成、制度保障三管齐下,广泛开展文化文艺下乡、文化志愿服务等活动,办好"农家书屋",用好文明公约、村规民约、家规家训,发挥好"农家夜话"、新时代文明实践活动作用,推进移风易俗,培育文明乡风、良好家风、淳朴民风。

四、聚焦护生态,建设宜居环境

建立健全人居环境卫生长效管理机制,建设生态、绿色、宜居的美丽乡村。**加强生活污水和粪污治理**。开展生活污水治理,加强排水排污管网等设施建设。强化厕所粪污治理,推行首厕、施工、验收过关制,推动旱厕清零、卫生厕所全覆盖。加快推进西河岸坡提质治理、清淤疏浚、闸坝改造,严禁乱挖滥采,实现水清岸绿。**开展村庄绿化美化行动**。积极开展植树造林,在原有绿化的基础上,见缝插绿,引导村民在房前屋后种植金橘、杨梅、旱莲、月季等果蔬、花木,绿化庭院环境。引导村民对公共空闲地实行"切块式"网格化管理,打造"小菜园、小鸡舍、小庭院、小游园"四小板块,建设乡村美丽风景线。**推进村庄清洁行动**。开展"大清扫""大拆危""大整治"三大行动,强化常态化保洁,组织村民积极开展"扫干净、摆整齐、讲秩序、有文明"活动,营造干净整洁的村庄环境。

五、聚焦强组织,筑牢战斗堡垒

加强党建引领,建强基层组织和党员队伍,强化乡村振兴根本保障。**加强基层组织建设**。建设高标准"五化支部",充分发挥基层党组织战斗堡垒作用和基层党员先锋模范作用。发挥村集体经济合作社职能,承担各组土地流转承包总经纪人职责,盘活闲置土地资产,吸引有实力企业、合作社发展烤烟、药材、水果等产业,2022年流转土地约300亩,种植黄桃、巨峰葡萄、西瓜、优质水稻和烤烟,建设高标准蔬菜大棚等,积极发展壮大村级集体经济。**充实村级后备力量**。注重从产业工人、青年农民、返乡高校毕业生和经济能人中发展党员，把政治素质高、致富能力强的优秀青年吸纳进党组织，激发党员队伍活力，充实党员队伍后备力量。**创新完善治理模式。**用好乡村善治"三件宝"，创新云端"自治"、法制组团、德治积分模式，建立网上议事厅、人民调解"百米服务圈"、"德治"积分银行，加强法律服务，促进村民自治，引导群众共建共治共享。

二

扛稳粮食安全重任篇

粮食安全是"国之大者"。悠悠万事，吃饭为大。民以食为天。实施乡村振兴战略，必须把确保重要农产品特别是粮食供给作为首要任务，把提高农业综合生产能力放在更加突出的位置，把"藏粮于地、藏粮于技"真正落实到位。

——习近平

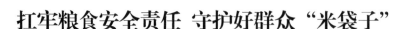

扛牢粮食安全责任 守护好群众"米袋子"

——岳阳市扛稳粮食安全重任经验做法

近年来，岳阳市认真贯彻落实习近平总书记关于确保粮食安全重要论述，把确保粮食安全作为首要任务，加强政策指导推动，强化科技装备支撑，构建高层次、高效率、高质量的粮食安全保障体系，全力以赴保障群众"米袋子"安全。2020—2021年，连续两年获得省政府粮食安全责任制真抓实干督查激励表扬，相关典型经验得到了中央电视台重点推介。

一、突出党政同责，夯实粮食生产基础

突出示范创建。 建立市、县、乡（镇）、村四级粮食生产责任体系，明确各级党委、政府主要负责人为粮食生产第一责任人。将粮食生产纳入《市级领导联系县市区工作安排》任务和党委政府重要议事日程。市、县、乡三级领导班子带头在粮食主产区建设一批高标准、上规模、以双季稻为主的粮食生产示范片，其中省级万亩示范片2个、市级万亩示范片8个、县级千亩以上示范片79个、乡镇级百亩以上示范片142个，总面积54万多亩。**规范土地流转。** 建立县、乡、村三级土地流转服务体系，全市流转耕地占家庭承包耕地总面积的60.6%。汨罗市桃林寺镇高丰村按照"农户自愿、村级统筹、规范流转、合作社运行"的模式，把"巴掌田"变成了"大丘田"把"低产田"变成了"吨粮田"，入选2022年全省耕地保护十大典型案例。**强化资金投入。** 市本级设立粮食生产专项资金1000万元，纳入财政预算，重点支持早稻集中

育秧、机抛机插秧、社会化服务、耕地抛荒治理等领域。各产粮大县奖励资金直接用于粮食生产的比例不少于 70%，全市整合涉农资金 3.08 亿元，较上年度增加约 1 亿元。支持各银信机构发挥银行信贷资金优势，加大对粮食生产领域的信贷投入，2022 年全市种粮新型经营主体贷款贴息金额达到 984.6 万元，同比增长 17.3%。**抓好基础建设。**支持新型经营主体采取"先建后补"方式参与高标准农田建设。加大灌排设施建设、宜机化改造、现代农业需求等配套措施建设力度。全市累计建成高标准农田 409.9 万亩，基本形成"田成方、林成网、渠相通、路相连、旱能浇、涝能排"的生产格局，2021 年全市粮食产能 300.9 万吨。

二、狠抓关键环节，增强粮食生产能力

推广新技术。积极引进水稻"DMC 育秧""暗室叠盘齐苗"等新技术，大力支持设施化育秧设备发展，全市新建现代化旱育秧中心和场地设备旱育秧基地 92 个，新建工厂化育秧钢架大棚 41.8 万米^2。2022 年早稻集中育秧面积达 205.31 万亩，育秧移栽占比 85.4%，有效降低了早稻生产风险。其中岳阳县筻口镇润升水稻专业合作社打造 150 亩全省最大的旱育秧基地。**培育新主体。**2022 年全市已培育合作社、家庭农场、种粮大户等规模化种粮主体 24124 户，较上年增加 53 户。涌现出"全国十佳农民"阳岳球、董敏芳，"全国粮食生产先进个人"张兵驹等先进典型。**打造新品牌。**以"大美湖区优质农产品生产基地"建设为抓手，加强"岳阳大米"区域公用品牌建设。2021 年 9 月，岳阳市人民政府在长沙成功举办"岳阳大米"区域公用品牌推介会，8 家企业率先获得"岳阳大米"地理标志证明商标使用授权。2021 年 12 月，"岳阳大米"产业联盟成立，首批 44 家粮食骨干企业加入联盟。"岳阳大米""华容稻"等一批粮油区域公用品牌成长迅速。全市现有粮油类中国驰名商标 13 个，湖南省著名商标 35 个，地理标志证明商标 6 个。

三、坚持绿色发展，提升粮食生产品质

推动粮食生产高质高效。大力实施水稻绿色高质高效项目创建，以绿色发展理念为引领，全力保障粮食安全，全面推行节水、节肥、节药、节膜、节本技术，示范带动粮食产业转型升级和可持续发展。大力推进"早专晚优""稻

油""稻稻油""棉油"轮作，2021年全市发展专用型早稻202万亩、高档优质中晚稻240万亩。**实施化肥农药减量增效。** 2021年，全市测土配方施肥技术覆盖面积960万亩；创建95个绿肥示范片，示范面积16.78万亩；推广水肥一体化10.27万亩、秸秆还田697万亩、机械深施肥面积81.36万亩；推广商品有机肥7万余吨。2021年全市化肥用量同比减少2.8个百分点，农药用量同比减少1.9个百分点。推广农作物病虫害绿色防控新产品、新技术，提升绿色防控水平，因地制宜推广应用农业防治、生态调控、理化诱控、生物防治等非化防技术。2021年全市粮食作物绿色防控覆盖面积318.78万亩、覆盖率45.17%，统防统治服务组织128家、服务面积375万亩。**打造绿色大米产业。** 积极践行绿色发展理念，加快转变农业发展方式，大力发展绿色食品、有机食品及地标农产品，不断增加优质农产品供给。坚持主体自查、属地监管、市级巡查逐级落实责任，把好认证登记产品质量审查关，建设完善溯源体系，推动粮食产品在国家和省级"两个平台"的注册和使用全覆盖。到2022年，全市绿色食品大米认证83个，岳阳县、平江县成功创建绿色食品原料（水稻）标准化生产基地2个、基地面积30.4万亩，绿色食品产业规模稳步扩大。

推行"田长制" 种好"四块田"

——郴州市扛稳粮食安全重任经验做法

2021 年，郴州市在全省率先推行"田长制"，建立市、县、乡、村、组五级田长体系和田长制协作机制，实现对耕地和永久基本农田的全方位、全覆盖、无缝隙管理。宜章县、北湖区因 2021 年耕地保护工作突出分别获得国务院、省政府真抓实干督查激励。

一、划定"责任田"，建强田长体系

"田长制"试点号角一经吹响，各县市区纷纷响应。北湖区走在前、做表率，区、镇、村（组）三级"田长"走马上任，制定各级"田长"责任田分布图，将耕地保护任务落实到责任人和地块，区财政拿出 500 万元补贴粮食种植，搭建起统筹领导、逐级负责、群众参与、考核奖惩"四位一体"工作机制。宜章县建立"属地管理、分级负责、全面覆盖、责任到人"的四级"田长制"管理体系，推出一本台账抓整改、一套制度严考核、一张地图明责任、一个 APP 促工作的"四个一"工作法，县财政预算 500 万元，用于抛荒治理和"田长制"奖励。桂阳县、资兴市成立"田长办"，建立巡查督导机制，出台考核办法。

二、打造"智慧田"，实现数字监管

充分运用信息化技术，打造耕地信息管理平台，开启"智慧田管"时代。

市本级选定北湖区进行"一码管田"系统试点，为连片农田"量身定制"高空高清摄像头并连接到监管系统，对农田实行全天候监控。宜章县、资兴市开发"田长"APP，具备现场定位、现场报告、现场查看地类等功能，实现"掌上管地"。桂阳县承担省级铁塔视频监测试点任务，在耕地保护重点区域布设 130 个监控点位，做到耕地状况变化即时发现、即时上报。通过科技赋能，各级"田长"对辖区耕地实时巡查监测，实时掌握农作物生长情况，一经发现违法破坏耕地行为，第一时间将违法位置、违法现状等信息反馈至辖区"田长"，立即现场核实、制止纠正，把违法行为消除在萌芽状态，实现"人防、物防、技防"有机结合。2021 年全市违法用地、违法占用耕地同比分别下降60%、47%，处全省低位。2022 年北湖区、苏仙区、桂阳县、桂东县保持违法占用耕地零新增。

三、发展"规模田"，提升综合产能

将闲散土地"化零为整"，在培育种植大户上持续发力、示范带动。北湖区实施"种粮状元"培育工程，通过早稻生产补贴、抛荒补贴、大户补贴、科学技术培训、农业机械化普及等方式，帮助种粮大户流转闲散土地、扩大生产规模。华塘镇三合村"种粮状元"骆元波流转横跨三个乡镇的土地 3000余亩，组织成立 105 人的专业合作社，为当地农民提供 70 个就业岗位，每年支付工资 90 余万元，有效带动周边村镇经济增长。苏仙区大力推行"退草还耕"，采取"插旗退草"的办法，由党员干部带头执行"退草还耕"政策，仅飞天山镇就退出草皮种植共 2.6 万多亩，全区共"退草还耕"3.2 万余亩，全部流转给种粮大户用于粮食种植。对于零星的耕地，由党员干部牵头成立"支部农场"进行耕种。2022 年，飞天山镇水稻种植面积超 2.38 万亩，预计年粮食产量超 9000 吨，成功将"草皮镇"转化为"米粮仓"。宜章县平和洞片区4 个村共 2800 亩耕地全部完成流转，结合原有种植结构，大力推行"稻油轮作"模式，既减少了冬季撂荒地，又让农民增收不少。2022 年 3 月油菜花开时，该片区吸引游客 18 万人次，已成为郴州境内颇有名气的油菜花网红打卡点。

四、种好"连心田"，增强保护意识

积极做好宣传引导，持续增强干部群众耕地保护意识。在全省率先组织

宣讲队，开展耕地保护大宣讲，直接到田间地头宣讲耕地保护政策知识。充分利用宣传车、"村村响"，常态化宣传农村乱占耕地建房"八不准"等政策。将耕地保护政策讲解纳入基层干部培训课程，在"4·22"地球日、"6·25"土地日开展一系列主题宣传活动。第 32 个全国土地日集中宣传活动暨湖南省田长制启动仪式在郴州市召开，北湖区制作推出"田长制"系列动漫，营造了"干群连心、共护耕地"的良好舆论氛围。

遏制耕地抛荒 稳定粮食生产

——娄底市扛稳粮食安全重任经验做法

近年来，娄底市坚决落实省委省政府决策部署，把耕地抛荒治理作为市委市政府"一号任务"来抓，在全省率先达成了存量抛荒耕地动态清零目标，2021年，全省春耕生产暨耕地抛荒专项治理现场推进会在娄底市召开。2020—2022年，全市累计完成抛荒治理面积 17.76 万亩，增加粮食产量 6.22 万吨，复耕率 100%。

一、压实"四个责任"，形成治理闭环

夯实"领导责任"。 市委市政府高度重视耕地抛荒治理，强化"党政同责"，出台了"铁八条"，将耕地抛荒治理纳入了全市高质量发展考核体系。**明确"管理责任"。** 实行市级领导包县、县级领导包乡镇、乡镇领导包村、村组干部包组、组长包户的"五包"责任制，把任务细化到了每一处田块、每一个责任人，构建网格化责任体系，打通治理的"最后一公里"。**落实"投入责任"。** 市、县、乡三级统筹整合有限的财政资金，三年共投入 0.89 亿元，专项用于耕地抛荒治理。同时引入社会资本，确保治理经费保障到位。**强化"监督责任"。** 成立市委市政府联合督查组，对粮食安全和耕地抛荒治理落实情况进行专项督导；成立粮食生产对口督导小组，常态化督导耕地抛荒治理落实情况。

二、建立"三张清单"，明确治理任务

积极统筹各类资源，在全市建立起了"三张清单"，为耕地抛荒的精准治理奠定良好基础。**"抛荒清单"**。按照"应查尽查、应报尽报"原则，在全市逐村逐户逐丘开展抛荒地排查，并利用卫星遥感、无人机测绘、土地确权登记颁证数据等再逐一核对，确定精准的"抛荒清单"。其中涟源市运用测绘无人机，具有清晰度高、监测范围广、工作效率高、作业方式灵活等特点，出动无人机3000余架次，完成抛荒面积核定近1万亩。**"任务清单"**。县、乡、村三级层层建立耕地抛荒治理任务台账，实行动态销号管理模式，实行"十天一调度、一汇总、一通报"制度，有力推动了治理工作。双峰县以"一单四制"（任务清单，台账制、交办制、销号制、通报制）推进抛荒治理清零行动，全面落实复耕复种。**"奖惩清单"**。列出"奖惩清单"，明确激励约束细则，充分调动广大干部群众的积极性。冷水江市对完成全部治理任务的村（居委会）奖补4000元，安排300元／亩的工作经费，并对镇、村干部给予适当奖励。

三、推进"四个一批"，破解治理难题

坚持统筹规划、分类施策，将经济手段与政治手段相结合，多措并举推进抛荒治理。**基层自治一批**。通过开好屋场会，有效激活基层自治，给农户上好"政策课"、算好"种粮账"，引导农户复耕。冷水江市发布村规民约，重点推出"耕地抛荒两年，村集体重新发包承包经营权"的标语在各村、组、户进行覆盖式悬挂。各村组干部利用农闲时间召开村组屋场会，面对面与农户沟通，向农户下发告知书，签订承诺书，确保耕地不荒。**利益联结一批**。以"利益联结"为纽带，搭建"流转平台"，集约流转荒地复耕，成效显著。三年来，全市累计新增种植规模30亩以上大户842户，新增流转耕地19.7万亩，其中7.8万亩是抛荒地，占比达39.6%。双峰县青树坪镇成立镇级土地流转中心，以村为单位，将土地统一入库，再采用好田荒田成片"打包"招租的方式流转给经营主体，对荒田免收2—5年租金，由经营主体垫资集中复耕复种。其中，农户每年获得200公斤稻谷／亩的租金收益，村集体每年获得5公斤稻谷／亩的工作经费，经营主体则通过规模种植和奖补政策获得收益，极大调动了三方积极性。**共管代种一批**。针对有耕种意愿但劳动力短缺的耕地，引导农户委托第三方代耕代种代收。如娄底市农业部门组织的"双抢代收"

服务，全程代收确保不误耕期；新化县将县级财政下发的双季稻补助和上级财政支持资金收入统一归村代管，由村里负责农户的双季稻生产，各项开支统收统付公开，农户只负责田间管理，收获的早、晚稻都由农户所有，极大调动了农户积极性。**干部兜底一批**。针对地段偏僻、耕作条件不佳的抛荒地，由村干部及党员进行兜底治理，"脱下皮鞋是种粮大户，穿上皮鞋是村干部"。涟源市白马镇各村都建立了兜底治理的"行政田"，该镇发展的 29 名种粮大户中，其中有 20 人是村干部，占比达到 68.97%。

四、做好"两个结合"，形成"治理 + 发展"叠加效益

与自然资源禀赋相结合，分类施策保安全。按照"一类一策，一丘一策"要求，科学制定复耕复种方案，坚持"宜双则双、宜单则单、宜粮则粮"原则，坚决杜绝"一翻了之""翻了荒、荒了翻"等现象。如双峰县制定复种方案，分类指导，2021 年全县新增水稻种植面积 2.2 万亩，2022 年有望再增加 3600 亩以上。**与特色产业发展相结合，融合倍增显效益**。如新化县将治理梯田抛荒和退化作为紫鹊界风景区保护重要内容来抓，建立了分区域梯田种植水稻奖补政策，按 400 元 / 亩流转核心景区梯田 2900 余亩，景区 763 亩存量抛荒梯田基本清零。双峰县利用农机产业优势助力耕地抛荒治理，开发了适合丘陵地区的高地隙大马力履带式旋耕机、自走式旱地履带式旋耕机，解决了抛荒耕地无机可用的问题，同时也促进了农机产业发展。

五、夯实"两个基础"，确保治理成效可持续

夯实硬件，改善基础设施。2019—2021 年共投入 7.67 亿元完善农田基础设施，建成了高标准农田 47.92 万亩，累计完成山塘清淤整修 2 万余口，新增蓄水容量 2405 万米^3，新增恢复灌溉面积 5.1 万亩。**优化软件，提升服务能力**。全市统筹推进土地流转平台建设，已建立 6 个县级、84 个乡镇级农村产权（土地流转）交易中心，推动耕地流转面积 118.44 万亩，减少"非粮化"耕地存量面积 4.17 万亩，三年中土地流转率提高了 13.5%。通过夯实硬软件基础，降低耕种成本，提高种粮效益，确保了治理成效的可持续。

"五个聚焦"破解粮食生产"五大难题"

——长沙县扛稳粮食安全重任经验做法

近年来，长沙县牢记粮食安全这个"国之大者"，坚持以工哺农，扛牢政治责任，强化政策保障，分类精准施策，以"五个聚焦"统筹破解"五大难题"，常年播种粮食面积稳定在 110 万亩以上，总产保持在 50 万吨以上，荣获"粮食生产标兵县""粮食生产先进县"等多项殊荣。

一、聚焦主体培育，解决"有地无人种"的问题

分类施策培育多元化市场主体，适应以山地和丘陵为主的土地利用现状。**培育大户。**在地形平坦的区域，引导农户积极将土地流转给种粮大户，开展机械化作业，提高种粮规模和效率。全县培育形成流转土地 400 亩以上的大户 88 个、500 亩以上的大户 53 个，打造形成 3 个粮食生产万亩示范片。**适度规模。**针对条件差、较分散且贫瘠偏僻农田，就地培育经验丰富、农机具充裕的种粮农户成为适度规模种植主体。2022 年，全县新增 30 亩以上的种粮主体 230 户、流转面积 4.7 万亩。**支持散户。**支持零星地块散户种粮，对种植双季稻的散户（30 亩以下）给予补贴。2022 年共支持种植双季稻散户 1000 余户，种植面积达 6000 余亩。**代耕代种。**引导无种粮能力或种粮意愿不强的农户流转土地，鼓励村集体经济组织以零租金形式代耕代种。2022 年全县村集体代耕代种 4.2 万余亩。

二、聚焦服务保障，解决"有地不愿种"的问题

重构全过程服务体系，激发种粮意愿。**宣讲政策引导种。**严格落实"田长制"，建立"县包镇，镇包村，镇村干部包组到户"责任体系。广泛动员党员群众带头种粮，组织召开屋场会近 3000 场，将种粮政策送到田间地头，将种粮责任压实到村组到丘块。**优化服务支持种。**聚焦生产关键环节，以服务小农户为重点，开展集中育秧、机耕机插机收等社会化服务。目前，全县粮食生产社会化服务机构达 354 家，服务种粮面积达 32.4 万亩。同时，全县适度规模经营主体实现水稻完全成本保险全覆盖，且相关贷款可享受最高50% 贴息。**保障收益主动种。**创新性探索出"服务大包干"模式，为家庭承包经营的农户提供耕、种、防、收、烘、销等全产业链服务，实现农户、村集体、服务主体三方获利。农户无须"种田"，可根据收成选择"要钱不要谷"或"要谷不要钱"，获得预期收益；村集体负责协调解决生产过程中的矛盾问题，收取一定管理费用；服务主体无须支付土地流转租金，而是凭借高效率的规模服务获得收益。

三、聚焦基础建设，解决"有地不好种"的问题

推动好地藏好粮，着力提升农田综合生产能力。**持续强化基础设施建设。**以"民办公助"方式，持续开展冬修水利、水库清淤、疏浚渠道等项目建设，近三年完成"小农水"项目 3166 个。出台《农田基础设施建后管护办法》，保障农田基础设施持续发挥效益。建设高标准农田，以粮食生产功能区和重要农产品生产保护区为重点，近三年投入超 2 亿元，建成高标准农田 13.2 万亩。**率先开展土壤重金属治理。**率先在全国开展农产品产地安全状况调查，摸清了全县重金属污染区域及成因。实施重金属污染耕地种植结构调整及修复治理试点工作，采取分区治理的方式，通过落实修复治理、种植结构调整、休耕等系列措施，受污染耕地理化性状得到改善，稻米镉含量达标率明显提升。**有效开展耕地地力提升。**全县通过持续实施土壤有机质提升、绿肥种植等培肥措施，耕地质量有较大提升。第三次国土调查长沙县耕地质量评价加权等级为 4.43，其中低产耕地 (7—10 级) 仅占耕地总面积的 8.61%。

四、聚焦产业链条，解决"丰产不丰收"的问题

有效应对农资价格、流转租金、人力成本上涨等难题，破解"种粮不划算"困境。**出台激励性政策。**创新出台《促进粮食生产十条措施》，县本级财政对双季稻粮食生产实行"三补一奖"，即对育秧、翻耕和移栽三个生产环节给予补贴，对 30 亩以上规模生产给予奖励，降低种粮成本，提升种粮效益。**推广机械化作业。**坚决兑现农机购置及累加补贴政策，拓宽农机服务领域，探索"机农合一"新机制，全县农业机械化水平稳步提高，机耕、机播（机插）、机收分别达 99.5%、57.8%、99.4%。**实施生态化管理。**首创"一筒双芯、双季双诱"二化螟、稻纵卷叶螟混合诱控的绿色防控模式，获得院士、专家和广大农户的一致肯定。推广农作物专用配方肥，主要农作物测土配方施肥技术覆盖率达 92%，化学农药使用量实现负增长。**开展订单式收购。**探索出"选好种、种好田、收好粮、卖好粮、分好利"五好服务模式，通过打造粮食供应链数字化平台，2022 年订单式收购早稻 3 万吨，打通了种粮大户"种什么—怎么种—如何卖"的全链条，提升粮食产业整体效益。

五、聚焦科技赋能，解决"有量质不高"的问题

坚持走粮食生产集约化、科技化、产业化、品牌化道路，着力改变粮食生产方式管理粗放、产品低端同质局面。**实施"种业振兴"。**针对种业"芯片"卡脖子问题，聚集国内种业龙头企业，积极构建育繁推一体化的种业高质量发展体系。比如，隆平稻作公园吸引国家杂交水稻工程中心等 16 家科研机构和隆平高科等 90 余家种业企业进驻，每年有 500 余项水稻新技术、新品种、新模式在此集中展示。万建民等 3 位院士主持研发选育的 8 个品种，参加国家级镉低积累水稻品种审定试验，"镉大米"技术瓶颈有望实现历史性突破。袁氏种业连续 5 年保持杂交水稻种子出口量排名全国前三。**首倡"院士农业"。**针对种粮科技水平不高的问题，在全国首倡"院士农业"，出台《长沙县院士农业发展三年行动方案》《长沙县院士农业专项支持实施办法（试行）》等政策，对新成立的院士工作站，3 年给予 200 万元补贴。目前，吸引 10 个农业院士专家团队在县建成科研基地 13 个，以"院士农业"新潮带动农业发展高潮。**做好"融合文章"。**依托隆平稻作公园成功引进（长沙）国际稻作发展论坛、国家长江中下游水稻双新展示观摩会等行业峰会，每年接待各类

行业专家、国际交流、研学体验约5万人次。成功承办"第四个中国农民丰收节"现场观摩活动。逐步推广政府引导、市场主导、企业主体、农民参与的"农文旅融合"新模式，实现"农村变景区、稻田变学堂、民房变民宿、农民变股东"。

农机"提档"助力粮食稳产增收
——安仁县扛稳粮食安全重任经验做法

近年来，安仁县深入贯彻落实习近平总书记关于粮食安全的重要论述，坚决落实粮食安全党政同责要求，牢牢守住耕地保护红线和粮食安全底线，奋力推进农业机械化。该县先后获得全国第六批率先基本实现主要农作物生产全程机械化示范县、全省农机工作先进单位、全省农机购置补贴工作先进单位、全省油菜生产机械化工作先进单位。2022 年承办全省"三夏"生产暨农机合作社建设推进会。

一、强化科技支撑，以精良机械推进生产机械化

大力推行农业机械化生产，多途径、多方式广泛宣讲相关农机补贴政策，鼓励农户购买农机。全面推行农机补贴手机 APP，简化补贴办理程序，压缩补贴办理时间，从受理购机申请至补贴兑付到卡不超过 15 个工作日。大力推广"农机一键达"小程序应用，着力解决农户和农机手供需信息不对称问题，做到线上预约、线下服务，服务效率提高 50% 以上。加快推进农业机械化和农机装备产业转型升级，实现智慧农机、信息农机、智能农机。全县农机总动力 27.6 万余千瓦，农机拥有量 37.5 万余台（套）。新推广高速插秧机 71 台、抛秧机 3 台，已有高速插秧机 141 台、抛秧机 68 台。综合机械化率 84.5%，机耕率 99.8%，机收率 99.9%，机栽植率上升到 41.1%。农机装备对粮食增产贡献率显著提高，2021 年全县种植早稻 29 万亩，粮食播种面积 68 万多亩，

比上年增长 3 万多亩，水稻平均产量增产 15% 以上，粮食总产量 30 万吨，增产 4.3 万吨，品质提高 30% 以上，价格提高 30% 以上，生产成本降低 20% 以上，亩均增收 300 元以上。

二、加强技能培训，以精干队伍推进农民职业化

加强农机合作社理事长、管理员、农机手三个层面的新机具新技术应用培训，组织开展送科技送技能下乡活动，提高农机从业人员的科技素质和操作技能。集中开展技能比武、农机展会等竞赛活动，不断提高农机从业人员技术水平和能力，全县涌现了一大批"新农机人"和全能农机手。2021 年以来，县主管部门和农机合作社举办农机培训班 23 期，开展送科技送技能下乡活动 213 次，受益达 23682 人；开展机抛秧现场演示会 16 场，举办早稻机抛机插、油菜机种机收、无人机植保飞防和施肥作业现场培训会 28 场，培训农机人员 1200 余人次；开展技能比武、农机展会等竞赛活动 8 次，900 余人次参加。

三、构建服务体系，以精细机制推进管理专业化

积极培育农机合作社等新型农业服务主体，构建农机社会化服务体系，创建安仁县农业社会化服务产业联盟，统一组织名称，统一服务标准，统一技术规范，统一整合资源，统一指导价格，打造安仁农业社会化服务名片。县委、县政府在全省率先出台《关于加快推进农机合作社建设和全面提高农业机械化率的实施方案》，每年有效整合乡村振兴衔接资金和粮食适度规模经营补贴资金 1000 万元，主要用于合作社示范创建、县级累加补贴、购机贷款贴息、烘干机棚及机库棚建设补贴等方面，极大地撬动了民间资金，合作社建设积极性空前高涨。全县已发展服务组织 145 家，创建国家级示范社 2 家，省级百佳联合社 3 家，省级示范农机合作社 6 家，省级现代农机合作社 13 家，省级区域性社会化服务中心 2 家，省级农事服务中心 2 家。参与社会化服务的小农户，水稻平均亩产增产 15% 以上，品质提高 30% 以上，价格提高 30% 以上，成本降低 20% 以上，亩均增收 400 元以上。

四、创新服务模式，以高效作业推进工作效益化

以"全国农业社会化服务创新试点县"为契机，积极探索农业社会化服务组织形式、服务模式、资源整合等方面的创新，形成了可复制、可推广的安仁模式和安仁经验。在组织形式上，如天鹰的"一村一机"农机共享，采取"服务组织＋村集体＋农户"形式，充分发挥了居间服务和共享服务优势，节本增效明显，实现了服务组织、村集体、农户三方共赢目标。在服务模式上，如生平的农机租赁委托管理和"五员五包"模式，鑫亮的"十代服务""菜单式"和"保姆式"服务等，让农户有更多的选择权，大大提高了农户和合作社参与和开展农业社会化服务的积极性。在资源整合上，如犇犇的"十大联合"，有效地整合了人、财、物和机具等资源，提升了服务能力和服务质量，做大做强做优了服务组织。2021 年，全县水稻统一育秧 35.2 万亩，比上年提高 11%；机抛机插 6.1 万亩，比上年提高 21%；统防统治 20 万亩，比上年提高 15%，植保无人机 1 人 1 天可防治 200—500 亩，10 亩作业时间 8—12 分钟，服务效率大幅提高。2022 年完成农业社会化服务面积 57 万亩，覆盖面 80%以上。每亩每季增产 100 斤以上，节本增效 250 元以上。

坚持"三突出三提升" 坚决扛稳粮食安全政治责任

——靖州县扛稳粮食安全重任经验做法

近年来，靖州县深入学习贯彻习近平总书记关于"三农"工作重要论述，严格执行党中央决策部署和省市工作要求，始终把保障粮食安全摆在突出位置，大力实施"藏粮于地""藏粮于技"战略，走出了一条粮食增产、农民增收的新路子。2021年，全县耕地保护实现"零违法"，粮食生产面积达31.3万亩，粮食总产量达14.14万吨、增长3.9%，获评"全省粮食生产先进县"。

一、突出高标准农田建设，着力提升农业生产能力

完善基础强支撑。 始终把高标准农田建设作为支持"三农"的重要手段，积极扩面提质，发展高标准农田25.2万亩，占耕地总面积的92.6%，高标准农田覆盖率全省第一，农业综合生产能力明显提升，确保产得出、供得上、供得优。**破除瓶颈解难题。** 新打造4个现代农业示范片，覆盖6村共6700亩，土地集中连片流转到村集体，农户只认面积数据，不论原有丘块位置，打破原有田埂界线，小丘改大丘，真正破除土地"碎片化"瓶颈，建成"田成方、地增肥、路相通、渠相连、旱能灌、涝能排、宜机化"的高标准农田。依托靖州县数字农业公共信息服务管理平台，对高标准农田进行实时数字化监控，及时掌握田间气象、温度、湿度、土壤墒情，全链条精细化管理生产过程。推行全程机械化生产，降低农业生产劳动强度和管理难度，实现农业产业降本增效，切实解决当前农村劳动力缺乏难题。**高效种养促增收。** 因地制宜大

力推广"稻+"高效种养模式，新实施"稻+烟"面积1万亩、"稻+鱼（鸭）"面积6万亩、"稻+油菜"面积10万亩，每亩收入4000元以上，农民种粮积极性明显增强。

二、突出信息化平台管理，着力提升农业科技水平

注重平台搭建。抢抓国家种业振兴战略契机，与隆平高科开展政企共建，打造靖州县数字农业公共信息服务管理平台，主要包括全县"三农"综合信息数据库、行政执法、技术培训、设施管理、气象虫情、质量溯源、指挥调度、靖农通APP等8大功能板块，构建起"动态采集—融合分析—平台调度"的数据服务模式。**注重功能作用。**整理全县农业农村各类业务数据图层，建立"1张底图+N个农业专题应用图"管理模式，实现数据精细化可视化分级展现、直观对比和动态跟踪。以靖农通APP平台为载体，开通农户、农机、农资、技术、电商、物流等板块，实现了生产要素优化联动。结合正在开展的现代农业示范片建设，建立基于物联网、大数据、卫星定位的数字农田管理测控系统，实现生产全程机械化、农药化肥施用精准化、田间管理在线化，提升墒情、苗情、虫情、灾情等"四情"监测能力和气象预测预报能力，实现粮食生产从田间到餐桌全程可追溯。**注重效率提升。**以数字农业公共信息服务管理平台为依托，大力发展"互联网+农机作业"，推广农机作业服务供需对接、作业监测、远程调度等信息化服务，促进农机共享共用，提升农机服务效率。将水稻杂交种子、茯苓、杨梅、中药材、烟叶、蔬菜、生猪等农产品加工、仓储、物流企业等纳入数字化管理，促进信息互联互通、实现物流供需匹配、提升设施运营效率。试运行以来，全县通过信息平台调度机插秧1164.5亩，无人机施肥2130亩、植保15551亩，杂交制种收割烘烤1.1万亩，培训水稻、杂交制种、烟叶、电子商务等2000余人次。

三、突出多领域扶持培育，着力提升农业比较效益

强化政策支持。出台《靖州县支持粮食适度规模经营补贴实施方案》，明确粮食适度规模经营的扶持政策和补贴标准。对30亩以上的种粮大户，按80元/亩的标准进行补贴，2021年发放补贴资金354万元。同时，帮助种粮大户落实"惠农贷"，县财政贴息50%，2021年发放贷款2400万元。鼓励引

导农民采取入股分红、土地出租等模式，有序推进土地流转，2021年全县粮食生产土地流转面积达6.1万亩。**培育新型主体。**坚持"引强引大＋本土培育"，出台《靖州县培育发展新型农业经营主体若干措施》，扶持粮食领域新型经营主体发展壮大。全县农业产业化龙头企业达22家，其中国家级龙头企业1家、省级龙头企业6家、市级龙头企业15家，专业合作社、家庭农场等新型农业经营主体达1386家，其中种植面积30亩以上的水稻专业大户256家、500亩以上的15家、1000亩以上的6家。**实施订单扶持。**实施"湘米"工程，落实优质米订单生产，应单开发硒米、高山苗米等粮食产品，延伸产业链条，提高产品附加值。如，2021年靖州县阳光米业生产硒米60万斤，每斤平均售价15元，较普通大米增值12.5元；盛农种养专业合作社利用三锹乡海拔较高、温度较低的地理特点，种植"高山冷水米"600亩，亩产优质大米700斤，每斤市价8元，亩均产值达5600元，为一般稻田的3倍以上。

打造数字大米新样板 探索智慧农业新路径

——省贺家山原种场扛稳粮食安全重任经验做法

近年来，省贺家山原种场认真贯彻落实习近平总书记关于农业科技创新重要指示精神，按照省农业农村厅部署安排，大力开展智慧农业（数字大米）科研示范建设，推动水稻种植技术与现代智能信息技术有机融合，实现了水稻生产的数字化管理、智能化决策、精准化控制、机械化作业，达到了降本节约、增产提质、生态友好的目标，为推进数字大米、发展智慧农业创立了新样板、探索了新路径。

一、加强"三保障"，大力度推进智慧农业

加强组织保障。省农业农村厅成立了贺家山原种场智慧农业（数字大米）示范建设领导小组，研究确定示范建设的总体目标、工作任务，解决重大问题，统筹推进示范建设。贺家山原种场成立工作专班，负责基地建设、数据收集和成果研究等具体工作。**加强技术保障。**成立了由1名研究员、1名正高级农艺师、4名高级农艺师组成的贺家山智慧农业（数字大米）示范建设专家技术小组，为示范建设提供技术保障。场农技服务中心和场种业科学研究所承担示范建设的数据收集、成果研究等科研工作。与中联智慧农业、华智生物、湖南农大等企业和高校签订战略合作协议，在智能农机运用、数据平台研发、数字育种等方面建立了合作科研攻关机制。**加强资金保障。**加大研发投入，整合各类资金1800余万元开展智慧农业（数字大米）示范建设，确保示范建设高效推进。

二、聚焦"三建设"，高标准发展智慧农业

聚焦数字化建设，提升决策水平。研发了国内顶级、省内一流的智慧水稻种植数据管理平台。利用环境监控站、水位传感器、土壤传感器、自动虫情测报灯、气象站、高清摄像头等信息采集设备，建立多维度、低成本数据采集体系。数据管理平台通过对采集的数据进行综合分析，由智肥、智水、智长、智病、智虫、智草 6 个智能模型作出智能决策，指导农户操作农事活动。目前，通过该系统提供的农事操作标准，指导农户操作农事，实现了精准施肥、精准灌溉和病虫草害精准防控，解决了"怎么种好田"的难题。**聚焦智能化建设，提升生产效能。**通过数字赋能，对插秧机、抛秧机、施肥机、收割机等农机进行智能化改造和建设，浸种、播种、催芽、育苗全程自动化，光照、温度、湿度控制智能化的智能育秧工厂，实现了育、耕、种、管、收的全程机械化和部分智能化。为"少人化""无人化"水稻种植探索路径，提供科学支撑，破解"谁来种田"的难题。**聚焦农艺科研建设，促进融合发展。**发挥农艺技术优势，依托专家技术小组，坚持把肥药减量增效、秸秆还田、水稻降镉生产、绿色生态防控、绿肥还田等生产技术创新研究和数字化、智能化建设一体推进，集成配套数字化、智能化环境下病虫害绿色防控、水肥施用等技术标准，促进农艺与现代智能信息技术融合发展，实现降本提质增效，解决了"种田收益低"的难题，提高了农户种田积极性。开展"早专晚优""头季＋再生""高档优质一季稻"水稻种植模式及"稻＋油""稻＋紫云英"轮作模式的科研示范，收集对比分析种植数据、成本投入、生产效益、生态效益等，科学论证适应环洞庭湖地区的水稻种植和冬闲田利用的最佳模式，为推广决策提供科学依据。

三、实现"三提升"，高效益建成智慧农业

实现经济效益的提升。通过两年的精细成本投入与产出分析，数字水稻比普通水稻亩均节肥 36.1%（降氮 21.8%、降磷 14.3%）、降药 30%、降人工 26%，综合成本亩均节约 200 余元，增产 14.5%。品质提升，价格和效益提高，产值提高 31.5%，示范区内的农户人均增收 500 多元，极大提高了农户种田收入。**实现社会效益的提升。**智慧农业（数字大米）示范区内的"信息＋作物＋智能装备"种植模式，提高了生产效率，提升了品质，增强了农业效益

和竞争力，带动了其他地方积极发展智慧农业（数字大米）生产。**实现生态效益的提升。**智慧农业（数字大米）示范区内的农业生产活动通过智慧水稻种植数据管理平台的精准决策，减少化肥和农药的投入，提高水肥药利用效率（肥药利用率 60% 以上，水有效利用系数 0.8 以上），减少了农业面源污染，提升了土壤地力，提高了耕地质量，改善了水体环境，具有良好的生态效益。

昔日"瓜蒌地" 今朝"水稻香"

——冷水滩区鲁头碑村扛稳粮食安全重任经验做法

近年来,永州市冷水滩区鲁头碑村通过"水稻 +N"新模式,推广集成高效技术,将水稻种植与水产养殖有机结合,实现了"渔肥稻香、一水多用、一田多收"的绿色生态种养新模式,这一做法已在全市铺开,成为乡村振兴的新亮点。

一、算好经济账,聊出致富经

为让昔日"瓜蒌地"回归"粮田",调动广大农民的种粮积极性,区、镇、村党组织充分利用"三会一课"、主题党日、党员入户宣讲等形式,通过"红广播、红横幅、红显屏"和微信群等方式,逢会必提、逢人必说,积极开展群众思想政治工作,大力宣传粮食安全政策。区委书记带领农业农村局、畜牧水产事务中心相关负责人和专家多次深入田间地头,与农户促膝谈心,召开"屋场会""田间会",与农户算"经济账",聊"致富经"。农业农村部门设计的"水稻 +N"综合种养模式,也充分考虑了农民种粮收益问题,既让国家的"米袋子"满起来,又让农民的"钱袋子"鼓起来。同时,安排专项资金修建基础设施,宣传惠农政策保障农民利益,让因种植瓜蒌收益较好不愿改种水稻的农户打消思想顾虑。

二、种好试验田,党员作示范

虽说农业专家测算"水稻 +N"综合种养模式每亩田增收 3000 元以上,但大多数农户还是持犹豫观望态度。鲁头碑村雷洋武等 3 名党员主动站出来,成为"第一个吃螃蟹的人",他们将合股的 50 亩瓜蒌地率先改种水稻。稻田不施化肥、不喷农药,水稻生长过程中产生的微生物及稻田的害虫可为虾、鳖等提供饵料,虾、鳖等产生的排泄物可为水稻生长提供养料,形成一种优势互补的生物链,既节省农药、化肥等生产成本,又实现了绿色生态种植养殖。"现在咱村的大米可出名了,不愁卖,城里的、外市的客户都提前预订,价格还挺高的。"试验田"领头雁"雷洋武对销路丝毫不愁。当下这片试验田已经成为永州市"水稻 +N"绿色生态种养模式示范点,"老雷那片田"生态种养正如火如荼,也因记录他们 3 个党员种粮故事的《普利桥种粮记》成为生态种养的"网红打卡地"。

三、服务到田间,干部跑市场

为推广"水稻 +N"套种模式,让农民有直观感受,冷水滩区多次派出水稻种植和水产养殖专家到现场进行技术指导,并组织农户到其他稻渔养殖基地参观,与种养大户面对面交流,解决关键技术层面的问题。同时紧盯春耕生产的关键时间节点,积极协调农业技术人员走村入户,深入田间地头开展技术指导服务,盘活用好党员群众中的"土专家""田秀才"等乡土人才队伍,通过指导农户进行早稻集中育秧、病虫害绿色防控和防灾减灾措施,切实提高粮食生产水平。为畅通销售渠道,镇村干部主动对接餐饮协会,跑商家、推产品,通过"商家 + 基地 + 农户"的模式,实行优质优价、订单种粮,通过稳定购销关系,帮助农户解决"种什么、怎么种、卖给谁"的难题,消除种粮农户的后顾之忧。

四、根治"非粮化",富民又富农

普利桥镇推行村党组织领办合作社,建立村集体与农户经济利益共同体,实现"支部有作为、群众有收入、集体有收益"三方共赢,不仅让农户吃上了定心丸,也为下一步推广种植、村集体增收开辟了新渠道。为此,冷水滩区通过鲁头碑村治理耕地"非粮化"试点,进一步探索党组织培养致富带头人路径,利用召开聚焦"乡村振兴"主题的党员共商会、乡贤座谈会、群众恳谈会等方式,共商乡村振兴,共谋经济发展。区里要求每个乡镇都要因地制宜选择一个片,要求水源充足、水质好、土质肥沃、地势较平坦、集中连片的稻田作为稻渔综合种养模式示范点，重点推广稻鱼、稻虾、稻蟹、稻鳅和稻蛙等综合种养模式。采取统一种植标准、统一技术管理、统一定价收购的方式，扩大粮食生产规模，培育绿色生态种养品牌，目前所有乡镇都开展了试点示范，有 5 家基地已基本建成。同时，探索延伸农业产业链，推进一二三产业融合发展，积极打造农业与餐饮、食品加工、乡村旅游、电子商务、物流等产业深度融合发展的产业格局，着力实现农业增效、农民增收、农村发展。

小田变大田 低产变丰产

——汨罗市桃林寺镇高丰村扛稳粮食安全重任经验做法

汨罗市桃林寺镇高丰村是一个典型的南方丘陵山村，耕地 3000 多亩，数量少，地力弱，分布碎片化，农业效益一直不高。近年来，高丰村主动作为，多方联动，将全村的小块农田改造为平整方正、旱涝保收的高产稳产田，实现"小田变大田"，推动"低产变丰产"，获央视《焦点访谈》《新闻联播》重点推介典型经验。

一、"三变三提"整好一丘田

高丰村按照"农户自愿、村级组织、合作社运营"的思路，推动整村土地有效流转，建设高标准农田，全力促进农业增效、农民增收。**小田变大田，耕地改造提质**。为了连片建设、统一规划，高丰村通过召开党员会、组长会、屋场"夜会"等形式，将各家各户分散耕种的"巴掌田""斗笠田"，整村整组连片流转给大户，合并改造整理成大田，起伏的丘陵地带、斜坡地块变成了方方正正的田地，做到"田成方、路相通、渠相连、涝能排、旱能灌"。改造过程中，挖除大量的田埂土垄，整合耕地周边的"边角料"，全村增加良田 322 亩。同时，通过保留耕作层、深翻整地、种植绿肥、测土配方施肥、撒石灰等方法，改善土壤结构与养分状况，提高有机质含量，有效提升了耕地地力。**租金变资金，农田建设提标**。为了解决高标准农田建设"钱从哪里来"这道必答题，高丰村一方面通过群众自己议、自己定的办法，决定暂免五年租金，交由合作社建设高标准农田；另一方面，引导企业、乡友乡贤、新型农业经营主体等社会资本投资，鼓励乡贤能人黄吉光先期垫资投入600万元，组织合作社等牵头改造全村农田。**低产变丰产，土地流转提速。**实施农田高标准改造后，种植大户和合作社实行规模种植，大面积开展机械化作业，统一耕作播种，统一灌溉施肥，统一田间管理，既降低了成本，又增加了产量。群众种粮热情高涨，土地有效流转速度加快，双季稻、优质稻种植规模逐步扩大，粮食产能不断提升。

二、"五方五有"算出最大值

小田改成大田后，达到了粮食产量提高、社会资本不亏、大户耕种方便、农民流转稳赚、集体经济增收的"五赢"效果。**粮食产能有提升。**高丰村不抛荒一丘田、不弃种一块地，"沉睡"多年的一些土地重新焕发新生机，确保粮食生产"稳面积、增产量、提质量"。目前，全村75%以上的水田都种植双季稻，比去年增长近50%，耕地地力提升，粮食单产提高，全村粮食总产量年均可增加1000余吨。**社会投资有回报。**参与投资建设的600多万元社会资本，由种植大户通过支付租金逐年返还给出资人，预计五年后收回投资成本，可以实现一定的经济效益。众多乡贤看到投资家乡建设的多重效益后，从过去的比排场、比阔气，变为现在的比贡献、比情怀，从而带动更多社会力量参与美丽乡村创建、设施农业建设、产业基地打造，形成了振兴动能更强、发展活力更足的新格局。**种植大户有效益。**"巴掌田"改为连片大田后，基本实现全程机械化，原来需要400—500名散户耕种的田块，现在仅需3个合作社、三四十名农机手，劳动效率大幅提升。每亩翻耕、收割费用从240元降到140元，施药、除草费用从120元降至60元，运输费用从50元降为30元，种植成本大幅降低。过去散户大多种植一季稻，大户现在种上双季稻，每亩能多产粮食600余斤，还能享受国家补贴资金349.1元，平均每亩综合效益可达500元。**农户增收有途径。**高标准农田建成后，农户享有承包权的土地面积不变，但租金和产量均有增加，先期免除的五年租金陆续可以收回。愿意种田的散户，可以划定连片区域经营，平价享受合作社提供的社会化服务；可以选择在合作社"打工"，实现家门口就近就业。农户还能入股合作社，除劳动收益外，可享受年底分红，实现"农民有钱赚、农事有人做"。**集体经济有收入。**村集体经济组织主导土地有效流转，为合作社、种植大户做好服务，指导农户开展测土配方施肥、病虫害统防统治等，推进农药化肥减量增效，引导农户开展农膜回收、秸秆综合利用，发展绿色生产，经济效益、生态效益、社会效益明显提升。合作社、种植大户主动提高流转价格，村集体经济组织每年可获取收入 17 万元左右，持续投入配套建设，形成长效管护机制。

三、"双引双带"走活满盘棋

高丰村以"双引双带"打造"铁三角"，由有能力的村支书带头打破老套路，打开新局面；由有情怀的乡贤先期垫资，解决资金这个大难题；由有担当的能人牵头流转土地，送上"定心丸"，合力推动高标准农田建设。**"支部引领"是根本。**为了解决种田效益低、抛荒撂荒等共性问题，高丰村党支部把党组织神经末梢延伸到农村的每个角落，充分发挥党建引领作用，抓好统筹协调，做实宣传引导，带头为流转土地扛重担，为集聚资金想办法，为化解纠纷出实招，调动群众改造农田、流转土地的积极性，引导群众"自己的事情自己管、自己的家乡自己建"。**"市场引导"是关键。**高丰村坚持市场导向，引入社会资本投资高标准农田建设，积极破解"改造难度大、投入成本高、筹集资金难"等问题。面对乡村发展不平衡不充分的实际，尤其需要发挥市场这只"看不见的手"的引导作用，促进更多要素资源向乡村聚集流动，在田间优化配置。**"党员带头"是基础。**一名党员就是一面旗帜。农田改造点多、线长、面广、矛盾突出，高丰村发动党员带头减免五年租金，带头化解矛盾纠纷，带头落实改造任务，起到了事半功倍的示范作用。**"能人带动"是保障。**高丰村组织本村种植能手、农机达人，引进邻村规模种植大户，组建有实力、有担当的种植专业合作社，为有效流转土地、保障投资收益兜好底、护好航。

社会化服务助力粮食生产
——岳阳县润升水稻专业合作社扛稳粮食安全重任经验做法

岳阳县润升水稻专业合作社创办于 2013 年，位于湖南省岳阳县筻口镇潼溪村。近年来，合作社积极探索现代化旱地育秧核心技术，着力打造以"集中育秧、农机服务、粮食烘干、粮食仓储、品牌营销、农民培训"为内容的"岳阳县现代粮食产业服务中心"，以社会化服务助力粮食生产，促进群众增收。2018 年，该合作社获评国家农民合作社示范社。

一、"全链条"服务小农户

针对小农户生产经营成本高、用工难等现实困难，合作社充分发挥惠农桥梁作用，经过 10 年时间的打造，建成现代粮食产业服务中心，以全托管、半托管等灵活方式，结合优质粮食"五统一"种植模式，在托管基地开展"集中育秧、统防统治、农机服务、粮食烘干、粮食仓储、品牌营销、农民培训"等全程服务，组织优质粮食订单生产，保障粮食农机、农技服务在中心一站到位。遵循用户至上理念，为农户编印《机械化插秧大田管理技术要领》，机插服务完成后，当月全面开展回访，现场指导大田管理。聘请多名专家顾问和技术骨干，组建旱地育秧技术服务 6 人团队等重点工作小组，与湖南农业大学建立战略合作伙伴关系，在基地开垦 150 亩荒地用于炼苗，不仅直接节省 8%—10% 的秧田占水田耕地面积，大量减轻农户劳动强度，做到"鞋不沾泥、脚不湿水"，而且单批次确保 20000 亩大田机插秧苗量，全年育秧、机插服务可超过 6 万亩。据测算，150 亩旱地秧苗对比水田育秧，早稻能节省 1500 亩以上的耕地，按亩产 800 斤计算，可新增产量 600 吨以上，此外机插秧相对传统模式增加均产 100 斤 / 亩左右，育苗基质成本平均能节省 60 元 / 亩以上。同时，秧田不需要等秧苗移栽结束才机插，有效节约时间预防"寒露风"，自行设计的拆卸式玻璃钢架小拱棚，有效抵御了"倒春寒"极端天气，避免了烂种和烂苗；喷灌系统成功对抗酷热天气，避免了烧苗，秧苗盘根效果极好，为农户科学种田提供全方位保障。

二、"流水线"提升生产力

合作社购置大型粉土机、插秧机、精准施肥机、无人植保机、旋耕机等农机设备 110 多台套，拥有烘干设备 5 组，日烘干能力达到 150 吨；配置自动升降系统、自动顶棚通风系统、自动喷灌系统、自动秧盘输送带系统、自动流水线系统等全套自动化设备，创建了湖南省最大的旱地育秧工厂，拥有现代化旱地育秧基质配方、炼苗技术、专利育秧盘、生产流水线等自主知识产权，具备为农户提供 6 万亩 / 年的育秧、机插、回收稻谷等现代化粮食生产一条龙服务能力。2022 年春耕生产期间，合作社提前做好了基质、肥料、人力、种子、水源等充分准备，安装 2 条最新自主知识产权自动化育秧流水线，提前签订流水线作业人员用工合同、驾驶员用工合同，购买各类肥料、种子，新建一条贯穿马路输水线路，喷灌系统实现全覆盖，极大提高了服务粮食生产的能力，先后与 127 个种粮大户签订服务合同，全年服务面积达到 4.3 万亩。

三、"绿科技"赋能现代化

与全国农业技术推广服务中心合作，开展总面积 6100 亩的晚稻绿色高质高效生产模式与技术集成示范项目。重点是通过机插秧侧土一次性深施技术，有效节省肥料 15%；在田埂安置生物诱捕器等绿色防控措施，减少药物使用量 30%，保证了粮食产品绿色、环保、无公害。打造 900 亩智慧农业示范基地，配置水稻"四情"（墒情、虫情、灾情、苗情）监测系统，配套覆盖整个基地的可视化智能灌溉系统，实现足不出户就能精准掌握情况，并随时随地通过手机端系统操作实现"指尖上"的精准灌溉。2020 年初，发明集中育秧往复式秧盘自动桥架运输系统，在田间架起自动输送系统，农民通过无接触劳动，在疫情期间保障了粮食生产。2018 年以来，合作社每年投入科研费用数十万元，共获得 3 项实用新型专利和 1 项发明专利。

四、"提效能"助推稳增收

近年来，合作社流转土地面积 1276 亩，发展优质稻订单基地 8000 多亩。一个育供秧中心、多个异地炼苗基地"1+N"模式被全省推广，现已建成宁乡市、浏阳市、邵阳市、湖北襄阳市、江西上饶市等服务网点，完成宁乡市、邵阳市双清区异地复制试点。2022 年春耕、夏播期间，育秧机插服务面积超过 4 万亩，覆盖上万农户，多个粮食生产主体实现亩均增产 100 多斤、亩均增收近 200 元。同时，合作社努力承担社会责任，积极响应省"千企帮村"计划，采取"资金入股、土地流转、劳动用工"等三种方式，对口帮扶全县 7 个村 351 户贫困户，其中贫困户用工超过 3000 个工作日，2021 年，对口帮扶的所有贫困户实现如期脱贫。到 2022 年，合作社累计提供扶贫款、扶贫物资超 100 万元，受惠困难群众人均年增收 4000 元以上。

三

巩固拓展脱贫攻坚成果篇

　　要做好巩固拓展脱贫攻坚成果同乡村振兴有效衔接，加强动态监测帮扶，落实"四个不摘"要求，跟踪收入变化和"两不愁三保障"巩固情况，定期核查，动态清零。要发展壮大扶贫产业，拓展销售渠道，加强对易地搬迁群众的后续扶持。要推动城乡融合发展，推动乡村产业、人才、文化、生态、组织等全面振兴。要继续选派驻村第一书记和农村工作队。

——习近平

"一户一画像"精准纳入 "一户一故事"精准帮扶

——常德市巩固拓展脱贫攻坚成果经验做法

为认真贯彻落实习近平总书记关于"对易返贫致贫人口做到早发现、早干预、早帮扶""坚决守住不发生规模性返贫的底线"等重要指示精神,常德市积极健全防止返贫监测帮扶机制,对所有农户实施"一户一画像",把基本情况"画清"、把收支细节"画透"、把主要困难"画准",逐户分析研判,实现应纳尽纳;对监测帮扶做到"一户一故事",坚持缺什么补什么,帮扶工作既有真金白银又有真情实感,确保应帮尽帮。

一、怎么发现? "五途径"摸排

建立以干部入户摸排为主、多种途径相结合的工作机制,把易返贫致贫疑似对象不落一户、不漏一人地找出来。**入户摸排**。每年组织驻村干部、结对帮扶责任人和镇村干部逐户上门,调查核实确定每个农户家庭是否达到"一有四无一稳定"标准。未达标准的,综合研判有无返贫致贫风险。**自主申报**。综合运用村级广播、会议宣传、印发资料、设立微信群、开展"我们村"平台试点等形式,抓好政策宣传解读。所有农户可通过递交书面申请,利用村级微信群、"我们村"平台、手机 APP 或 12317 电话等方式,自主或他人代为申报。**数据比对**。乡村振兴部门联合教育、住建、卫健、医保、水利、农业农村、人社、民政、残联、应急管理、交警等 11 个部门,每月组织 23 类部门数据比对,发现返贫致贫风险的,通过省平台直接生成风险预警。**网格**

监测。将全市所有涉农村居以 30—50 户划分为 1 个网格。每个网格聘任 1 名网格长。遇有情况特别是因病因灾因意外等情况，网格长第一时间向村"两委"反馈，由乡村入户核实后及时申报。**群众反馈**。发挥熟人社会优势，下乡调研、进村摸排、入户走访时，必问"村里最困难的是哪家、周边比较困难的有哪几户、有无突发大病遭遇意外家庭"，将群众反馈信息与监测信息比对，确有困难的核实后纳入。同时，及时掌握分析媒体、信访、舆情等信息，拓宽风险预警渠道。

二、怎么纳入？"五步法"画像

采取"问、算、核、判、评"五个步骤，对所有农户进行精准画像，把每个情况都查明、每笔收支都算清、每个细节都弄透，实现应纳尽纳。**一问**。重点了解家庭基本信息、收入来源、教育住房饮水、重病慢病、残疾、就业务工、遭遇自然灾害及突发意外等七个方面的情况。每个情况都要见人见细节。**二算**。主要是算收入、算支出。通过收支核算，看家庭当年有无收入骤减、支出骤增，看家庭收支能否平衡，是否造成基本生活困难。**三核**。对子女赡养能力、赡养费等情况由村级核实确认。对家庭存款、住院自付药费、意外赔偿金额、"三保障"和饮水安全达标农户有异议等情况，采取"农户授权、村级申报、县级乡村振兴部门汇总审核、部门联席会议交办"的形式调查核实。县级领导小组办公室每月召开教育、农业农村、住建、交通、水利、卫健、医保、乡村振兴等部门参加的联席会议，交办需核实信息，3 个工作日内反馈到村。**四判**。率先在全省提出"十查十纳"监测对象纳入办法，明确"三条纳入标准"，规定"五种必须纳入""十种研判再纳"情形。经摸排画像，凡民政部门认定的低收入家庭、当年支出大于收入的家庭、其他有返贫致贫风险的家庭，均列为疑似对象。以乡镇为单位抽调业务骨干组建审核专班，对照"三条纳入标准"逐户分析研判。符合纳入标准的，按程序纳入。每个疑似对象纳入有原因、不纳有理由。**五评**。召开驻村干部、村"两委"成员、党员群众代表、小组长等参加的民主评议会议，线上线下同步进行公示，避免优亲厚友，确保群众认可。

三、怎么帮扶？"六举措"结合

所有监测对象均安排财政供养人员一对一结对帮扶。市县联点领导、后盾单位一把手带头结对，"把最困难的户交给职务最高的"。**帮政策支持。**持续调整优化各项衔接政策，所有政策落实就高不就低，医保报销、教育保障、就业帮扶、兜底保障等政策保障力度进一步提升。**帮产业发展。**脱贫地区特色产业、科技服务、新型经营主体带动等项目，优先向监测对象倾斜。有自主发展产业意愿和能力的监测对象，通过发放小额信贷、免费技能培训、抓好消费帮扶等予以支持。鼓励发展家庭小型种养殖，落实生产奖补。**帮稳岗就业。**全市开展"设万个公益岗位 帮万个家庭增收""建千家帮扶车间 帮万名群众就业""送万名群众进厂 帮克服疫情困难"等专项行动。全市开发公益岗位 11091 个、建成帮扶车间 814 家，吸纳监测对象和脱贫群众就业 16997人。同时，完善乡村公益岗位管理办法，岗位补贴一律由县级财政部门统一打卡发放。衔接期内对脱贫人口和监测对象继续落实县外务工一次性交通补贴。**帮兜底保障。**对完全或部分丧失劳动能力且无法通过产业就业获得稳定收入的监测对象，按规定纳入农村低保或特困人员救助供养范围。出台整户兜底保障户年度收入增长不低于 8% 的综合保障措施。**帮社会救助。**监测对象经医疗救助、灾情救助、生活救助等措施，落实应助尽助后，生活仍有困难的，通过"地方政府设立专项救助引导基金，社会公益组织、慈善总会、红十字会出台专门救助"的办法，为监测对象购买防返贫责任险，组建"常德爱心网"动员社会爱心人士帮扶等途径，加大社会帮扶力度。**帮内生动力。**持续推广屋场会、积分超市等做法，每年开展"自立自强示范户"评选表彰，营造"靠自己双手走向致富路"的浓厚氛围。

四、怎么退出？"三看法"研判

遵循"怎么进怎么出"的原则，对达到风险消除的农户，按照"村级商讨研究、入户核实、行政村评议、乡镇审核公示、县级审定"程序，标注风险消除。具体标准是"三看"：**看"三保障"及饮水安全稳定达标。**即全员参加基本医疗保险；教育资助全面落实，无义务教育阶段适龄辍学儿童；实现住房安全和饮水安全，农户认可无异议。**看返贫致贫风险稳定消除。**根据返贫致贫风险落实了针对性帮扶措施。应享受的政策全面落实。特别是收入骤减、支出骤增的，在促进稳定增收等方面给予了精准帮扶，成效明显。对于需要发展产业的，跟踪帮扶 1 年以上。对依靠就业务工的，跟踪帮扶半年以上。对于整户无劳动能力的，落实社会保障措施后，暂不标注风险消除。**看后续基本生活稳定保障。**监测对象家庭当年人均年纯收入稳定超过监测基准线，因学、因病、因残、因灾、因意外等大额刚性支出问题稳定解决，家中无巨额负债，基本生活有稳定保障。标注风险消除的监测对象，继续落实结对帮扶，帮扶责任人定期了解情况、摸排风险；家中情况有变，再次出现返贫致贫风险的，及时"回流"，纳入监测管理，跟踪帮扶到位。

聚焦"四个精准发力" 纵深推进后扶工作

——怀化市巩固拓展脱贫攻坚成果经验做法

近年来,怀化市深入贯彻习近平总书记关于做好易地扶贫搬迁后续扶持工作的重要指示精神,围绕搬迁群众"稳得住、有就业、逐步能致富"目标,聚焦"就地就近就业、安置点发展产业、社区环境优化、示范创建引领"四个方面精准发力,将易地搬迁后续扶持工作向纵深推进,取得了显著成效。怀化市被国务院授予"全国易地扶贫搬迁后续扶持工作成效明显市",荣获"国务院真抓实干督查激励奖",怀化市易地扶贫搬迁工作联席会议办公室被党中央、国务院授予"全国脱贫攻坚先进集体"。

一、聚焦"就地就近就业"精准发力,推动搬迁群众就业"全覆盖"

政府投资项目支持就业。政府投资建设的农村中小型公益性和产业发展配套基础设施项目,优先安排当地搬迁劳动力就业,共实施政府投资项目220个,吸纳6200余名搬迁群众就业。**推广以工代赈带动就业。**重点围绕农业农村、交通、水利、文化旅游等领域,推动实施150个投资规模小、技术门槛低、前期工作简单、务工技能要求不高的以工代赈项目,吸纳1900余名搬迁群众就地就近就业。**增建帮扶车间扩大就业。**因地制宜创办297个帮扶车间,引导搬迁群众就地从事传统手工艺制作、农产品加工、来料加工等,吸纳2800余名搬迁群众就近就业。**支持产业发展促进就业。**依托本地特色资源,鼓励发展家庭农场、农民专业合作社、农业产业化龙头企业、现代农业产业园等，全市 643 家本地龙头企业（专业合作社）吸纳搬迁群众就业 6600 余人。**鼓励自主创业带动就业。**鼓励有能力的搬迁群众发展"小店经济""夜市经济""家庭农场"等，共发展投资 5 万元以上的自主创业项目 1225 个，帮助 4900 余名搬迁群众自主创业。**开发公益岗位安置就业。**统筹开发政府投资项目工程管理维护、保洁护绿、治安协管、生态护林等公益岗位 1935 个，帮助有就业意愿而又无法通过市场就业的轻病轻残、半（弱）劳动力解决"就业难"问题。

二、聚焦"安置点发展产业"精准发力，推动搬迁群众增收"早致富"

推动产业优惠政策向安置点聚集。组织农业农村、交通、水利、文化旅游等部门全面推广以工代赈方式，并将乡村振兴产业帮扶各类优惠政策向安置点倾斜，全力支持安置点发展后扶产业。**推动特色产业园区向安置点聚集。**加大安置点配套产业园区、创业孵化基地等创业就业载体建设。2021 年以来，新建后扶产业园区 22 个。**推动特色产业项目向安置点聚集。**因地制宜发展适合安置点的特色产业，鼓励引导农产品加工业、手工业等劳动密集型企业向集中安置点周边聚集，推动安置点后续扶持一二三产业融合发展，累计建成后扶产业项目 158 个，提供就业岗位 3500 余个。

三、聚焦"社区环境优化"精准发力，推动搬迁群众安居"快融入"

提升公共服务设施。新（改）建幼儿园 23 所、中小学 30 所、图书室 82 个、社区卫生服务中心 87 个、文体活动广场 147 个、医院 3 所、敬老院 7 家、康复疗养院 2 家，330 个安置点全部规划建设管理用房，并在 77 个大中型安置点修建了便民服务中心。**完善生活配套设施。**新（改）建农贸市场 27 个、妇女儿童活动中心 44 个、党员活动室 99 个、老年人活动中心 138 个、红白喜事场地 211 个、健身活动器材 330 套，不断满足搬迁群众文化生活需求。**强化社区服务。**在符合条件的 87 个安置点设立党总支 1 个、党支部 25 个、党小组 83 个、社区居委会 9 个，27 个安置点建立工会、共青团和妇联组织，330 个安置点全部组建了小区管委会，不断推进社区管理便捷化、智能化、精细化。**帮助解决生活难题。**102 个城镇安置点开通了城市公交车，198 个集镇安置点和农村安置点开通了农村客运班车，239 个安置点开办了平价爱心超市，229 个安置点的搬迁户统一分配了"微菜园"，解决了搬迁群众"出行难、购物难、吃菜难"问题。**落实优惠政策。**出台优惠政策，5 年过渡期内，对所有搬迁群众每户每月减免 10 度电费、4 吨水费，免交生活污水（垃圾）处理费、小区物业费和有线电视收视费；搬迁到城镇的农村低保户，待遇参照当地城镇低保标准，通过临时救助补差方式落实到位。**优化小区物业服务。**制定《易地扶贫搬迁安置小区物业管理办法》，163 个较大安置点组建了物业公司，确保安置小区物业管理规范、服务到位。**强化社区文化建设。**大力推进感恩教育、公共文化、文明创建、民族文化"四进社区"建设，表彰文明安置点 57 个、文明搬迁户 584 户、乡村振兴致富带头人 448 人。

四、聚焦"示范创建引领"精准发力，推动易地搬迁后扶"见实效"

完善创建实施方案。制定《怀化市"十四五"易地扶贫搬迁后续扶持示范创建实施方案》，打造 4 个"集中安置综合示范区"、34 个"后续管理示范区"、34 个"就业帮扶示范区"、34 个"产业发展示范区"、156 户"自主创业示范户"、146 户"分散安置示范户"。**深入一线精准督导。**成立市级专项督导组，对全市所有拟创建的示范区（户）进行现场核查指导，确保创建效果。**现场观摩示范推进。**组织开展易地搬迁后扶示范创建现场观摩活动，确保示范创建方向明、目标准、效果好。溆浦县雷坡村茶场安置点打造 420 亩高山刺葡萄园、100 亩高山优质茶园、100 亩高档赤松茸菌园"三园"后扶产业，推进"产业发展示范区"创建。

以"四项机制"巩固拓展脱贫攻坚成果
让首倡地这面旗帜始终高高飘扬

——湘西州巩固拓展脱贫攻坚成果经验做法

近年来，湘西州把防止规模性返贫作为全面推进乡村振兴的根本基础，扎实推行"四项机制"，防返贫工作取得良好成效，在2021年全省考核评估中综合评价为"优"。

一、推行联动高效的统筹协调机制

建强领导体系。及时调整充实州委实施乡村振兴战略领导小组，建立健全乡村振兴联席会议制度，将防返贫动态监测和帮扶工作纳入重要议事日程，实行州、县、乡、村四级书记抓落实工作机制，以坚强领导保障责任落实。**拧紧责任链条。**出台《湘西自治州防止返贫动态监测和帮扶工作方案》《关于做好全州防止返贫动态监测对象结对监测帮扶工作的通知》等文件，推行州委常委联县市、州县市级领导包乡联村、后盾单位包村、工作队员驻村、党员干部联户（脱贫户、监测户）工作机制，形成横向到边、纵向到底的责任体系，确保工作高位运行、责任有效落实。**从严督导考核。**将防返贫监测帮扶工作纳入绩效考核范围，严格实行一月一调度、一月一督导、一季一通报，推动防返贫动态监测和帮扶工作落实落细。

二、推行科学严谨的筛查预警机制

聚焦重点帮扶村、重点人群，紧扣"两不愁三保障"及安全饮水、家庭收入等核心指标，健全监测对象快速发现及响应机制，防返贫监测帮扶排查率达 100%。**坚持农户自主申报。**通过张贴告知书、坪坝会宣讲、微信推介等方式，加强政策宣传解读，提升群众知晓率和认可度，对符合监测条件的要求自主申报。**加强干部走访核查。**落实驻村帮扶"三个一"和结对帮扶"六查六看"要求，定期开展全覆盖走访排查，密切关注大病重病户、受灾户和意外伤害户等重点人群，做到"应纳尽纳、应帮尽帮"。**严格部门筛查预警。**充分发挥省防返贫监测与帮扶管理平台作用，加强筛查预警工作，层层严格把关，州县相关部门做好数据定期归集、上传、比对工作，对数据真实性负责；县、乡、村三级做好风险预警信息签收、处置，对核实情况真实性负责；乡村平台操作员严格按规范流程操作，避免多次退回情况，确保县市乡村振兴局处理率达 100%。对象纳入和风险消除信息及时公示，自觉接受群众监督，避免"漏监""错消"等情况发生。

三、推行精准精细的帮扶救助机制

全面落实"四个不摘"。保持主要帮扶政策稳定，对纳入监测范围的易返贫致贫户，逐户分析存在风险的原因，坚持因户施策，科学确定帮扶对策举措，确保政策帮扶有力、措施精准。**扎实推进产业帮扶。**对有产业发展意愿和劳动力的监测对象，帮助安排产业发展、技能培训，带动其参与生产经营，拓宽增收渠道。对因自然灾害、疫情、市场因素等影响出现返贫致贫风险的监测对象，加大农资供应力度，开展农产品产销对接，帮助解决生产发展和产品销售问题。**切实加强就业帮扶。**通过稳岗就业、技能提升、公益岗位等措施，帮助监测对象实现就业。对吸纳监测对象稳定就业的企业、合作社、就业帮扶车间等，继续按规定落实社会保险补贴、创业担保贷款及贴息等政策。**创新推进社会帮扶。**引导社会组织、爱心企业和成功人士采取定向或包干等方式，加大对监测对象的帮扶力度。**高效开展扶志扶智。**引导有劳动力的脱贫户、监测户通过生产和就业脱贫致富，增强自我发展能力。积极选树典型，加强宣传教育，通过开展感恩教育、政策宣传、心理疏导等方法，引导群众摒弃"等、靠、要"思想。**精准实施兜底保障。**对符合低保、特困或临时救助条件的监测对象，简化认定程序，落实"单人保"、医保资助、医疗救助等政策保障。县市每年设立不低于500万元的防返贫致贫专项救助保障基金，对经产业就业帮扶、政策性帮扶和社会性救助后仍存在返贫致贫风险的监测对象，及时启动专项救助保障基金救助，确保不出现一例返贫致贫现象。

四、推行精益求精的信息管理机制

抓实信息采集。全面落实信息数据采集责任制，按照"谁采集、谁负责"的要求，严格信息采集标准，着力打牢工作基础，确保信息采集按时保质完成，不出现任何纰漏。**把好数据关口**。常态化开展全国防返贫监测信息系统数据分析，严把信息质量关，加强对乡镇乡村振兴专干、村支"两委"、驻村第一书记和工作队员业务培训，做好数据采集和录入工作，从源头上避免指标空项、数据漏录和逻辑错误等问题，厘清问题规则逻辑联系，避免出现衍生问题。**严格数据考核**。将系统数据质量纳入月工作绩效评价体系，每月开展质量分析、通报排名，确保全州全国防返贫监测信息系统质量稳步提升，切实做到"账账相符""账实相符"，经得起实践检验。

牢记荣光再出发　全力巩固脱贫成果

——祁东县巩固拓展脱贫攻坚成果经验做法

近年来，祁东县认真贯彻落实习近平总书记系列重要讲话精神以及中央、省、市关于乡村振兴工作有关决策部署，坚持以"乡村全面振兴，人民共同富裕"为宗旨，把巩固拓展脱贫攻坚成果作为首要任务，强化责任落实、政策落实、工作落实和成效巩固，高点定位，精准发力，抓实抓牢脱贫攻坚成果巩固拓展，以高质量脱贫成色衔接推进乡村振兴。着重突出"四个聚焦"：

一、聚焦"强基"，扛牢政治责任

坚持以乡村振兴为统揽，紧扣"实现巩固拓展脱贫攻坚成果同乡村振兴有效衔接"目标，建立健全工作机制，夯实乡村振兴工作基础。**顶格配置专班。**严格落实"五级书记"抓巩固拓展脱贫攻坚成果和实施乡村振兴，建立县、乡、村"三位一体"联动工作机制和议事协调机制。选派干部 246 名，对全县 91 个乡村振兴重点帮扶村开展全覆盖驻村帮扶；甄选 732 名县、乡和驻村干部对 732 名监测对象实行"一对一"结对帮扶；安排 10694 名乡村干部对 20904 户脱贫户进行联系帮扶，实现了结对联系帮扶全覆盖。**压紧压实责任。**着重压实县级党政领导和行业部门责任，充分发挥"关键少数"作用。42 名县级领导多次深入联系乡镇和联点村调研指导乡村振兴工作，协调部门落实任务，带头进村入户开展监测对象结对帮扶，帮助解决实际问题。

二、聚焦"守线"，强化监测帮扶

健全监测帮扶机制。结合 2022 年监测对象收入基准线，修订完善《祁东县防止返贫动态监测和帮扶实施方案》，明确标准、调整程序、加强监管，务实帮扶举措，常态化推进防止返贫监测与帮扶工作，做到早发现、早干预、早帮扶。县财政专项列支 200 万元，按每人 26.5 元的标准，为全县低收入人口购买了"防返贫综合保险"，切实堵住监测帮扶"漏洞"。**加强信息动态管护。**突出加强对全国防返贫监测信息系统和湖南省防返贫监测与帮扶管理平台的规范管理。注重调动县直行业部门和乡镇信息员、村级防贫监测员等基层工作人员的积极性，实行县、乡、村三级联动，常态化推进平台的运行、管理、使用，实现系统和平台的精细化、科学化管理。2022 年，全县共修正"国家信息系统"内数据 18359 条，导入"省平台"行业部门信息数据 6 批次，开展信息比对 6 次，核处风险预警信息 6827 条，在衡阳市连续 2 次下发的防返贫监测帮扶情况通报中均为"零问题"。

三、聚焦"延续"，保持政策稳定

按照"四个不摘"要求，紧扣"两不愁三保障"和饮水安全核心，保持主要帮扶政策总体稳定。**义务教育方面。**建立"四帮一"劝返机制，对因重疾等原因不能在校入学的学生，采取送教上门等方式，确保义务教育阶段"五类"学生平等享有受教育权利。全县残疾儿童 810 人中，658 名随班就读，送教上门 152 人，义务教育阶段巩固率 100%。全面落实义务教育阶段资助政策，发放 2022 年春季学期义务教育阶段贫困家庭学生补助 1211.5 万元，受助学生 25754 人次。**基本医疗方面。**有序推进基本医疗"六重保障"到"三重保障"制度的平稳过渡，全县脱贫人口（含监测对象）城乡基本医疗参保 74280 人，参保率 100%。困难群众因病住院，经基本医疗、大病报销后，对符合规定的实行托底报销，大病保险等医疗保障和医疗救助托底保障政策全部落实到位。**住房安全方面。**坚持每月两次对农村脱贫人口和监测对象住房安全进行动态监测，对符合住房安全保障条件的，全部按程序纳入住房保障范畴。**饮水安全方面。**深入落实供水保障管护机制，投入养护经费 253 万元，27 万余名农村人口直接受益，农村饮水安全实现全域保障。

四、聚焦"增收"，擦亮民生底色

立足乡村资源，用好用活帮扶政策，积极拓展就业渠道，想方设法促进脱贫人口稳定增收，不断缩小城乡差距。**聚力产业发展。**抓住产业振兴这个"牛鼻子"，发挥特色农业资源优势。2022年，着重推进省级现代农业产业园（续建）项目1个、省巩固拓展产业扶贫成果重点项目6个，预计帮扶脱贫人口5367人和带动监测人口278人及6个村集体经济增收；全面落实脱贫人口小额信贷政策，落实小额信贷风险补偿金2060万元。**促进稳定就业。**全县输送脱贫人口和边缘易致贫人口外出务工29577人，开发公益性岗位安置脱贫劳动力就业882人。大力推进乡村车间建设，盘活乡村闲置资产，带动广大群众在家门口就近就业。全县共转型和新建规模以上乡村车间212个，吸纳农村劳动力就近就地就业2万余人，其中已脱贫劳动力和边缘户劳动力2104人，人均月工资3500元以上。**拓展消费帮扶。**2022年，全县各级各部门累计采购扶贫产品262万元，购买消费扶贫卡664万元。依托"3+3+10"消费帮扶实体平台（3个专馆、3个专区、10个专柜）带动扶贫产品销售，其中专馆带销扶贫产品203万元，专区带销扶贫产品162万元，专柜带销扶贫产品12万元；消费帮扶"832平台"和乡村振兴馆共计助销扶贫产品212万元。

坚持以一体化发展促进城乡融合
——武冈市巩固拓展脱贫攻坚成果经验做法

近年来，武冈市坚持以深化城乡融合为根本，突出抓好城乡规划、建设、教育、医疗、养老、供水、客运、治理、人才一体化发展，成功走出了一条工农互促、城乡互补、全面融合、共同繁荣的乡村振兴实践之路，群众获得感、幸福感、安全感明显提升。

一、坚持规划建设一体完善

坚定不移推进以人为核心的新型城镇化建设，着力促进城乡协调发展，武冈市城镇化率提升到 50.12%。**科学规划引领**。以"全域统筹、城乡一体、协调发展"为原则，综合考虑经济社会、产业发展、人口社会等因素，规划形成"一核两翼三中心镇五示范镇百特色村"的城乡发展一体化格局，"云山、天子山为自然屏障的一轴两屏三廊多点"的生态保护格局，以周边多个农业产业园、特色小镇、乡村旅游基地为补充的"一核两轴三区多点"的整体产业结构，全市所有村的"多规合一"村庄规划编制工作现已基本完成。**均衡设施建设**。按照"三化"即"城乡供水一体化、区域供水规模化、工程建管专业化"模式，建成人安饮水项目 1215 个，全市日产水量达 18 万米³/天，饮水安全覆盖率 100%，真正实现城乡供水"同水、同质、同网、同价、同服务"；围绕打造全域客运一体化模式的目标，全资组建营运公司，一次性回购全市农村客运班车 249 辆、新购新能源车 85 台，全覆盖开通"干线 + 支线

＋镇村班线"的"10+57+31"条城乡客运路线，农村客运票价下降30%。**破除要素壁垒**。用足用好改革关键一招，坚决破除妨碍城乡要素自由流动和平等交换的体制机制壁垒，形成城乡人才、土地、资金、产业、信息汇聚的良性循环。特别是在人才队伍上，通过大力实施"栋梁人才行动计划"及10个配套政策，仅2021年就引进各类人才209名，吸引返乡创业人员211名，切实为全面推进乡村振兴、促进城乡融合发展提供有力人才支撑。

二、坚持公共服务一体健全

建立健全城乡资源均衡配置机制，大力推动城乡基本公共服务普惠共享。**突出教育根本**。打造城乡教育一体化发展模式，全面完成163所农村义务教育薄弱学校改造，提质改造新东中心小学、武冈二中、武冈职业中专等学校，思源实验学校、武冈实验中学、师大武冈附中、幸福芙蓉学校建成开学，义务教育大班额问题得到全面解决。武冈市荣获"全国义务教育发展基本均衡县（市、区）"和湖南省教育两项督导评估"义务教育单项优秀""职业教育单项优秀"。**提升医疗水平**。深化市、乡、村一体化区域医共体建设，新建299个标准化村卫生室，完成14个乡镇卫生院提质改造，市人民医院、中医医院分别创建省定第一批三级综合医院、二级甲等中医医院，同时安排299名市级医院专家、299名乡镇卫生院骨干每月定期在村卫生室各坐诊一天，基本实现"小病不出村、常见病不出乡、大病不出县（市）"。中央宣传部将武冈市标准化村卫生室建设作为群众突出获得感全国十二个改革先进典型之一。**完善养老体系**。坚持从养老机构区域性整合、统筹管理养老服务、高标准建设养老服务设施三方面着手，全面整合老旧敬老院，新建5所康养型区域性敬老院、17所乡镇（街道）综合养老服务中心和95所村级老年人互助照料中心，为特困老人提供高质量的集中供养服务，为辖区内老人提供综合性居家养老服务照料。

三、坚持基层治理一体加强

积极探索创新网格化管理机制，切实提高基层治理运行效率。**聚焦"多网合一"**。全面整合河长、林长、路长、田长以及安全、综治、疫情防控等基层网格，建立网格长负责下的网格全覆盖的"微网服务大民生"基层治理机制，实现"一网管多事，多长合一"和"一张网格托底、一个平台调度、一套体系保障"，同时按照市、乡、村、组将网格划分为大、中、小、微四级，逐级明确网格长，并根据工作需求、人口数量、居住环境、地域大小等实际情况统筹选聘微网格员。**推进数字赋能**。组建"1+N"武冈市大数据平台指挥中心，依托"邵阳市社会治理创新开放共享总平台"，打造多功能于一体的指挥平台 APP，同时整合村（社区）微信群，实现全市"一户一人"入群，辖区群众可通过本级网格微信群随拍随报本辖区内各类隐患和线索，确保情况动态掌握、风险提前研判、诉求及时回应、问题快速处理、服务精准有效。**激活群众主体**。充分发挥党建引领和村民自治作用，积极探索共商共建共享共治的有效途径和长效机制，研究制定网格积分管理制度和积分奖励办法，对参与问题上报、矛盾调解、义务投工等行为奖励积分，同时定期开展"优秀网格""先锋网格长""优秀党员"等评选活动，充分调动群众参与积极性。在 2021 年幸福美丽村庄创建中，群众累计帮扶自筹 5219.17 万元，投工投劳 13.1 万人次。

大力弘扬脱贫攻坚精神 努力打造乡村振兴样本

——石门县巩固拓展脱贫攻坚成果经验做法

近年来，石门县扎实推进巩固拓展脱贫攻坚成果同乡村振兴有效衔接，确保政治站位不降、工作阵地不丢、作风温度不降、"红旗"屹立不倒、"样本"底色不褪。脱贫人口人均纯收入由 2014 年的 2079 元增加到 2021 年的 17235 元，增长幅度超过 7 倍，村级集体经济规模从 2014 年的 888.28 万元增加至 2021 年的 3526.96 万元，增长近 3 倍。全县消灭了"空壳村"，无一例危房住人或人住危房，义务教育阶段无一例学生辍学，家庭医生签约率、农村安全饮水率均达到 100%。

一、坚持守正创新，着力从体制机制上做好有效衔接

调优指挥体系。按照吐故纳新的原则，对脱贫攻坚指挥体系进行优化调整，成立县乡村振兴提速专项行动分指挥部，并出台《石门县乡村振兴提速专项行动实施方案（2022—2026 年）》。进一步厘清县委农办、县农业农村局、县乡村振兴局职能职责，完善运行机制，推动各级各部门高效协作。**延续调度机制**。继续坚持"四会一督查"（即一月一次常委会、一月一次工作推进会、一周一次问题会商会、不定期召开问题整改交办会和一月一次专项督查），高位高频勤密调度。**健全考核机制**。严格按照党中央关于"五级书记抓乡村振兴"的要求，把巩固拓展脱贫攻坚成果纳入实绩考核，将考核结果作为干部选拔任用、评先奖优、问责追责的重要依据。近两年，全县共提拔重用乡村振兴一线干部 100 余名。

二、坚持平稳过渡，着力从政策保障上做好有效衔接

贫困监测的深度不减。 深入开展巩固脱贫攻坚成果"大走访"，紧盯六类重点对象，落实"一户一策"，讲好"一户一故事"，确保重点对象"应纳尽纳"。全县精准"画像"达到3.2万户，纳入监测对象982户2247人，均安排副科级以上领导干部"一对一"结对。**促农增收的力度不减。** 坚持产业与就业一起抓，大力推进振兴车间建设和就业帮扶，确保群众收入只增不减。全县脱贫人口外出务工30231人，2240名脱贫户和监测户安置到公益性岗位，认定振兴车间167家，开发岗位2800余个，吸纳了2098名脱贫人口、161名边缘易致贫人口就业。**政策供给的强度不减。** 持续保持工作力度和政策强度，在坚持"新政不出旧政不退"的原则下，不断调整优化各项保障性政策。

三、坚持用心用情，着力从帮扶力量上做好有效衔接

实施驻村队伍"换防"。 按照"应派尽派""力量配优"的原则，对联点领导和全县243支乡村振兴工作队实施"换防"。全县共有6599人参与结对帮扶，其中县级领导、县直一把手、乡镇党政正职联系监测对象181户，实现了脱贫户和监测户结对帮扶全覆盖。**强化帮扶能力提升。** 组织全县帮扶业务系列培训，进一步完善帮扶工作手册，开展入户前培训，落实"四问"（即问收入来源、问生活状况、问产业发展、问心情状态），全面提升帮扶队伍业务能力和工作效率。**撬动社会帮扶资源。** 积极引导本地农业龙头企业、劳动密集型招引企业参与帮扶工作，通过采取"企业＋集体经济＋基地＋困难户"的模式，先后依托湘佳牧业建起了岳家棚、鲍家渡、犀牛坪等多处帮扶养殖基地，吸纳4224户困难户参与养殖，带动12380人实现增收；依托富博科技建起了高新区、皂市、夹山等振兴车间，吸纳1000余人在"家门口"就业。

四、坚持提质提效，着力从产业发展上做好有效衔接

坚持把发展产业摆在乡村振兴重中之重的位置，突出农业规范化、绿色化、优质化、特色化、品牌化，用心用力抓好"产业振兴"这篇大文章。**培强主导产业。** 立足产业有较大企业、乡镇有农业品牌、村有农业合作社的目标，推动主导产业规模化、专业化发展。目前，全县有农产品加工企业1035家，其中国家级农业龙头企业1家、省级3家、市级36家。**做优特色产业。** 大力

推进"一乡一品""一村一品"工程,发展精细农业、有机农业、品牌农业。目前,全县基本形成东南部地区粮油产业+柑橘和西北部地区茶叶+特色养殖、林下经济、高山蔬菜、烟叶、无患子特色产业发展格局,建成285个具备代购代销、代收代缴、快递收发等业务的乡村电商服务站。**壮大集体经济**。确定"所有村级集体经济不低于10万元"的工作目标,建立县级领导干部联系包抓村级集体经济发展工作机制,积极引导各村盘活资源、拓宽渠道、挖掘潜能。

五、坚持融合发展,着力从乡村建设上做好有效衔接

注重保护生态底色。坚持以"一拆二改三清四化"为总抓手,接续开展农村人居环境整治五年提升行动,统筹推进垃圾分类、"厕所革命"、污水处理等重点工作任务。目前,全县所有建制镇都建成了污水集中处理设施。**注重提升小康成色**。统筹抓好农村传统基础设施建设,推动物流、天然气、5G通信等新型基础设施向农村延伸,推动教育、医疗、文化等公共资源在县域内优化配置。2022年新增学位5790个,新增停车位330个,新增养老床位460个,新增病床位50个。**注重延续文化特色**。充分尊重民族特色和地方民俗,科学实行保护和开发,持续推进美丽乡村建设,开展"最美庭院""幸福屋场"等评比活动。全县共创建"美丽庭院、幸福农家"10000余户、幸福屋场336个,建成文明卫生村312个、生态村306个、特色文化乡镇10个。

六、坚持党建引领,着力从基层治理上做好有效衔接

建强基层组织堡垒。大力实施支部"五化"创建和"头雁工程",招引高学历、高素质人才回乡担任村(社区)干部。注重从无职党员、"两代表一委员"、贤达能人等人群中选拔优秀人才,配强村(社区)治理队伍力量。**推行"两联两包"模式**。按照"以小治求大治""党建引领+三治融合"的思路,在全县推广"两联两包"乡村治理模式。2021年3月,国家农业农村部评估专家组对石门县乡村治理体系建设试点工作进行中期评估后,给予了高度评价。**发挥群众主体作用**。充分利用好"屋场会""村民理事会""村规民约""治家格言"等载体,推动村民直接参与村级治理,有效防止了乡村建设和管理陷入"干部干、群众看"的怪圈。全县331个村(社区)均修订完善了村规民约,成立了村级自治联合会,10215户家庭挂有家训、治家格言。

巩固易地搬迁脱贫成果 开辟以工代赈新路径

——安化县巩固拓展脱贫攻坚成果经验做法

近年来，安化县立足资源禀赋、产业基础和主导产业优势，以巩固拓展脱贫攻坚成果同乡村振兴有效衔接为契机，紧紧围绕"农民能就业、群众得收益、社会增活力"的目标，探索实施以茶乡花海生态文化体验园为主体的以工代赈试点项目，景区基础设施条件得到极大改善，带动了更多搬迁群众就地就近就业，极大改善了贫困乡村的基本生产生活条件，为巩固易地搬迁脱贫成果、全面推进乡村振兴打下了坚实基础。

一、健全协调机制，下好试点工作"先手棋"

坚持政府主导，强化要素保障，加快"茶乡花海以工代赈"试点项目高位推进。该项目总投资 5.4 亿元，其中以工代赈项目总投资 2080 万元，承接中央以工代赈资金 620 万元。**坚持高规格，提升组织力。**多次召开专项试点项目工作推进会，出台项目执行方案等文件，做好制度建设、程序管理，强化责任落实。压实主体责任，成立试点工作领导小组，统筹协调项目推进。由县里主要领导带队不定期开展督导检查，督促项目实施单位高效推进。**坚持高效率，增强执行力。**制定高效务实的防控机制，及时跟踪项目进展，每月编写项目执行报告，向省发展改革委上报工程进展。利用国家重大项目库形成定期调度，明确专人负责，每周到现场查看项目建设情况，采取线上线下相结合监督项目进展。加强资金使用管理，提高资金使用效率，确保合理合规。抓好档案管理，注重总结提炼，对项目实施期间的资料进行科学收集整理，全面真实反映项目推进情况与取得的成效。**坚持高标准，强化保障力。**千方百计筹措项目奖补资金 300 万元，保障试点项目顺利实施。发挥财政、自然资源、人社等职能部门的专业性，紧抓试点项目实施过程中的难点短板，着力解决项目面临的资金、工程进展、折股量化以及培训等方面存在的主要问题，保障项目实施过程科学合理。

二、科学规划项目，打好试点工作"主动仗"

选优项目，做好项目，撬动社会资本。在项目规划前期，立足县域生态地理优势、产业基础条件，选择发展潜力大、品牌效应好、带动能力强的龙头企业，以安化县茶乡花海生态文化体验园有限公司为项目实施主体，拓展以工代赈政策功能，有效撬动地方社会资本 1460 万元。该主体与茶乡花海易地扶贫搬迁集中安置点毗邻，可以有效拓宽群众收入渠道，帮助贫困群众稳定脱贫，助力巩固脱贫攻坚成果。**完善设施，优化服务，激活内生动力。**试点项目以基础设施配套和公共服务设施建设为主，确定了园区道路、游步道、护栏、公共厕所、文化广场等建设以及花园培管、就业培训为主要内容，吸收周边群众就地就近就业。为充分发挥以工代赈的政策特点，准确把握服务方向，抓住关键人群、受益主体，优先吸纳易地搬迁户、脱贫不稳定户、边缘易致贫户和受疫情影响滞留农村劳动力等四类人群参与工程建设。**优化配套，辐射带动，培育消费市场。**促进文旅消费，在项目地承办湖南省春季乡村文化旅游节开幕式，吸引了省内外各方游客、知名媒体，期间接待游客 10 万余人次，实现旅游综合收入 7800 万元。修建长 415 米、宽 15 米的商业街建设地基，无偿提供给周边群众摆设临时摊点，销售黑茶、水果、饮料等个体户达百余户，拓宽了群众创收渠道。

三、注重民生实事，做好试点工作"后半篇文章"

增加务工岗位，扩大就业容量。根据项目实施需要和群众务工需求，充分发挥赈济效果，在基础设施建设工程之外，结合脱贫人口技能现状，有效发挥园区就业容量优势，增设驾驶员、道路养护管理员、保安等低技能岗位，充分调动脱贫群众就业热情，使他们成为园区建设的见证者、参与者、实施者。

项目实施以来，累计用工 11000 多工日，支付劳务报酬 112.45 万元，占中央预算内以工代赈资金的 18%。**开展技能培训，增强就业本领**。在项目实施之初，制定培训方案，采用"培训＋上岗"的方式对参与务工的劳动力有针对性地开展实训和以工代训，发放园区务工证 302 个。组织务工人员进行茶叶、花卉、柑橘栽培技术和消防、职业道德知识集中培训 5 堂共 394 人次，以记工形式发放培训补助。在项目现场组织茶果花卉栽培、景观树栽植、泥工砌堤、电瓶车操作、收费系统操作等相关知识培训 105 人次。茶乡花海社区及周边村的四类人员，每年在园区的劳务收入超过 500 万元，其中贫困户年务工收入达 80 万元。**开发公益岗位，稳定就业渠道**。根据项目需要和贫困户技能双向结合设置长期稳定合同岗位 46 个，主要从事园区驾驶员、售票员、游乐项目管理员、服务区客服、导游、保洁员等工作，每月发放 2200—3200 元不等的工资，并优先聘用茶乡花海社区搬迁户，帮助脱贫人口稳定增收。**加强后续扶持，壮大集体经济**。构建"龙头企业＋合作社＋安置社区＋搬迁群众"的利益联结机制，由茶乡花海生态体验园与茶乡花海社区集体经济合作社签订投资入股协议，按约定比例进行折股量化分红，每年按中央预算内资金的 5%，即 31 万元进行分红，按 3∶7 的比例用于易地搬迁户分红和投入合作社进行产业开发，易地搬迁群众得到了真金白银的实惠，社区合作社有了充足的资金用于后续产业发展。同时，合作社有效发挥引领作用，制定产业发展方案，带动搬迁户投入到莲藕、茶园等产业发展中，使他们产业有收入、务工有薪金、收益有分红，写好了易地扶贫搬迁帮扶的"后半篇文章"。

探索实行"一三五"工作法 打通拓宽稳岗就业路

——临武县巩固拓展脱贫攻坚成果经验做法

近年来,临武县深入学习贯彻习近平总书记关于巩固拓展脱贫攻坚成果、全面推进乡村振兴的重要讲话重要指示批示精神,认真落实中央和省市关于促进脱贫人口稳岗就业决策部署,探索实行"一三五"工作法,打通拓宽稳岗就业路,确保脱贫人口务工规模稳中有增。

一、摸清就业需求,以一张清单建好"数据库"

为全方位掌握脱贫群众就业情况,县乡村振兴局联合人社部门开展就业信息专项采集,建立脱贫人口就业清单,对脱贫人口就业信息和技能培训等情况进行常态化更新管理,并依托全国防返贫监测信息系统形成全县脱贫人口就业数据库。疫情期间,出台《临武县应对新冠肺炎疫情做好企业复工复产服务保障工作实施方案》,充分动员基层干部、乡村网格员等力量,动态掌握脱贫人口务工变化情况、存在问题和困难。同时,借助"互联网＋就业"信息系统,通过"实体＋网格""现场＋远程视频""线上＋线下"全新运维格局,搭建人力资源供需双方招工就业"一站式"对接平台。2021年以来,"就业超市"共实现线下接待7065人,在线发布招聘信息累计25632条,主动向劳动者推荐岗位8818人次,其中脱贫人口3168人,帮助求职者成功就业2726人。

二、提升就业水平，以三项举措织密"服务网"

把提升就业技能作为解决脱贫人口充分就业、稳岗就业的抓手，突出抓好技能培训、供需对接与就业扶持政策的服务。**抓好技能培训服务。**大力开展订单式、定向式、委托式和在岗提升培训，依托全县13个乡镇劳动保障服务站和16家就业训练安置基地，推行"招生即招工，招工即招生"模式，对脱贫人口进行零距离就业培训，满足岗位技能需求。同时采取送教下乡村、进企业等形式，在群众家门口开展电工、家政服务、中式面点师、育婴师等职业技能培训，定期召开供需招聘会，为脱贫人口找到合适工作搭建平台。**抓好供需对接服务。**持续引导脱贫家庭中的新成长劳动力接受中、高等职业院校和技术院校教育，对2022年春季学期的868户、1010人进行助学补助，着力打造技能型劳动力。引导园区企业与县职业中专签订校企合作协议，新开设计算机应用、电子电器应用与维修等6个专业，加快专业技术人才培养；县政府与郴州职业技术学院、郴州技师学院签订"战略合作框架协议"，在人才培养、实习实训、就业用工、技术服务等六大领域开展全方位合作。**抓好政策落实服务。**加大对脱贫人口就业帮扶政策扶持力度，做好稳岗就业"加减法"。应缓尽缓，应减尽减，落实社会保险费缓缴政策。2022年，为6家困难企业办理养老保险费缓缴，预计减负36万元；为3家困难企业办理工伤保险费缓缴，预计减负11万元；为66家企业减免失业保险费360多万元。应补尽补，上调失业保险待遇和临时价格补贴，落实失业保险稳岗返还政策，已为51家企业发放稳岗补贴112余万元；对吸纳脱贫人口累计就业6个月以上、年工资性收入6000元以上的企业给予1000元/人的稳岗补贴。

三、打通就业渠道，以五个一批拓宽"稳岗路"

聚焦稳岗就业这个关键，紧盯外出务工与就近就地就业，千方百计扩大就业渠道，让脱贫人口就业稳。**组织劳务输出一批。**利用毗邻粤港澳大湾区的区位优势，与广东东莞、清远等地签订劳务合作协议，帮助脱贫人口有序外出务工。疫情期间为解决劳动力返岗问题，开设"就业直通车"和返岗"专车、专列"，输送返工复工劳动力2600余人。**做强园区招引一批。**全面盘底园区企业用工需求、缺工人数及工种，开展"春风行动"系列招聘活动，组织2500余名求职者到企业实地参观，现场了解企业状况和工作环境，吸纳脱贫人口 200 余人在园区就业。**发展产业带动一批。**大力发展临武鸭、临武柚等优势产业，统筹推进蔬菜、中药材等特色产业发展，鼓励帮扶车间和龙头企业吸纳脱贫人口就业。县内 39 个帮扶车间吸纳脱贫人口 432 人，31 个龙头企业吸纳 1177 人。**自主创业解决一批。**用好用足小额信贷与致富带头人培训政策，加大对脱贫户和监测对象发展产业的支持，对有资金需求且符合条件的，做到"应贷尽贷"；对有技术、管理需求的，组织参加致富带头人培训，目前已累计培训致富带头人 295 人，向脱贫户、监测对象发放小额贷款超 2 亿元。致富带头人邓帅军种植罗汉果 1200 亩，带动周边 5 个乡镇、7 个村发展罗汉果产业，关联创业就业人员 500 多户，其中脱贫户 200 余人。**公益岗位托底一批。**依托乡村建设和农村人居环境整治提升，聚焦符合就业困难人员条件的弱劳力、半劳力和无法外出、无业可就的脱贫人口、监测对象，开发环境保洁员、公共厕所卫生管理员等岗位，公益岗位托底安置稳中有增，实现就业 989 人。

培育就业帮扶车间 激活乡村振兴一池春水
——江华县巩固拓展脱贫攻坚成果经验做法

近年来，江华县坚持将发展产业和促进就业作为巩固拓展脱贫攻坚成果同乡村振兴有效衔接的重要抓手，科学应对新冠肺炎疫情影响，持续做强做优帮扶车间，把疫情的压力转化成为发展产业和促进就业的动力，激活了乡村振兴一池春水。江华县培育帮扶车间助力乡村振兴的做法，在全省脱贫人口稳岗就业视频会议上作典型发言。

一、强化保障，"小车间"焕发新活力

以"五心"标准（在江华办事顺心、创业安心、工作开心、生活舒心、消费放心）和"四到"要求（随叫随到、不叫不到、服务周到、说到做到）为"帮扶车间"提供"母亲式"服务。**强化优质服务。**成立"小微企业进村开设帮扶车间"工作领导小组，统筹"帮扶车间"建设发展规划、督促检查、考核奖惩等工作。各乡镇村提供土地、厂房，完善水电路讯，组织劳动力培训，解决"帮扶车间"在用工需求、车间发展过程遇到的各类问题。**出台奖补政策。**出台"四个三千万"产业扶持政策，设立3000万元"帮扶车间"扶持引导资金，从市场准入、要素配置、财税支持、企业信贷、科技创新、人才培养等多方面给予政策支持，解决小微企业进村开设"帮扶车间"的后顾之忧。在企业融资方面，成立了县级中小企业担保公司，按每个就业岗位2万元额度给予信贷支持等。**建立补贴制度。**给予"帮扶车间"企业岗位补贴、厂房装修补贴、

社保补贴、物流补贴、培训补贴以及因新冠肺炎疫情影响的企业纾困补贴等，增强企业进村办厂的积极性和主动性。县财政每年补贴 100 多万元，开通了每天对开的"江华至义乌"物流专线，吸引江华在义乌办厂的 20 多家企业回家办厂。

二、创新模式，"小车间"实现大就业

按照高新企业在园区、劳动密集型车间到乡村的思路，积极盘活乡镇、村闲置资产。全县共发展帮扶车间 550 家，其中 2021 年以来新培育帮扶车间 95 家，省认定帮扶车间 331 家、省示范性帮扶车间 20 家，年产值 2000 万元—5000 万元的 25 家、5000 万元以上的 18 家、1 亿元以上的 5 家。吸纳 1.3 万余名群众稳定就业，其中脱贫人口 4082 人，人均年收入 3 万元以上。**复杂工序在园区，简单生产在乡村。**鼓励园区的规模企业，将操作简单、用工灵活、劳动密集型的生产环节转移到乡村。支持各乡镇、村改造利用闲置老礼堂、老学校、老仓库、老粮站、老烟草站、易地扶贫搬迁安置点一楼架空层等场所，发展为帮扶车间，承接园区企业产业转移需求。如全县将易地扶贫搬迁安置房一楼做成架空层，改建成 4.4 万平方米厂房，引进帮扶车间 76 家，帮助 1200 多名易地扶贫搬迁人口实现楼上住家、楼下就业。**培训在公司，就业在家中。**对产品生产工艺简单、不受工作环境制约、通过简单培训就能掌握生产技能的企业，通过开展集中培训，实现群众在家里就业。如华源纸制品厂在全县开设 12 个集中培训点，培训合格后可在家生产，公司定期送原材料上门并回收成品，解决 500 人就业，其中贫困人口 126 人，人均月收入 1800 元。**创新工作模式，实现灵活就业。**针对有的"帮扶车间"白班时间长、周末无双休让"宝妈"难以兼顾工作与家庭的难题，组织"帮扶车间"认真分析研究，创新推出"宝妈生产线"，即员工早上 8 点上班，下午 4 点半下班，周末双休，节假日休息，实现务工、带娃"两不误"。目前已有超航电机、龙德晟机电等 6 家规模"帮扶车间"开设了 10 条"宝妈生产线"，吸纳了 500 余名"宝妈"就业。

三、融合发展，"小车间"做强大产业

在培育发展"帮扶车间"的过程中，江华县坚持统筹谋划、聚焦重点、

尊重市场的原则，把发展"帮扶车间"与培育壮大产业相融合。形成了以电机、制香、食用菌为主导，以皮具加工、制衣、制鞋、头饰加工、纸品工艺品加工为辅的多层次产业链发展格局。**做强电机产业。**在创建"五好园区"中，将打造千亿电机产业作为工作重点，提出了园区与"帮扶车间"共同发力的工作思路。引导园区企业进村办厂，将产品设计、开料、组装等复杂的生产环节放在园区总部，将环保安全、操作简单、方便易学、用工灵活的生产环节转移到"帮扶车间"。目前，园区电机企业在乡镇、村发展帮扶车间16家，总产值超过10亿元。**做强制香产业。**江华县有4万余人在广东新会等地从事制香产业，他们在打工中掌握了技术、了解了市场，也有一定资金积累。县委、县政府专门出台针对性扶持政策，引导他们返乡创业，形成家庭作坊式车间。目前已建成河路口镇船岭脚村、桥市乡大鱼塘村、白芒营镇云田村、涛圩镇大方坪等一批小微制香工厂集中的特色产业村，全县制香企业260多家，原辅材料销售企业18家，设备销售维修企业5家，制香行业年产值近5亿元，制香从业人员3000余人，务工人员平均年收入2万元以上。**做强食用菌产业。**根据全县很多群众种植香菇的实际，县委、县政府出台扶持政策，对新建、改造食用菌标准化厂棚的，给予40元/米²的补贴政策，实现了食用菌产业大发展。目前，全县已建成食用菌场235个，其中种植10万袋以上的100余个；培育食用菌专业合作社15家，其中龙头企业5家，栽培数量8500万袋，产值7亿元，纯利润6000万元，吸纳就业人员6000余人，其中脱贫人口2530名，江华县已发展成为全省重要食用菌生产基地。

四、多措并举，"小车间"助推大发展

在"帮扶车间"发展过程中，在群众获得就地就近稳定就业的基础上，如何与发展壮大村集体经济相融合，江华县积极探索、多措并举，形成了企业、村集体、群众多赢发展的局面。**财政奖补逐年返还村集体。**在扶持壮大食用菌产业过程中，为解决企业的资金发展难题，县财政对新建、改造食用菌标准化厂棚的，给予40元/米²的补贴政策。之后，由企业按财政投入资金的5%逐年返还村集体。**固定租金返还村集体。**对利用易地扶贫搬迁安置房一楼架空层发展帮扶车间的企业，由县财政整合资金，根据企业需要，对架空层进行简单适用装修，企业拎包入驻。之后，由企业按照每月5元/米²的标准返还，

作为村集体经济收入。**培育新产业反哺村集体。**针对部分形成规模的帮扶车间产业园用电量大的特点，创新发展光伏产业，为村集体增收。如大路铺镇洞尾村共引进亚力德、君贤皮具等 12 家小微企业，用电性质属于工业用电，用电量大。根据企业需求，县财政整合资金 210 万元，在企业屋顶建光伏发电站，装机 500 千瓦左右，可增加村集体经济收入 44 万元。**约定租金返补村集体。**对由财政资金全额建设的帮扶车间，采取商谈约定租金的方式，作为村集体经济收入。如水口镇贝江村食用菌产业基地，整合投入资金 160 万元，现每年能稳定获得村集体经济收入 22 万元。同时可解决 40 名脱贫人口就业，人均年增务工收入 1 万元以上。

四

发展乡村产业篇

产业振兴是乡村振兴的重中之重，要坚持精准发力，立足特色资源，关注市场需求，发展优势产业，促进一二三产业融合发展，更多更好惠及农村农民。

——习近平

做优"国字号"地标 打响"沙子岭猪"品牌

——湘潭市发展乡村产业经验做法

湘潭作为生猪生产大市，聚焦资源优势，集聚各方力量，着力打造沙子岭猪特色产业、地标品牌，引领带动全市生猪产业整体提质升级，实现了保护品种、富农增收、保障"菜篮子"稳定供应、提升群众"餐桌"肉品品质等多方共赢。

一、给地标贴上"护身符"，加大遗传资源保护力度

沙子岭猪原产湘潭，是国家级畜禽遗传资源保护品种，获得农业农村部地理标志农产品保护证书和国家市场监管总局地理标志证明商标，具有耐粗饲、适应性广、抗病力强、肉品质好等特点，但同时也有饲养周期长、瘦肉率低等不足。由于养殖效益不好，沙子岭猪原种一度遭遇"危机"。为保护好这一珍贵遗传资源，湘潭市高位推动、主动作为。**一以贯之强支持**。从 20 世纪 80 年代开始，湘潭市就把沙子岭猪保种工作列入政府计划，由市财政安排专项经费，组建专门团队持续开展沙子岭猪资源保护工作，直至现在连续 38 年从未间断，确保了沙子岭猪资源保护的人财物有效投入。**全力以赴创国标**。在地方保种基础上，积极争取国省有关认定保护，1984 年，沙子岭猪列入《湖南省家畜家禽品种志》；1986 年，沙子岭猪作为华中两头乌猪的主要类群编入《中国猪品种志》；2010 年，沙子岭猪获得国家农产品地理标志保护证书；2011 年，沙子岭猪载入《中国畜禽遗传资源志》；2014 年，沙子岭

猪正式进入国家遗传资源保护名录，获得"国保"身份。**坚持不懈抓保种。**非洲猪瘟疫情进入我国以后，为确保安全，湘潭市对沙子岭猪采取集中（保种场）与分散（保护区）相结合的保种方式，以国家级沙子岭猪资源场保种为主，同时划定云湖桥、石鼓、花石三个沙子岭猪保种区。目前，沙子岭猪资源场保存沙子岭母猪 400 头，公猪 25 头（10 个血统）；3 个扩繁场饲养沙子岭母猪 1500 头；异地分散保存公猪 35 头，母猪 269 头。2019 年，完成 60 头沙子岭猪的耳组织、体细胞、肠道菌群及 15000 支冷冻精液遗传材料保存。

二、给种业装上"中国芯"，持续增强核心竞争力

坚持把畜禽良种作为畜牧业现代化的基础，狠抓种业创新工作，坚持保种、育种"两手抓"，地方猪品种科研创新工作走在全省乃至全国前列。**强化科研攻关。**以沙子岭猪的优质遗传特性为本底，持续致力于既具原生态沙子岭生猪的优点，又适应市场变化的新型猪种科研工作。2020 年 12 月，以沙子岭猪等为育种素材，历时 12 年培育的湘沙猪配套系（新品种）正式获得国家新品种（配套系）证书，列入国家畜禽遗传资源名录，成为湖南省第二个具有自主知识产权的畜禽新品种配套系。**组建顶尖团队。**2021 年，湘潭市组建成立沙子岭猪特色产业科技创新团队，聘请印遇龙院士担任首席专家，开展选育的"湘岭猪"已经完成了两个世代性能测定，有望用 5 年左右时间正式成为国家级畜禽新品种。**打造行业标准。**多年来，沙子岭猪科研团队在国家级刊物发表研究论文 200 余篇，获国家专利多项，20 多项成果获省市科技进步奖，制定发布标准 11 个，《沙子岭猪》品种标准成为国家农业行业标准。

三、给产业加上"驱动器"，加快推动高质高效发展

如何把沙子岭猪及培育品种的优质猪肉市场化，把资源优势真正转变为市场优势，既满足群众需要，又创造经济效益，湘潭市在探索过程中"摸"出了一些"实招"。**规划引领，明确方向标。**2020 年，《湘潭市沙子岭猪特色产业发展规划（2020—2030 年）》正式实施，重点围绕沙子岭猪保种选育、种猪扩繁、优质商品猪养殖、肉品加工、品牌经营等内容，为沙子岭猪特色产业理清了路子、找准了方向。**链式发展，增强融合度。**坚持全产业链发展思路，形成以市家畜育种站牵头的保种端，以新湘农、合龙等为代表的扩繁

养殖端，以汇弘、长盛、三旺等为代表的屠宰加工端和以湘岭为代表的经营体验端等融合发展格局，全产业链条初步形成。**项目主导，实现规模化。**市本级财政连续安排沙子岭猪保种及推广相关专项，对于从事分散保种和沙子岭猪推广养殖的农户给予一定补贴。2020 年，沙子岭猪进入国家优势产业集群建设项目，沙子岭猪特色产业进入加速升级阶段。2020 年、2021 年共安排建设项目 45 个，总投资 75945 万元，争取财政资金 6566 万元。项目实施以来，全市新增沙子岭猪特色养殖产能 10 万头，屠宰加工产能 100 万头，一二三产业产值增加 6 亿元以上，形成年产值达 30 亿元的地方特色生猪产业集群。**品牌支撑，提升溢价力。**开展沙子岭猪进餐馆、进商场、进社区、进学校、进食堂的"五进"活动，组织各类产品展示和现场宣传；选择机场、高铁、高速等人流量大的重点区域制作投放户外宣传广告；在中央电视台、湖南电视台、农民日报、湖南日报等主流媒体均有品牌宣传活动，沙子岭猪品牌知名度大幅提升。产品决定价格，品牌创造溢价。沙子岭猪及湘沙猪配套系猪肉，比瘦肉型猪肉售价平均高出 50% 左右，加工产品价格更高，农户养殖沙子岭猪及杂优猪每头均增收 500 元以上。截至目前，全市沙子岭猪养殖大户 1000 余户，年出栏沙子岭猪及杂优猪 20 万头以上，带动农户年增收 2 亿多元。

畅通三个链条　做优做香"一桌郴州饭"

——郴州市发展乡村产业经验做法

近年来，郴州市深入贯彻习近平总书记关于"三农"工作重要论述，落实省委"端稳端牢中国粮、做优做香湖南饭"部署要求，通过做强生产链、做活供应链、做长消费链，做优做香一桌郴州饭，全面推进乡村振兴。2021年，全市农业全产业链实现产值1572亿余元，同比增长9.7%。

一、做强生产链，积蓄"一桌郴州饭"的底气

兴产业。依托地方特色资源，集中力量打造以蔬菜、柑橘、茶叶、生猪"四大百亿"产业为主的优势特色产业。2021年，全市共安排1350万元产业发展引导资金，从加强农业品牌建设、特色园区基地建设、农业生产体系构建等方面对"四大百亿"产业进行奖补，全市农业特色优势产业产值占农林牧渔业总产值的比重超过了70%，"四大百亿"全产业链产值超过500亿元。**育主体。**成立蔬菜、柑橘、茶叶、生猪行业协会，充分发挥协会带动作用，以强带弱、以大带小，加快特色优势产业市场主体聚集。筛选汝城繁华辣椒生产线等11个项目进行重点培育，2022年计划投资5.5亿元，已完成投资4.5亿元。共培育农产品区域公用品牌14个、地方特色农产品品牌52个，"湘赣红"农副产品、"湘江源"蔬菜、郴州福茶授权企业分别达到24家、39家、28家。市级以上农业产业化龙头企业290家，其中国家级4家、省级62家。**强品质。**严把农产品质量关，强化培育认证，积极引导农产品企业推行绿色化、

标准化生产，将特色农产品认证为绿色食品、有机农产品或地理标志产品。农产品质量安全总体合格率连续 5 年稳定在 98% 以上，蔬菜、茶叶等优势农产品标准化生产率达到 80%。截至 2022 年，纳入国家农产品质量安全追溯平台和省"身份证"平台的农业企业分别有 924 家、440 家，已完成"一品一码"赋码标识农产品 1150 个，全市"二品一标"农产品认证数达 221 个。资兴市被农业农村部授予"国家第二批农产品质量安全市"称号。

二、做活供应链，积聚"一桌郴州饭"的财气

对接消费大市场。聚焦粤港澳大湾区，与广州市签订《粤港澳大湾区"菜篮子"建设合作框架协议》《粤港澳大湾区"菜篮子"供穗猪肉合作框架协议》，"食在大湾区、食材在郴州"得到大湾区消费者充分认可。2022 年，创建粤港澳大湾区"菜篮子"认证基地 212 家，数量居全国第二。持续提质粤港澳大湾区"菜篮子"产品郴州配送分中心，完善配套功能。自 2021 年 9 月建成以来，累计销售农产品 11.7 万吨，平台交易额突破 10 亿元，交易额居全国 17 个配送分中心前列。**建设流通大载体**。以"菜篮子""果盆子""米袋子"民生工程建设为切入点，重点加快中国供销郴州农副产品物流园（二期）等大型农产品物流集散中心建设，承接老旧涉农市场功能，提高农产品流通效益。全市共有农产品批发市场 8 家，农贸市场 200 多个，成交量和成交额逐年稳步增长，年交易量约 45 万吨，年交易额约 58.5 亿元，承担了全市 80% 以上的农产品供应。**打造产销大平台**。依托农博会等农产品产销平台，组织农产品供应商、农业企业与全国大型农产品批发市场、经销商、采购商洽谈对接，推动产销双方建立长效机制，助推"郴品出郴"。2015 年以来，累计举办特色农博会（现更名为"蔬果会"）6 届，近 500 种特色优质农产品通过展会实现产销对接，累计签约金额 211 亿元。此外，推动线上线下联合发力，通过与互联网平台合作，拓宽市场辐射范围。

三、做长消费链，积累"一桌郴州饭"的人气

体系带动。组建高规格做优"一桌郴州饭"工作专班，梳理主食、主菜、小吃等七大品类，推出做优"一桌郴州饭"独有品牌——"郴品郴味"。建立"郴品郴味"品牌规划、宣传、管理等体系，制作四季菜谱，编印品牌指南，

推出系列预制菜，在全市授牌温德姆大酒店等 10 家定点餐饮企业。**模式推动。**探索"标准基地 + 物流配送 + 授牌饭店"模式，整合农产品生产、加工、配送、餐饮环节，促进一二三产业融合发展。组织 30 余家农产品生产基地、供应链服务公司、电商销售平台与"郴品郴味"餐饮消费企业签署产销合作协议。全市共有做优做香"一桌郴州饭"有关农业产业项目 199 个，总投资 142.6 亿元，连接水稻、蔬菜等基地 40 余万亩，辐射带动 10 余万户农户受益。**宣传发动。**依托省市主流媒体，挖掘文化底蕴、讲好郴州故事、推介"郴品郴味"特色菜式，为打造消费热点全面发力、持续造势。借力芒果 TV 等流量媒体，采取主要领导代言推广、举行品牌专场推介等方式，提升"郴品郴味"关注度和知名度，在湖南卫视、湖南日报等媒体多次播（刊）发专题报道，掀起"郴品郴味"的宣传热潮。

对接粤港澳大湾区 做优"菜篮子"集散地

——永州市发展乡村产业经验做法

近年来,永州市深化"向南向海向外"发展思维,聚焦做大做强做优特色蔬菜产业,主动对接粤港澳大湾区,通过采取工作专班推进、向上跑项争资、提质扩建基地、强化质量监管、畅通陆海运输、扩大外贸出口等措施,努力克服疫情灾情影响,大力推进实施蔬菜出口"百亿工程",全市蔬菜出口量值齐升、来势良好。全市累计建成粤港澳大湾区"菜篮子"认定基地213家。

一、健全组织推进体系,激发新动力

建立责任机制。市、县成立以党政主要领导任组长,分管领导任副组长,相关部门主要负责人为成员的蔬菜工作领导小组,负责统筹协调蔬菜产业发展工作。成立市县两级蔬菜出口"百亿工程"工作专班,具体负责蔬菜出口的统筹协调、政策制定、督查调度等工作。建立联席会议制度,定期研究解决蔬菜产业发展中的重大问题。推进办点示范,市县党政主要负责人、分管负责人各创办1个5000亩以上的外销蔬菜基地或1个1000亩以上的专业蔬菜基地。**强化统筹发展。**通过规划引领,"一县一特"培育,进一步优化区域布局,初步形成了以南六县为主的香芋、香姜、菜心、食用菌等具有本地特色外销型蔬菜基地,以零陵和冷水滩两区为核心辐射祁阳、东安等周边县市的四季鲜销型中心城区专业蔬菜基地,以双牌、江华为重点的高海拔反季节外销蔬菜基地。强化品牌效应,全力打造以"生态、新鲜、特色、精细"

为核心价值的"湘江源"湘南片区蔬菜公用品牌和"永州之野"全品类市级农业公用品牌,全市已授权 2 个公用品牌使用的蔬菜企业 32 家。**严格督查考核。**严格落实"菜篮子"县区长负责制,市政府与县市区政府签订责任书,并将其纳入全市绩效考核和实施乡村振兴战略实绩考核重要内容,对工作完成出色的县市区给予奖补,对措施不力、效果不明显的县市区予以通报问责。经过多年的发展,永州创建全国蔬菜重点县 7 个,获批全省唯一的国家级水果蔬菜型外贸转型升级基地。

二、健全政策支持体系,赋能新活力

加强财政支持。市县财政设立蔬菜发展专项资金,市政府专门出台了粤港澳大湾区"菜篮子"认定基地奖补办法,对蔬菜种植、流通、加工、仓储、物流等环节进行全方位补助。**加强金融支持。**引导银行等金融机构积极开展服务"三农"活动,加大对蔬菜产业服务组织的信贷投放力度,为蔬菜龙头企业、合作社、家庭农场等新型经营主体提供融资优惠服务。认真落实新型农业经营主体贷款贴息工作,做好贷款贴息服务。推动设施大棚、大型农机、土地经营权依法合规抵押融资和出口订单融资。**加强流通支持。**建立湖南农副产品集中验放场暨粤港澳大湾区"菜篮子"产品永州配送中心,为蔬菜出口检测、分拣、包装、配送、通关提供"一站式"服务。开展供港蔬菜直通试点,永州成为全国除广东以外唯一通过陆路为香港直供蔬菜的试点城市,拥有香港直通车 15 台。

三、健全科技支撑体系,壮大新业态

推进标准化。与省农业农村厅开展"厅市共建",创建标准化示范基地 340 个;全市创建省级蔬菜综合产业园 2 个、省级蔬菜特色产业园 8 个、国家蔬菜标准园 24 个;建成"万字号"基地 9 个、"千字号"基地 93 个。**推进良种化。**实施蔬菜良种工程,支持保护地方特色品种,对原有的地方优良品种、特色品种进行提纯、复壮,彰显地方特色,大力引进推广适合本地种植的优良品种,全市主要蔬菜品种良种覆盖率超过 95%。**推进设施化。**围绕对接粤港澳大湾区蔬菜需求,着力打造设施蔬菜栽培示范基地。用足用好中央和省农机购置补贴政策,鼓励支持设施农业经营主体购置和应用先进农业机械、设施设备,蔬菜生产机械化率每年提升 5 个百分点。

四、健全产地监管体系，塑造新品质

推进追溯管理"三个全覆盖"。全面推行"两证＋追溯"管理，推动供粤港澳蔬菜基地可视溯源系统建设，做到蔬菜产品承诺达标合格证开具全覆盖、主体追溯管理全覆盖、品牌农产品"身份证"管理全覆盖，实现供港粤港澳蔬菜 100% 来源可溯、100% 质量可控。**健全"四级"检测体系**。强化基地自检，以先建后补的方式支持蔬菜专业村或供粤港澳蔬菜基地全部建立自律检测室，做到"逢出必检、合格准出"。强化乡镇筛检，支持乡镇农产品质量安全监管服务机构建立快速检测室，每个乡镇每年开展筛检 600 批次以上。强化县级抽检，小县每年开展蔬菜定量检测 100 批次以上，大县 200 批次以上。强化市级监测，将供粤港澳蔬菜质量安全监管工作纳入食品安全考核，对供粤港澳蔬菜基地开展专项风险监测 300 批次以上。**推行网格化管理"十有"标准**。推进乡镇农产品质量安全网格化管理，以村级为单元，做到区域定格、网格定人、人员定责。供粤港澳蔬菜基地全部纳入网格化管理，落实"十有"标准，即有网格监管员协管员、有监管公示牌、有内部质量管理员、有禁限用农药名单、有内部管理制度上墙、有专用农药管理仓库、有生产记录、有自律检测、有"两证＋追溯"、有部门巡查抽检记录。全市创建国家出口食品农产品质量安全示范区 11 个。永州获批为湖南首个、全国第四个国家级出口食品农产品质量安全示范市。

从"精耕地下"到"桃醉天下"

——炎陵县发展乡村产业经验做法

近年来，炎陵县深入学习贯彻习近平总书记关于乡村振兴重要论述和对湖南工作的重要讲话重要指示批示精神，大力发展黄桃产业，实现了从自然经济向商品经济、从区域品牌向国家品牌、从国内市场向国际市场、从经济现象向文化现象的"四个转变"，开创了炎陵黄桃从"精耕地下"到"桃醉天下"的新局面，为巩固拓展脱贫攻坚成果同乡村振兴有效衔接提供了有力支撑。炎陵黄桃入选央视"国家品牌"计划，广告片连续 5 年在央视黄金时段播出，2022 年种植面积 9.6 万亩，总产量 7.8 万吨，全产业链综合产值 30 亿元。全县有 6 万人参与炎陵黄桃产业链建设，3.6 万桃农人年均增收 1.2 万元。

一、坚持高端化定位，精准绘制产业蓝图

大力实施"六大强农"行动，因地制宜确定特色产业主攻方向，着力打造炎陵黄桃优势产业链。**以规划优布局。**坚持"一县一特"定位，立足炎陵生态优良、海拔较高、多高寒山区、昼夜温差大等得天独厚的自然条件，编制《炎陵县特色水果产业发展规划》《炎陵黄桃产业规划纲要》，重点布局 1 个国家级黄桃产业强镇、5 个优质黄桃主产乡镇，力争到 2025 年成功打造中国特色农产品优势区，实现炎陵黄桃全产业链综合产值 40 亿元。**以机制强引领。**设立特色农业基地建设指挥部、炎陵黄桃产业协会，县财政每年拿出 2500 万元专项扶持资金，补贴 80% 保费推广特色农业保险，实现"龙头企业

引领、合作组织带动、能人大户示范、片区集约发展"。全县已有炎陵黄桃生产和销售企业 34 家、种植合作社 141 家、科技示范户 156 户、普通种植户 3.6 万人。**以融合促裂变。**深化"黄桃＋深加工",引进深加工企业 20 余家,开发黄桃酒、黄桃果汁、黄桃奶茶等 10 余种加工产品,加工产值达 2 亿元,解决了等外果销售、鲜果不易储存等难题。深化"黄桃＋旅游",依托炎帝陵、神农谷、梨树洲等旅游资源,创建炎陵黄桃特色小镇,开发"采摘游、赏花游"等旅游产品,500 余家民宿、"农家乐"等分享黄桃"红利",避暑经济呈现"一房难求、一餐难订"的火爆景象,乡村旅游产值达到 8 亿元。

二、坚持市场化引领,精细提升产业效益

弘扬"匠心"精神,着力培育精品特色水果,提升炎陵黄桃产业效益和核心竞争力。**推行标准化生产。**积极争取上海市农科院、湖南省农科院等科研院所技术支持,形成了一整套领先全国桃产业的标准化栽培技术。权威专家和本土农艺师把教室设在田间地头,近 3 年举办专题培训班 200 余期,覆盖桃农 2 万余人次,炎陵黄桃标准化栽培技术普及率达到 99%,优质商品果率超过 90%。**升级物流服务。**推进全国电子商务进农村综合示范县(升级版)项目建设,建成全省第一个产供销一体化大数据应用平台——炎陵黄桃大数据中心,打造了 1 个电商产业园、128 个村级电商服务站、500 余个揽收点,打通产地揽件发件"最后一公里",炎陵黄桃快递包裹吞吐量日均超过 15 万单。**严格市场监管。**以创建"省级食品安全示范县"为抓手,实施农产品地理标志公共标识使用许可授权制度,严格商标规范化使用。加强与省内外市场监管部门协同联动,建立远程异地协同打假维权机制,近 3 年打击各地侵权实体店铺 700 余家,清理电商侵权链接 500 余条,构建了从田间到餐桌的食品安全风险管控体系。**开展消费帮扶。**用好关于释放消费潜力促进消费持续恢复的政策工具箱,开展"党员干部'沉下去、走出去、干起来'助力炎陵黄桃销售"行动,广泛发动各方面力量,有效应对新冠肺炎疫情对果业市场的冲击,着力稳订单、稳价格、稳市场。

三、坚持品牌化战略,精心擦亮产业名片

深入实施"炎陵黄桃"品牌战略,在树立品牌形象、讲好品牌故事、丰富

品牌内涵上持续发力。**权威认证打响品牌**。制定品牌创建实施方案，申报了一批高含金量品牌。炎陵通过中国特色农产品优势区认定，炎陵黄桃荣膺国家地理标志证明商标产品、国家农产品地理标志产品，入选中国农业品牌目录农产品区域公用品牌、中国百强农产品特色公共品牌、湖南省十大农业品牌、省"一县一特"农产品优秀品牌。**主题营销做火品牌**。开展"黄桃大会"等系列主题节会营销活动，创建 7 个出口示范基地，在北京、上海、深圳等一线城市举办上市发布会，实现"召开一场发布会、签订一批销售合约、引爆一域市场"。2022 年出口越南、新加坡、柬埔寨、中国港澳等国家和地区 200 吨黄桃。**直播经济点亮品牌**。实施数字乡村培训计划，与阿里数字乡村电商学院开展密切合作，培育微商 11000 余户、个人网店 427 家、企业网店 309 家、实体店铺 236 家。开展各级领导直播带货、湘鄂赣百家媒体代表大直播、国内外"桃粉"代言等活动，炎陵黄桃线上销售占比达 70%。**文化沉淀赋能品牌**。挖掘提炼经济现象背后的文化内涵，推选炎陵黄桃为海峡两岸炎帝神农文化祭水果贡品，开展"最好的桃献给最亲的人——赠送炎陵黄桃慰问东部战区官兵"主题活动，全力打造"神农贡果桃、两岸同心桃、百姓拥军桃"品牌，"最美扶贫书记"黄诗燕与炎陵黄桃的故事被编入省"五个一工程"优秀作品《山灯》。

打造现代农业公园 推动产业融合发展

——天元区发展乡村产业经验做法

近年来，天元区在推进乡村产业振兴中，以石三门现代农业公园为突破口，大力推进一二三产业融合发展，带动了休闲农业、观光农业、体验农业蓬勃发展。目前，石三门现代农业公园核心区已通过湖南省现代农业产业融合发展示范园验收，响水村获评"国家级田园综合体""全国文明村"等荣誉，先锋村、月福村、株木村获评湖南省美丽乡村。绿色有机蔬菜基地初步成型，肉冬瓜等一批当季蔬菜获绿色食品认证和省农博会金奖，部分产品畅销粤港澳大湾区；叁农、裕农、恒盛、绿之优等本地农业龙头企业规模不断壮大，在融合发展中发挥示范引领作用。

一、高站位谋划，充分发挥规划引领作用

石三门现代农业公园位于株洲市天元区南部片区的三门镇、雷打石镇范围内，总面积122平方公里，覆盖2个镇22个行政村，总人口5.6万。坚持规划先行，谋定而后动，把规划作为高质量发展的前提，作为高标准建设的基础。**设置专门机构。**2021年成立以区委书记为顾问、区长为主任的石三门现代农业公园管理委员会，组成石三门管委办，抽调各部门精干力量搭建工作专班，以石三门现代农业公园核心片区为重点，全力推动现代农业产业融合发展。**做好规划设计。**制定石三门现代农业公园整体发展规划、核心片区三年行动方案，提出了"64321"总体发展目标，即把6

个核心村全部创建为省级美丽乡村；创建农村产业融合发展示范园、国家级田园综合体、省级现代农业产业集聚区和文旅休闲产业示范区 4 个品牌；建设 3 个以上特色融合产业园；建设 2 个农产品加工园；建设 1 个国家现代农业产业园。

二、高标准推进，全面推动乡村产业振兴

坚持以产业振兴作为乡村振兴的突破点，在基础设施、特色农产品、产业带动、文旅融合等方面重点发力。**完善基础设施条件。**加大水利设施和农业设施建设力度，投入 477 万元对石三门大道 14 口水塘和月福唐家坝水渠进行提质改造，为农业生产提供坚实水利保障。以代建方式投入近 2000 万元新建、完善先锋村、月福村、株木村大棚共 2.1 万平方米，为发展高效农业提供重要支撑。**聚焦特色培育"一村一品"。**因地制宜确定各村重点发展产业，石三门片区"一村一品"格局基本形成，株木叫驴、伞铺红薯、松柏杨梅、铁篱贡柚、响水民宿等特色产业蓬勃有力，展现美丽产业画卷。**发挥龙头企业带动作用。**支持龙头企业强链、补链，融合发展。2017 年以来，园区共引入项目 30 余个，其中亿元以上项目 11 个，合同引资超过 30 亿元。目前，园区市级以上农业龙头企业累计达 24 家，其中国家级 2 家、省级 4 家。恒盛公司建立了养猪、养鸡、养牛、养鱼、蔬菜和榨油等 5 个合作社，构建了从原材料供给、加工到销售的完整产业链。裕农公司从一家蔬菜鲜销企业，逐步成长为种植、加工到订单销售蔬菜供应于一体的农业龙头企业，带动核心片区近 30% 的群众通过专业合作社参与产业发展。**推动农文旅深度融合。**出台了发展微农庄、民宿产业支持政策，开展核心片区微农庄建设和响水民宿提质改造工程，推进农业产业与旅游、教育、文化、康养等产业深度融合。成功举办"百花艺术节""年货节""首届农民丰收节"等以农业产业为基础的节会活动，吸引游客近 10 万人次，成为长株潭市民周末游、短途游的首选地。

三、高质量发展，释放产业融合惠民效应

始终坚持以人民为中心的发展理念，在推进乡村振兴中促进共同富裕，让发展的红利更多惠及群众。**现代农业增产增收。**一改过去的粗放种植方式，通过数控大棚、5G 体验等现代农业技术，统一种植、统一管理、统一收获。

建成有机蔬菜基地 7000 亩，蔬菜亩产由 5000 斤提升至 30000 斤，市场平均售价提高 50%，其中小青椒市场售价达到 15 元 / 斤。2021 年园区实现生产总值 12 亿元，其中蔬菜产业产值达 8 亿元。**产业融合惠民利民。**依托普发生态农庄、樱花庄园省级五星休闲农庄，带动周边发展民宿 23 户、餐饮 18 家，园区年接待游客 80 万人次，累计收入超过 1000 万元。**合作经营有声有色。**园区共有市级以上示范合作社、家庭农场 10 家，省级农业产业化联合体 2 家，省级农业产业化示范联合体 1 家，2000 多户农户参与专业合作社，与企业建立紧密利益联结机制，每户年增收 2 万余元。月福村通过"龙头企业 + 专业合作社 + 农户"的模式，让分散的"村民"变成集中的"股东"，带动 740 余户村民持续稳定增收，合作社收入达 100 万元。

把白关小丝瓜做成惠民大产业
——芦淞区发展乡村产业经验做法

近年来，芦淞区按照"一县一特""一镇一业""一村一品"要求，加快发展特色乡村产业，推动白关丝瓜成为株洲市最具代表性和影响力的农产品之一。2021年，卦石村（白关丝瓜）获评全国"一村一品"示范村，白关丝瓜成为获得国家地理标志证明商标和国家农产品地理标志"双认证"的蔬菜类农产品，种植面积近1万亩，带动从业人员4500余人。2022年，白关丝瓜获评省级道地名优食材银奖。

一、高规格部署，明确发展路径

把做大做强白关丝瓜产业作为发展乡村产业的重中之重，整合各方力量，形成了上下联动、齐抓共管的工作格局。**坚持高位推动。**成立由区委书记任第一组长、区长任组长的芦淞区白关丝瓜产业发展工作领导小组，多次召开专题会议研究出台产业扶持政策，下发《芦淞区白关丝瓜产业发展工作方案》等文件，及时解决重要问题。**坚持规划先行。**制定白关丝瓜产业发展规划，概括为"1126"，即优先发展1条白关丝瓜产业带，完成1万亩种植面积，重点打造2个高标准示范基地，力争实现6亿元产值。2021年白关丝瓜产业实现产值5.2亿元。**坚持优化布局。**确定"近期建成一带、远期形成一环"发展目标。2021—2022年，在"蚕梅村－龙凤庵村－东山村"沿线8公里区域（占丝瓜总产30%）建成白关丝瓜产业带。2023—2025年，打造以"沙堤村－云山村－岭水村－东庄村－卦石村－选青村－姚家坝村－石湾村－楠木山村－芷钱桥村"为主的白关丝瓜产业环。

二、高水平示范，带动整体提升

以工业化思维抓农业，加快现代农业生产体系建设，提升农业设施化机械化智能化水平，致力将白关丝瓜与现代服务业、先进制造业、现代农业深度融合形成全产业链。**突出以点带面。**成功创建省级优质农副产品供应基地（农业设施示范片），并在华亿庄园、东方四季建成12座智能化大棚种植白关丝瓜，总面积3万余平方米。加快发展农产品精深加工，推出白关丝瓜月饼、洗发水、沐浴露等特色产品，实现第二产业"零"的突破。**突出科技赋能。**实施省农科院"白关丝瓜提纯复壮与推广应用"科研项目，选定10个种植基地，试种第4代提纯复壮白关丝瓜。邀请省农科院专家进行技术培训，推广病虫害防治技术、完善溯源体系等，不断提升白关丝瓜的品质。**突出产业融合。**依托通航、服饰等产业优势和大京水库等资源禀赋，大力发展"农业＋互联网""农业＋文旅""农业＋康养"等新业态，建设白关丝瓜文化长廊和雕塑、农耕文化研学基地，打造"卦石村－东山村－龙凤庵村－蚕梅村－大京风景区"精品旅游路线，争创白关丝瓜特色小镇，将其打造成产加销结合、农文旅康融合发展的综合体。

三、高质量管理，放大品牌效应

充分发挥白关丝瓜颜值高、味道佳、营养好的特点，着力打造白关丝瓜优势品牌。**加强品牌监管。**指导协会完善商标使用、授权等制度，采用"行业协会＋龙头企业＋村集体＋基地＋农户"的管理模式，通过制定产品手册、完成分级标准、推广统一包装等举措，规范市场经营秩序，维护白关丝瓜的品牌形象和消费者的合法权益。**加强宣传推介。**与多方媒体进行对接，争取相关宣传报道。中央电视台农业农村频道以"炒不黑的白关丝瓜"为题进行专题报道，推出原创歌曲《白关丝瓜甜万家》，"白关十里铺，丝瓜万家甜"广为流传。成功举办两届白关丝瓜节。在2022年株洲市（夏季）乡村文化旅游节暨第二届白关丝瓜节中，明星祝福视频、白关丝瓜吉祥物、"白瓜瓜"微信表情包等创意宣传引爆线上线下，被中国网、新浪网、红网等媒体密集报道，白关丝瓜的知名度和影响力不断提升。**加强产销对接。**积极对接岳阳"阳雀湖"、深圳"口口口"等公司，加快将白关丝瓜推向粤港澳大湾区、北上广等地，不断拓宽市场销售渠道。

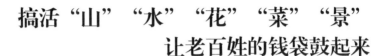

搞活"山""水""花""菜""景"
让老百姓的钱袋鼓起来
——岳塘区发展乡村产业经验做法

近年来，岳塘区始终紧扣乡村振兴战略，发挥绿心区的生态环境优势，充分挖掘现有资源，因地制宜做精做细农业产业，走出了一条特色农业发展新路子。2021年，岳塘区27个村有9个村经营性收入达百万元，农民人均纯收入居全市第一。

一、丰富"菜篮子"

岳塘区利用生态绿心区和城市中心区近郊的资源优势，以保障好服务好城市居民"菜篮子"为出发点，大力推广智慧蔬菜产业项目，建设了正江蔬菜种植基地、五星蔬菜种植基地等项目。岳塘区正江村智慧农业产业项目，依托先进的农业技术和理念，发挥农村土地的集约作用，发展规模化智能温室大棚蔬菜产业，一期建设新型光伏玻璃智能温控大棚以及新型圆拱连栋温室大棚约40000平方米，投入资金1920万元，重点打造"正江牛角椒""正江黄瓜""正江粉果"等品牌，不断做大"生态品牌""原产地品牌"。霞城街道五星村紧邻湘钢，土地多被征收，原来零散供应湘钢食堂的蔬菜无法继续种植。2021年下半年，该村与荷塘街道指方村"联姻"，流转指方村土地，五星村出资金、指方村出土地、湘钢出订单，建成一个占地400亩、单日供应2.5万人的蔬菜基地，带动80多名村民就业，每年为两个村集体增加经营性收入60多万元。

二、养护"花盆子"

岳塘区发展壮大花卉苗木产业，完善花卉苗木产业链，全区"一县一特"花卉苗木产业项目面积 12628 亩。位于荷塘街道指方村的盘龙大观园是中南地区规模最大、花卉数量最多、品种最全的赏花基地，一年四季花开不断。占地 300 多亩的荷花园，盛花期灿若瑶池，获得中国荷花展金奖的品种有 30 多个，是我国的荷花品种宝库；占地 50 多亩的兰草园，汇聚蕙兰、建兰等 7 个科属、500 多个品种的珍稀兰花，花期横跨全年。荷塘街道五爱村引进"湘潭市岳塘花卉市场项目"，搭建花卉苗木线上线下交易平台，导入全国花卉交易大数据，促进市场与花农、花企合作，吸引 50 多家商户入驻，每年为村集体增收 20 多万元。昭山镇七星村高品质编制村庄规划，打造"樱悦田园"，每到春天，260 余亩樱花竞相绽放，游客流连忘返，带活了周边民宿、餐饮等，村集体年经营性收入约 50 万元。昭山镇七星村成为远近闻名的"网红村"。

三、用好"水塘子"

岳塘区以丘陵地貌为主，河流小溪水网、堰塘资源丰富。昭山镇白鹤村在"水"资源上下功夫，与步步高湖南十八洞山泉水有限公司合作，建设湘潭市岳塘区昭山镇白鹤村十八洞山泉水项目，总规划面积约 20 亩，预计投资 400 万元。昭山镇红旗村利用每一处土地，发展小而精的特色种养业，共养殖 45 亩黑斑蛙、22 亩甲鱼、20 亩澳洲龙虾，种植 150 亩湘莲。2021 年，红旗村集体经营性收入达 130 万元，2022 年有望突破 140 万元。

四、依靠"山林子"

绿心区山脉起伏连绵，农业龙头企业和各村集体经济合作社积极探索发展林下经济，靠着青山抱"金山"。盘龙生态农业示范园建立以"林下养殖 + 森林康养"为基础的林下经济发展格局，与周边指方村、荷塘村等村级集体共同打造立体林业循环经济，葡萄藤下养"葡萄鸡"，荷花池里养"荷花鸭"，山间稻田养"稻花鱼"，并进一步推广林下种植中药材技术。

五、点靓"好景子"

岳塘区"绿心"面积达 108 平方公里，占长株潭绿心总面积的 20.7%。"绿心"范围内有盘龙大观园、昭山风景名胜区、昭山城市海景水上乐园 3 家 4A级风景区，是岳塘区践行绿色发展理念的典范。盘龙大观园从 2009 年起累计投资数十亿元，建起了以名贵花木观赏为主题的景区，引进名贵花草树木 30多万株，景区森林覆盖率达 90%，负离子数量是城区的 100 多倍，已成为长株潭市民休闲必打卡之地，被国家住建部授予"中国人居环境范例奖"。昭山森林公园成功获批省级森林公园，全区森林覆盖率达 67%，负氧离子含量为长株潭城市群最高值，成功创建湖南省旅游度假区。

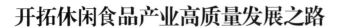

开拓休闲食品产业高质量发展之路

——平江县发展乡村产业经验做法

近年来，平江县抢抓机遇，科学谋划，精准施策，大力发展以辣条、酱干、风味鱼为代表的特色休闲食品产业。全县有休闲食品企业 2000 多家，年产值超过 400 亿元，从业人员超过 20 万人，休闲食品产业已成为全县第一支柱产业。其中，主营业务收入超亿元、超 10 亿元的企业分别有 26 家和 5 家，A 股中小板上市企业 1 家。平江县先后荣获"中国面筋食品之乡""中国辣条之乡""全国食品工业强县""中国休闲食品文化节永久主办地"等称号。

一、统筹谋划，构建食品产业大格局

高站位决策。重点依托食品产业传统优势，大力发展休闲食品产业，打造"全国休闲食品之都"，争创省级巩固拓展脱贫攻坚成果接续乡村振兴"样板区"。2020 年，专门出台《关于支持休闲食品产业发展的实施意见》，从顶层设计上对休闲食品产业的发展进行统筹谋划、规范引导、全面支持。**高起点规划**。编制出台《平江县食品产业"十四五"发展规划》，从产业发展、政策环境、产业布局、产城融合等方面提供指导和支持，规划将平江打造成中国休闲食品之都，到 2025 年休闲食品年产值达 500 亿元，新增城镇人口 5万人，新增就业人口 10 万人；到 2030 年，年产值超过 1000 亿，实现打造"乡村振兴示范区""全国休闲食品之都"的战略目标。**高规格布局**。按照"产业集聚、链条协同、设施集成"的原则，构筑"带、园、区"发展格局。即

以汨罗江、平益高速、国道 G536 为轴线，串联伍市工业区食品产业园、天岳新区和三市镇、长寿镇、加义镇、安定镇、南江镇、童市镇、园艺中心等食品产业基础较好的地区，打造食品产业融合发展带。完善平江高新产业园配套设施建设，在县城区附近规划新建平江休闲食品产业园，推进食品产业集聚发展；在天岳新区重点布局冷链物流、休闲食品、食品检验检测等业态，为休闲食品产业发展提供辅助支持。**高层次推动。**成立由县委、县政府主要领导任组长，县人大、政府、政协分管副职任副组长，高新区、发改局等 17 家相关单位组成的平江县休闲食品产业发展领导小组，负责研制政策，解决难题，为食品产业发展提供高质量精准化的指导、服务和支持。成立平江县休闲食品产业联合会，吸引全国 336 家平江籍知名企业加入。着力发挥行业协会的桥梁纽带作用，强化政府、企业、社会各方面的联系沟通，为企业提供信息、市场、技术、人才等方面服务，促进行业自律，规范同行业企业之间生产经营行为，保障企业合法权益，带动休闲食品产业健康高质量发展。

二、精准施策，打造食品产业大品牌

全行业创建。按照政策引导、协会推动、企业主体、部门支持的方式，整合平江已有的休闲食品企业，形成具有平江特色的休闲食品产业联盟，打造叫得响、贡献大的休闲食品品牌。支持创建"平江酱干""平江辣条""平江鱼仔"等区域公共品牌，支持大企业争创国家级和省级品牌。同时，引导企业升级、兼并重组，提升行业创新能力。支持企业新产品开发，鼓励与湖南农业大学等高校食品研究开发机构联系合作，支持大中型食品企业建设国家级、省级和市级工程（技术）研究中心、重点实验室等各类研发中心，让科技成果转化为发展成效。**全方位宣传。**依托平江县作为中国休闲食品文化节永久主办地的优势，举办各类食品博览会，扩大"全国食品工业强县""中国面筋食品之乡"等品牌影响力。建立食品企业在做大做强、品牌建设、技术创新、巩固脱贫攻坚成果与推进乡村振兴等方面的年度评选表彰机制，在高速公路以及县内主要干道沿线投放休闲食品广告，对接国家、省市主要媒体到平江为食品产业发展进行宣传报道，利用微信公众号、抖音、快手等受众程度高的新媒体平台，多方加大宣传推广力度，营造浓厚的休闲食品之乡氛围。**全环节监管。**成立全省首个"县级综合检验平台"，食品检验检测项

目参数达到 578 个，农产品检验检测项目参数达到 135 个。正在筹建"湖南省调味面制品质量监督检验中心"，是全省市、县二级唯一一家双认证的食品、农产品综合技术机构。支持食品协会和企业制定全县面制品、肉制品、豆制品、鱼制品生产企业的准入标准，加强食品生产过程的全程监管，提升全县食品生产安全标准。坚决打击抄袭摹仿他人商标、不正当竞争、冒用公共品牌等有损品牌形象的违法行为，关停卫生不达标的小作坊和工厂。玉峰、旺辉等 27 家企业投入 2 亿多元建设净化洁净车间，102 家企业主动砍掉利润，全面关停低端车间，对生产设施进行改造升级，以绿色食品、健康食品推动产业发展。

三、全心护航，推进食品产业大发展

抓产业融合。开拓"文化＋工业"融合发展新路径，从"平江九龙舞""平江花灯戏"等历史文化资源和"平江起义""将军县"等红色文化资源中挖掘创意，融入食品产业。引导企业在食品加工、包装、营销等环节加上文化印记，不断丰富平江县食品产业的文化内涵。开拓"旅游＋工业"融合发展新路径，依托平江起义纪念馆、湘鄂赣革命根据地、石牛寨等景点景区，推进辣条、酱干、蜂蜜、炒货、土特产等平江特色休闲食品与旅游深度融合，支持旺辉食品建成智能化绿色旅游观光工厂项目。**抓提质升级。**鼓励中小企业专注于特定细分产品市场、技术领域和客户需求，走"专精特新"发展道路，持续提升技术和工艺水平。培育一批业务突出、竞争力强的"小巨人"中小企业，打造一批专注细分市场、市场占有率高的"单项冠军""隐形冠军"中小企业，挖掘一批以代加工形式与行业龙头企业建立合作关系的中小企业。鼓励有条件的民营企业建立现代企业制度，完善内部治理结构，实现精细管理和可持续发展。**抓要素保障。**积极做好土地利用总体规划调整修编工作，新增建设用地向食品工业园倾斜，保障休闲食品产业发展空间。积极拓宽融资渠道，引导金融机构加大对食品工业企业的信贷支持。突出企业用工和人才保障，围绕校企合作、人才引进等方面制定出台系列扶持政策。全国首个辣条专业班已于 2020 年开班。同年，与江南大学、武汉轻工大学、湖南农业大学签订了校政合作协议，为休闲食品产业提供了有力的人才支撑。

小浮标催生大产业 小城镇承载大融合

——临湘市发展乡村产业经验做法

近年来，临湘市大力推进浮标特色产业小镇建设，培育浮标生产主体1400多家，年生产浮标1.5亿支，占有全国80％的市场份额。获评"中国最具特色休闲垂钓产业园区"和"第三批湖湘风情文化旅游小镇"。

一、以小博大，放大特色优势

临湘浮标文化源远流长。相传东吴名将黄盖曾在云梦泽太平湖（今黄盖湖）"折苇作标"，开启了用浮标垂钓的先河。临湘发挥历史文化、区位交通和产业资源优势，着眼长远，整体谋划，理清浮标特色产业小镇建设发展的基本路径。**小面积规划大蓝图。**立足打造"中国钓具第一市""中国游钓第一城"的目标，结合全市浮标企业分布、从业人员来源、产业发展需求等实际情况，在城市南郊生态环境优越的白云湖畔，规划用地3.1平方公里，聘请知名专业团队高起点规划设计了生产、商贸、垂钓、文化传承等功能分区，在有限的面积实现空间效益最大化。**小投入撬动大资本。**采取政府投资建设基础设施，引进社会资本进行商业开发运营的方式，以政府精准投资撬动社会资本注入，增强浮标小镇建设发展的内生动力。累计完成基础设施建设投资16亿元，签约引进社会资本60亿元，完成社会投资30亿元。**小步骤推动大建设。**按照量力而行、小步快跑的原则，细化时间表、路线图。2016年，整合三湾工业园等资源，先行建成生产板块。2017年，启动垂钓板块建设，投入运营国际垂钓中心。2018 年底，启动小镇商贸板块建设项目。通过扎实有序的步骤，小镇建设实现"一年一个样、三年大变样"，目前已经初具雏形。

二、以特求强，壮大产业体量

始终把特色产业发展作为浮标小镇建设的根基，不断壮大以浮标为龙头的钓具产业链条，引领浮标小镇持续、健康、高质量发展。**抓引导，促进产业集聚。**大力引导钓具企业向浮标小镇集群发展、抱团壮大。一方面，以优惠政策吸引企业入驻。对落户浮标小镇的项目坚决兑现财税、用地、厂房、水电气等 4 项优惠政策，以及研发创新、品牌创建、上市融资、出口创汇的支持政策。另一方面，以龙头企业带动行业发展。通过动员池海、名冠等知名浮标企业入驻，并引回乡友企业瑞琦公司，迅速形成"洼地效应"和"锦鲤效应"，带动一批钓饵、钓竿、钓箱等上下游企业纷纷向浮标小镇聚集。小镇生产区已入驻规模钓具企业 32 家，还有 51 家企业正在申请入园，形成集群发展之势。**抓融合，延伸产业链条。**坚持以浮标小镇为中心，积极探索"产区 +"模式，推进钓具产业一二三产业融合发展，不断拉长产业链条。产区 + 基地。发展芦苇、芭茅、泡桐等种植基地 1 万亩，发展鹅、鸭等养殖 10 万羽，确保浮标主要原材料就地供应，最大限度地降低企业采购和运输成本。产区 + 游钓。以浮标小镇为中心，主打"漫步江湖、游钓临湘"品牌，大力开发野钓、竞技钓、基地钓、筏钓、路亚钓等游钓旅游产品。国际垂钓中心已承办中日国际垂钓友谊赛、CAA 全国垂钓俱乐部挑战赛等国际国内赛事 50 余场次，得到中央电视台体育频道等 40 多家主流媒体宣传推介。产区 + 文创。规划建设浮标文化博物馆、钓具创意商业街，并与湖南卫视、阿里巴巴合作，从 2018 年起，每年举办一次中国临湘浮标文化艺术节暨"5·18"天猫快乐垂钓节系列活动，进一步提升钓具产业的文化含量。**抓配套，夯实产业平台。**推动发展要素向浮标小镇聚集，不断做实特色产业发展平台。建厂房。建成标准化厂房 15 万平方米，配套建设共享（油漆）车间、质量检测中心等公共服务平台，确保落户浮标小镇的企业"拎包入住"。兴电商。结合供销社综合改革，建立健全市镇村三级电商物流网络，在浮标小镇建设大型电商和仓储物流基地，发展钓具电商主体 300 余家，线上年销售额近 20 亿元。强科研。鼓励浮标企业加大科研投入力度，成功开发智能 APP 浮标、智能声呐探鱼器等一批新型产品，以及钓具自动化生产机械，推动钓具产业由传统手工制造向科技创新产业转变。

三、以镇为源，扩大辐射效应

始终坚持绿色协调创新开放共享发展理念，以浮标小镇为核心，不断放大带动效应，促进产业、民生、环境"三赢"。**依托小镇提质带动城乡品位提升。**在浮标小镇建设过程中，坚持"宜居宜业宜游"标准，注重保护生态环境，优化基础设施配套，方便群众生产生活。浮标小镇目前有常居人口1.3万人，绿化率达到66%，已完成国家AAA级景区申报。打造了竹器小镇、稻虾小镇等一批小而特、小而精、小而美、小而富的特色小镇，有效提升了城乡品位。**依托小镇产业带动周边群众增收。**利用浮标小镇建设发展带来的人流、物流、资金流，为小镇周边提供创业机会和就业岗位。特别是小镇居民通过场所出租获得租金、劳务用工获得薪金、投资入股获得股金。全市围绕浮标小镇从事钓具生产、线上线下经营的城乡就业人口逾3万人，从业人员人年均增收4万元。**依托小镇品牌带动县域开放发展。**随着浮标小镇的蓬勃发展，临湘钓具品牌的知名度和美誉度越来越高，2021年临湘钓具全产业链产值突破35亿元。临湘钓具除了销售到全国各地，还出口外销东南亚、欧美等20多个国家和地区，年出口创汇突破1500万美元，有力带动了电商物流、外贸等产业发展，开放型经济不断壮大。同时，全国各地来临湘垂钓、休闲的游客络绎不绝，促进了第三产业持续升温。

推动三产融合发展 谱写山乡巨变新篇章

——益阳市高新区发展乡村产业经验做法

近年来，益阳市高新区紧紧围绕"打造乡村振兴样板区、现代农业改革示范区、一二三产业融合发展先行区"的发展定位，深化新一轮现代农业综合改革，以"山乡巨变第一村"谢林港镇清溪村为核心，一体化推进乡村现代化、景区精品化和产业特色化建设，加快形成三产融合、协调发展、共同繁荣的新局面。

一、做好"布局＋引领"规划设计

聘请北京、上海等地的规划设计公司，高起点、高标准开展乡村振兴规划编制工作，编制了《益阳高新区乡村振兴战略规划》《山乡巨变第一村——清溪村概念规划》《益阳高新区乡村振兴三产融合示范区发展规划》，着力打造城市文化主题公园、智慧乡村展示平台、生态体验养生基地。按照"一村一品、一村一特"的基本思路，编制了《重点村庄乡村振兴战略实施规划》，以清溪村为核心，以"泛清溪"概念为引领，辐射带动周边北峰垸村等三产融合、协同发展。

二、做优"特色＋高效"现代农业

以农业供给侧结构性改革为主线，采取"小户集中、大户经营、村级流转、互惠共赢"等方式，调整产业结构，让传统农业活动向现代农业一体化和品牌化发展。引导土地流转，提升土地产出效益，全区 3.11 万亩耕地流转率超过 70%，2021 年农民增收超 1000 万元。加快产业转型升级，在"公司 + 基地 + 农户"的经营模式下，通过"一引导二激励三共享"机制，培育新型农业经营主体，增强农户和企业关系，推动稻虾、艾草等特色种养发展。打造了国联水产 2100 亩稻虾共作现代农业；与湖南师范大学刘少军院士团队合作，组建了湖南省优质水生生物繁育及加工研究院，加快水产种业、养殖业提质升级，进一步打响益阳"鱼米之乡"品牌。

三、做大"品质 + 品鉴"食品加工业

加快食品安全产业园建设。统筹规划"益阳零碳智慧食安产业园"工程，打造集约化、智慧化的产业服务平台。建成后的产业园将整合产业链，形成"加工园区 + 物流 + 服务 + 区域农业"的产业体系，通过订单农业、股份合作、全程服务等形式与农业合作社（基地）合作，构建"园区育龙头、龙头带基地、基地联农户"的农业产业链经营模式。**推进淡水鱼产品加工项目。**充分利用洞庭湖区优良水域，加快在益阳打造生态渔业养殖小镇、健康鱼产品加工生产小镇，种苗科研繁育生产基地配套水塘面积约 128 亩，新建优质鲫鱼生产加工线，年加工鲫鱼 3 万—5 万吨，年产值超 8 亿元。**做优餐类及休闲食品产业。**加快龙头食品企业发展，2021 年国联（益阳）生产小龙虾 8000 吨、鱼类 1200 吨，实现销售收入 4.5 亿元；2022 年生产小龙虾 10000 吨、鱼类加工 8000 吨，打造"中央厨房"水产类食品，销售目标 8 亿元。味芝元食品有限公司 2021 年成功晋级国家农业产业化龙头企业。

四、做强"红色 + 生态"旅游业

以清溪景区为载体，充分挖掘周立波故居红色文化资源，依托"湖南省爱国主义教育基地""湖南省党组织实践教育基地""湖南省廉政教育基地"等平台，融入区域红色旅游线路，联动周边村落共同开发，打造周立波文化园、乡土文学研学基地，丰富清溪剧院、清溪里民宿、立波小街及清溪院子等经营业态项目，创新"红色 + 生态农业""红色 + 培训研学"模式，创作了大型跨界融合旅游剧《那山那水那乡愁》，举办了《音乐颂党史》《山那边人家》等系列演出，以精品乡村剧目带动了城市旅游发展，创造了更多经济附加值。文化创意、红色教育、观光农业等产业协同共进、加快融合，乡村产业蓬勃发展。

擦亮汉寿甲鱼品牌　助力乡村产业振兴

——汉寿县发展乡村产业经验做法

汉寿县地处洞庭湖西滨，是"中国甲鱼之乡"。近年来，汉寿县充分发挥比较优势，积极擦亮汉寿甲鱼品牌，做大做强汉寿甲鱼产业，甲鱼养殖已成为最具特色的农业支柱产业，拥有甲鱼养殖面积 13.5 万亩，年产稚鳖 3000 万只，年产商品鳖 5 万吨，年产值达 60 亿元。

一、"政府引导 + 企业引领"，让产业发展更具活力

加强组织领导。成立了汉寿县特种养殖（龟鳖）产业发展领导小组，由县长任组长，分管农业的县委常委、副县长任常务副组长，县农业农村局、县发改局等 17 个相关职能部门负责人为成员，并制定了配套考核办法，实行"一月一调度、一月一督导、一月一通报"，对各单位工作落实情况进行考核，有效推动工作落地。**加强政策支持**。印发《汉寿县促进甲鱼产业发展指导意见》《汉寿县促进甲鱼产业发展扶持办法》等系列政策文件，通过"以奖代补""先建后补"等形式，支持甲鱼繁育、养殖、加工、营销等关键环节建设，充分调动农民、企业等群体积极性。目前，全县拥有甲鱼繁养户 3000 多户，相关从业人员 5 万人。**加强企业扶持**。出台《关于进一步加快甲鱼产业发展的实施意见》，经广泛调研、征求专家意见等多个环节，制定了《汉寿县甲鱼产业"十四五"发展规划》，为企业发展明确了方向、制定了"规划图"。同时，定期听取相关企业诉求，为企业发展纾困解难。拥有甲鱼养殖专业合作社 43

个，甲鱼产业规模养殖企业 18 家，培育了一批以禾田、华甲、湘鸿、明珠为代表的龙头企业。

二、"示范基地＋种苗繁育"，让产业基础更加夯实

做强人才队伍。坚持把人才引进培育作为发展甲鱼产业的第一要务。通过"校园直招"的方式，积极引进高校科研人才；采取甲鱼养殖生态技术培训及塘头培训、专家现场指导等多种方式，大力培育本地甲鱼养殖人才。中国工程院院士刘少军，被聘为汉寿甲鱼产业首席专家。目前，全县从事甲鱼养殖的技术人员已达 8000 人，专门的科研机构 1 处，拥有专业技术人员 58 名，其中高级职称 3 人、中级职称 17 人。**做大养殖基地。**通过成立龟鳖产业协会、生态种养协会，进一步优化布局、整合资源，推动甲鱼养殖示范基地建设。制定了《汉寿甲鱼生态养殖技术规程》，全面推行测水配方施药新技术，实行甲鱼生态养殖分级饲养，推动甲鱼产业向标准化、规范化、生态化方向发展。禾田公司获得省级良种生产许可证，繁育苗种规模达 200 万只；新申报禾田甲鱼、湘弘水产两个省级特色产业园；新增生态养殖基地 3.25 万亩。**做优龟鳖种苗。**获国家、省、市技术专利 32 项，其中国家级技术和产品专利 4 项，省级技术专利 25 项，纯种繁育及标准化养殖技术处于国际领先水平。为加大本地中华鳖种质保护，大力开展中华鳖提纯复壮，扩大中华鳖亲本规模。同时，强化资金支持、加大人才保障，实施了九肋鳖新品选育、温度控制中华鳖稚鳖性别、仿生态养殖技术实验等系列项目，加大"九肋鳖"新品培育力度。

三、"线上造势＋线下推广"，让产业品牌更加响亮

加大品牌宣传。在长沙黄花机场、高铁站场、高速公路等人流、车流密集场所，利用 LED 显示屏、灯箱、宣传牌等方式，精准宣传推广甲鱼，"汉寿甲鱼甲天下"更加深入人心。借助主流媒体宣传推介汉寿甲鱼，央视、湖南卫视、湖南经视等先后多次播放《汉寿甲鱼》专题片。积极开展甲鱼 LOGO 商标注册；加大"汉寿甲鱼"品牌保护，开展《汉寿甲鱼地理保护标志产品》地方标准修订，持续提升汉寿甲鱼品牌影响力；"仙湖牌""龙甲""沅水壹号"等 8 个名牌产品，先后被授予"名牌产品""知名商标"。**构建销**

售网络。各生产经营主体坚持线上线下并行，采取"公司＋基地＋农户"的模式，在全国大中城市建立了长期稳固的市场供应关系，已形成全国性市场销售网络。充分借助"互联网"东风，推动甲鱼产品入驻天猫、京东等现代物流平台销售，年销售量在 1000 吨以上；在拼多多、淘宝、盒马鲜生、抖音进驻汉寿甲鱼鲜品，东仓湖抖音日均销售额能达到 5 万元。**开展精深加工。**汉寿锦鳞香绿色食品有限公司、汉寿县目平湖食品有限责任公司，相继推出了酱板甲鱼、清蒸甲鱼、药膳甲鱼、湘菜甲鱼、手撕小鳖等甲鱼特色绿色食品，华乐食品有限公司的华乐黄金甲营养位上餐、预制菜、华甲甲鱼佛跳墙等系列产品，华甲生物科技有限公司的"甲鱼煲""甲鱼钵""胶原蛋白""滋补甲鱼汤"等甲鱼产品，投入市场后获得广泛好评，市场前景十分广阔。

做强稻虾生态产业 打造百亿富民工程

——南县发展乡村产业经验做法

近年来，南县以农业供给侧结构性改革为主线，依托湖乡优势，利用平湖水网湿地众多的特点，创新推广稻虾生态种养模式，走出了一条农业高质量发展之路。

一、突出政策支撑，强化行政推动力

搭建行政推动平台。成立稻虾产业领导小组和办事机构，确保稻虾产业有人专抓、有人专管。**出台产业扶持政策。**每年投入 2 亿元资金，在基地建设、龙头培育、市场拓展、科技研发等方面给予扶持。**集中投放涉农项目。**整合相关部门项目资金，优先支持稻虾基地道路和水利等基础设施建设。全县共打造 8 个高标准集中连片万亩稻虾示范基地、22 个千亩稻虾产业示范园。

二、突出科技支撑，强化产业竞争力

建立标准生产体系。发布了《稻虾生态种养技术规程》《南县小龙虾》等 4 个省级以上标准。积极开展"三品一标"认证，近年来有 19 个稻虾产品获得绿色食品标志使用权，30 万亩稻虾田成为国家绿色产品原料基地。**创建企业研发平台。**支持顺祥食品打造"中国小龙虾养殖加工研发中心"，联合省内外 7 家科研院所，开展小龙虾系列研究；支持克明面业建立振华食品检

测研究院，深度开展稻虾米业食品加工研究。**引导智慧农业发展。**支持助农智慧农业示范园建设，以"洞庭虾网"为平台，搭建稻虾产业大数据平台，逐步建立稻虾产业质量追溯体系。

三、突出龙头支撑，强化主体带动力

引进业主大户拓基地。大力开展招商引资，先后引进泽水居、贝贝现代农业等 20 多家现代农业规模企业，鼓励引导农村土地向稻虾基地流转、向龙头企业集中。**培育加工龙头延链条。**重点培育壮大顺祥食品、克明食品、金之香米业等小龙虾、稻虾米生产加工龙头企业，顺祥食品全国第一条小龙虾熟食生产线建成投产，克明食品引进的年产 10 万吨全新优质稻米加工生产线已经投产。**注重利益联结强带动。**积极推行"公司＋基地＋农户""合作社＋企业"等产业化经营模式，以订单、合作经营等方式建立利益联结机制，力促建一个龙头、强一项产业、富一方百姓。

四、突出市场支撑，强化品牌影响力

打造区域公用品牌。按照"一县一特一品牌"思路，着力打造全国知名稻虾产业名片，南县被命名为"中国虾稻米之乡"，获批"中国好粮油"行动示范县；"南洲稻虾米"获得中国地理标志认证，"南县小龙虾"获得中国地理标志产品保护。**鼓励企业创建品牌。**大力支持顺祥食品打造"渔家姑娘"中国驰名商标，支持克明食品集团、金之香米业重点打造了"克明优米""今知香"等系列品牌。**拓展稻虾销售市场。**加快实施走出去战略，不断开拓国际国内市场。"南洲稻虾米"成为全省首个进入香港市场的湘米品牌，顺祥食品小龙虾畅销 40 多个国家和地区。

借力非遗工坊 做大"一碗鱼粉"

——苏仙区发展乡村产业经验做法

苏仙区栖凤渡鱼粉制作技艺是湖南省非物质文化遗产。2012年湖南凤楚食品股份有限公司创立了栖凤渡鱼粉制作技艺工坊。苏仙区在发展乡村产业中,借力栖凤渡鱼粉制作技艺工坊,充分挖掘鱼粉产业发展潜力,在非遗传承保护、带动农民就业增收、推动乡村产业融合发展等方面取得了显著成效。

一、探索"非遗工坊+农户"模式,带动农民创业就业、脱贫致富

非遗工坊立足服务周边村民,建立"公司+基地+合作社+农户"的新型产业化合作模式,以栖凤渡鱼粉制作为核心,带动周边农户种植水稻、鱼、辣椒等。目前,仅凤楚食品公司年加工鱼粉超3500万份,需大米3300吨,辣椒、姜、蒜、豆角等蔬菜食材750吨,鲜鱼等水产800吨,辐射基地面积2万余亩,带动5000户以上农户增收。同时,由栖凤渡鱼粉制作技艺代表性传承人吴安英每天在基地演示鱼粉制作过程,免费给当地贫困户和村民培训技能,让村民靠自己的双手和智慧脱贫致富。非遗工坊每年为湖南、广东等地区栖凤渡鱼粉美食店输送优质鱼粉师1000余人,带动了105户贫困户脱贫。2021年,凤楚食品公司所在地瓦灶村人均可支配收入达2.9万元,比2016年增加12000元;村集体收入达23万元,比2016年增加18万元。

二、探索"非遗工坊 + 园区"模式，推动栖凤渡鱼粉走出郴州、"圈粉"中国

以非遗工坊为核心，加大对地标性产品栖凤渡鱼粉的传承和开发力度，建立"园区 + 基地"模式，成立栖凤渡鱼粉协会，把茶油、豆油、稻米、辣椒、鱼等种养专业户组织起来，打造全产业链。建设鱼粉原材料基地，先后在南香村、瓦灶村等地建设鱼、米、姜、豆油生产加工基地，在岗脚村建设油茶基地，把部分山塘、水库作为养鱼基地，建设鱼粉配料生产线，鱼粉产业布局全面铺开。同时，投入 5000 多万元，打造栖凤渡鱼粉特色一条街，现有店铺 100 余家，每天迎接 107 国道来往食客约 1 万人次。打造以鱼粉为主打的系列农产品加工集群，建设大米厂、米粉厂、调料厂、豆油厂、茶油厂、中央厨房和冷链物流，建成集米粉车间、调料车间、包装车间的加工产业区。如今 1000 多家栖凤渡鱼粉店遍布全国 100 多座城市。凤楚食品公司开发了桶装式栖凤渡鱼粉，2021 年，公司扩大投资，新建两条新的生产线；9 月底投产以来，已实现销售额 3000 万元，产品远销 15 个国家和地区。

三、探索"非遗工坊 + 乡村"模式，拉动西河沿线乡村旅游、产业振兴

非遗工坊规划总投资 3.6 亿元，建设鱼粉传承馆、产业园、旅游景区等文旅项目，现已建成年产 5000 吨高端、安全、特色米粉加工厂及配套产品，并作为"旅游工厂"，对鱼粉生产进行可视化、全流水、体验式的展示，从而吸引更多游客。据统计，栖凤渡鱼粉产业园年均接待游客 20 万人次，接待研学学生 2 万人次，栖凤渡鱼粉文化旅游已成为郴州旅游的新热点。2015 年、2017 年栖凤渡鱼粉和工坊先后亮相央视《乡土》和《生活圈》栏目，栖凤渡鱼粉逐渐从一道地方美食变成了一座城市的文化印记。随着栖凤渡鱼粉产业做大做强，这碗粉也向外界传递着一份乡愁、一段历史和一种文化。同时，非遗工坊带动周边农户建设观光稻田、荷花鱼塘、葡萄园等乡村旅游项目，先后被评为湖南省五星级乡村旅游点（区）、国家五星级休闲农庄。

以"五个强化"推动柑橘产业高质量发展

——麻阳县发展乡村产业经验做法

近年来，麻阳县大力实施"品种品质品牌"精品战略，打造柑橘特色产业。麻阳冰糖橙先后荣获"中国地理标志证明商标""中国驰名商标""全国名特优新农产品名录"。麻阳县被授予"全国柑橘标准化生产示范县""全国绿色食品（冰糖橙）原料标准化生产基地县""中国冰糖橙之都""全国柑橘产业集群建设县"。

一、强化战略定力，久久为功抓发展

自1984年以来，历届县委县政府始终保持"一县一特"冰糖橙发展定力，一届接着一届干，推进柑橘产业发展，在全省率先出台《麻阳苗族自治县柑橘产业发展条例》，并制定实施《关于进一步加快柑橘产业提质升级的实施意见》等系列文件，成立县委特色产业发展办公室，建立健全柑橘产业全链条发展机制，加快将柑橘产业打造成带动农民持续增收、推进乡村振兴的主导产业。2021年，全县柑橘种植面积达38.5万亩、年产量62.8万吨，其中冰糖橙种植面积28.5万亩、年产量46.8万吨。

二、强化资金投入，整合资源强动力

建立多元投入机制，每年县财政安排专项资金1000万元，整合部门资

金 5000 万元以上，引导龙头企业和大户投入 1.5 亿元以上发展柑橘产业。与怀化市建行签订战略合作协议，引导金融资金支持柑橘产业发展。将冰糖橙产业纳入政策性保险范畴，开发"特色农业信贷"金融产品、担保产品和保险产品，创新融资担保、保险机制，降低融资成本，提高特色农业产业抗风险能力。建立激励机制，在示范基地建设、苗木体系建设、品改提质、标准体系建设、扶持经营主体、品牌创建推广、服务平台建设等方面进行奖补。推动机械化生产，每年安排专项资金支持农机试验示范基地建设。大力培育龙头企业，省级柑橘龙头企业 4 家、市级 12 家。

三、强化建设管理，严格标准提质量

大力推进柑橘品改和标准化生产，加快推进集中连片果园产业路、抗旱水源建设，每年实施品改 2 万亩以上。目前拥有省级现代农业产业园 1 个、省级特色产业示范园 7 个、市级特色产业示范园 7 个、万亩扶贫产业柑橘标准化示范基地 6 个。强化科技人才支撑，与中国柑橘研究所、湖南农业大学等科研院所长期开展科技合作，聘请湖南农业大学教授邓子牛为首的专家团队，制定的冰糖橙生产标准被列为全国生产标准；推行科技特派员制度，建好用好科技人才服务队，扎根基层传帮带。加强社会化服务，聘任雷定水等40 名"土专家""田秀才"组成本县乡土技术人才服务团队，通过"组团式"技术帮扶促特色产业发展。严格农残控制，植保无人机采用微量喷洒技术，有效减少农药残留；积极推广有机肥替代化肥等技术，强化土壤改良和生物技术运用，获评"柑橘有机肥替代化肥全国示范县"。

四、强化品牌打造，瞄准市场增效益

加强品牌管理，充分发挥柑橘产业协会作用，实施"一园一档""一品一档"管理及统一采摘时间、统一包装标识、统一合作社（企业）销售的"三统一"生产销售模式。深化与中央电视台、湖南电视台等主流媒体合作，麻阳冰糖橙成功入选央视"国家品牌计划"推介产品和"国家品牌计划 – 广告精准扶贫"项目，多次在央视免费宣传。加强麻阳冰糖橙"中国地理标志农产品"品牌保护，严厉打击以次充好的侵权违法行为。加强产销对接，依托怀化市"一港一园"，积极融入"一带一路""西部陆海新通道"战略，

对接 RCEP 联盟合作和芙蓉区产销协作，麻阳柑橘远销东盟、俄罗斯、蒙古、中国港澳等国家和地区。深化与京东等知名电商合作，用好"长寿麻阳、常来长寿"冠名高铁"移动名片"，与中华供销总社冷链物流（湖南）集团签订"中国供销·麻阳智慧农产品冷链物流园项目"，建设柑橘出口基地 12个，着力把麻阳打造成五省边区冷链物流仓储电商基地和大西南特色水果集散地。坚持每年举办冰糖橙采摘节、自驾游采摘、休闲观光等活动，推动冰糖橙产业与乡村旅游产业深度融合。

以"小农机"破解丘陵山区种粮"大难题"

——双峰县发展乡村产业经验做法

近年来，双峰县不断加大小农机研发推广力度，形成了涵盖农作物生产全过程多品类的农机产品，并以"轻便、适用、实惠"的独特优势迅速打开市场，产品畅销湖南、江西、贵州等 10 多个省份和印度、缅甸等 10 多个国家和地区。双峰先后获得"中国农业机械之乡""中国碾米机械之乡""全国率先基本实现主要农作物生产全过程机械化示范县"等称号。

一、注重扶持引导，把产业"做大做强"

瞄准"丘陵痛点"，探索"政策打捆"强引导。制定《关于加快推进农业机械化和农机装备产业转型升级的若干措施》，出台产业转型、农机推广、社会化服务等 12 个方面具体政策措施。系统集成"三农"服务、涉农补贴、资金项目、人才引进、土地流转、税源培育及用水用电等贯穿农机产业全生命周期的个性化政策体系，支持引导本地农机企业研发推广适合丘陵山区耕作、全链条全环节覆盖农作物种植的"小农机"。**突出"集群发展"，打造农机小镇促集聚。**投资 9.5 亿余元、规划用地 3.92 平方公里打造双峰永丰农机特色小镇，推动农机企业在小镇成群建链。目前进驻农机企业 13 家，带动 23 家铸钢企业、10 家铸铁企业等配套产业集聚发展，被纳入湖南省首批特色产业小镇。**注重"带动效应"，扶持龙头企业强支撑。**对农机品牌、企业、资源进行系统化整合，设立 3000 万元农机产业发展基金，重点培育农友、劲松、好运来等 10 家龙头企业，带动 50 家农机企业共同发展。推动农友集团、金峰机械分别在新三板和湖南省区域性股权市场专精特新专板上市。**坚持"创新引领"，实施"科技赋能"添动力。**支持农友、劲松等 5 家龙头企业联合成立双峰县丘陵农机研究院。成功组建设立 1 个国家级研发平台、6 个省级研发中心、1 个院士工作站。出台农机产业人才引进实施办法，先后聘请硕士以上高层次专技人才 78 人，引进本科以上专技人才 386 人，定向培养复合型实用技能人才及一线产业工人 500 人。培育了高新技术企业 32 家，共获得国家专利 353 项、湖南省科技进步奖 4 项。

二、创新推广应用，让农机"下田进地"

"累加式"补贴促进购机，解决"不想用"的问题。将省里确定的 10 大类 21 个小类 51 个品目的农机具全部纳入补贴范围，在享受国家、省、市级补贴的基础上，对有序抛秧机等粮食生产薄弱环节农机具再给予一定额度的县级累加补贴，有效降低购机成本，调动群众和种粮大户的购机热情。**"宜机化"改造便利下地，解决"不能用"的问题。**2021 年全县投资 8522 万元，改造高标准农田 5.5 万亩，新修及改造机耕路 40.34 公里、机埠整修 9 座、土地平整 142.64 亩，农机作业条件大为改善。开展多种形式土地流转，2022 年已流转 33.59 万亩，全县近 60% 的耕地由新型农业经营主体实施规模化、集约化经营，30 余个村实现整村土地流转。**"订单式"培训传授技术，解决"不会用"的问题。**在县农机事务服务中心下设县农机技术推广培训中心，采取"课堂 + 田间"的模式，组织专业技术力量开展农机手技术培训，开展农机手技能比武。近几年，双峰县每年举办农机技术培训 10 余场，年均培训 600 余人次。**"专业化"模式服务农户，解决"无机用"的问题。**强力推动农机社会化服务，并积极发展"农机 + 土地合作社、全程机械化 + 综合农事服务、土地托管"等多样化服务模式。目前，全县 108 个农机大户、401 个社会化服务组织对接家庭经营式小农户，为农户提供机械耕作服务或实行全程托管。2021 年，双峰县农作物耕种收综合机械化率达到 78.8%，超出全省水平 24.8 个百分点，连续 14 年获评"全国粮食生产先进县"。

三、引领发展方向，为行业"立标打样"

推行产品标准化。鼓励引导企业牵头或参与制定国家标准 5 项、行业标准 21 项、地方标准 10 项、团体标准 8 项，成为农机装备国家或行业标准的起草制定单位。农友集团被工信部授予"国家技术创新示范企业"，农友机械公司技术中心被授予国家认定企业技术中心；劲松机械被工信部列为"两化融合试点企业"。**推动品种多样化**。探索搭建产业链创新平台，县财政每年安排 200 万元奖励科技创新，撬动企业加大研发投入，开发农机产品。目前，双峰"小农机"已拥有微电机、微水泵、微耕机、旋耕机、小型联合收割机等"轻便、适用、实惠"特色农机品种 60 多个、型号 300 多种。通过以奖代投引导企业创立自主品牌，培育"农友""好运来"等中国驰名商标 2 个、省级名牌和著名商标 20 个。**推动生产智能化**。鼓励企业推进生产装备智能化改造和数字化转型，劲松、农友、湘东机械等 16 家企业添置激光切割机、电泳喷涂流水线、数控车床、焊接机器人等先进智能设备，不断改进生产工艺，提升产品质量和生产效率。全县 67 家规模以上农机企业引进自动化生产流水线 37 条。一批农机企业和农机产品成为细分领域的全国隐形冠军、行业先锋。**推动营销网络化**。通过整合物流配送资源、完善农机配送体系、加大线上线下宣传推广力度等，构建遍布全国的双峰农机销售网络，销售额年均增长 10% 以上。支持企业培育壮大技术服务团队，1536 名技术人员遍布全国 520 多个县市区开展常态化技术指导培训，主动对接"湘博会"、中国农业机械展览会等展会宣传推介，碾米机、玉米脱粒机、电动风车等占据国内市场份额 60% 以上。2021 年，双峰各类"小农机"外销 210 多万台。

"县校合作"助推产业振兴

——古丈县发展乡村产业经验做法

近年来,古丈县充分发挥茶叶种植传统优势,不断深化同湖南农业大学"县校合作",通过"科研院校 + 龙头企业 + 专业合作社(大户能人)+ 农户(贫困户)"发展模式,举全县之力做大做强茶叶产业。"古丈毛尖"成为湖南十大农业区域公用品牌,获得 2019 世界绿茶评比会最高金奖。 2021 年,全县茶叶种植规模达 19.5 万亩、人均超过 1 亩茶;从业人口达到 4.7 万人,占农业从业人口的 70% 以上;茶叶总产量近 11380 吨,产值达 14.32 亿元。

一、围绕技术转化深化合作,切实提升茶叶生产加工水平

合作实施"茶叶产业人才精准培养计划"。 在湖南农业大学开设茶园栽培管理、名优绿茶加工、茶艺师等茶叶专修班,大力培养大湘西茶叶产业带头人、技术骨干。古丈县先后选派 300 余名农技干部、茶农、专业大户、营销大户参加培训,进一步丰富产业知识、更新经营理念、强化开拓精神。**合作开展科技下乡行动。** 定期邀请湖南农业大学专家、教授等科研人员开展"送教到县""送技到村"活动,进村入户开展茶叶专业技术培训,实现 65 个茶叶专业村进村培训全覆盖。湖南农业大学累计为古丈县系统培训茶叶技术骨干 2300 余人、评茶及茶艺人才 260 余人,实地培训茶农 18000 余人次。**合作推动科技成果转化。** 建立产学研用相结合的技术创新转化体系,着力突破夏秋茶资源高效综合利用关键技术,开发出红茶、黑茶、青龙茶、高纯度茶多

酚等茶叶新产品，帮助茶园变传统的一季采茶为春、夏、秋三季采茶，生产利润大幅提高。全县 10 万亩可采摘茶园，平均每亩综合产值从不足 1000 元提升到 5200 元，最高达 1 万元。古丈县被评为"全国茶叶百强县"。春秋有机茶业公司开发的茶叶获得中国茶业"奥斯卡奖"——"金芽奖·陆羽奖"，"妙古金"崖茶每斤最高卖到 3000 元。

二、围绕产业链建设深化合作，推动茶叶产业高质量发展

在产业链前端，合作建设标准有机茶园。支持两位院士建设茶叶发展促进会、专家服务站，构建茶叶绿色防控体系，助推茶园向规模化、标准化、有机化发展。目前，全县建成万亩精品园 3 个、千亩标准园 21 个，建成绿色有机茶园 4.5 万亩，获得"中国有机茶之乡"等 5 个国家级荣誉称号。**在产业链中端，合作打造茶叶公用品牌。**组织专业技术团队，建立"古丈毛尖"质量标准体系，成功开发古丈红茶、古丈黑茶、古丈白茶等系列地理标志产品，不断提升古丈茶叶品牌的知名度、美誉度。建成标准化绿茶、红茶、黑茶生产线共 17 条，年生产加工能力近 8000 吨。**在产业链后端，合作拓展内外销售渠道。**在长沙、北京、上海等城市建立销售网点 300 多个，定期组织茶企参加国际国内茶叶博览会、茶叶展销会，推动茶叶产品出口。实施电商兴茶工程，发挥湖南农业大学商学院博士团作用，积极开展电商人才培训，引导全县建成村级电子商务服务站 175 个，在天猫、京东开设"古丈毛尖"官方旗舰店。2021 年，全县通过电商完成茶叶交易 3 亿元，获评"全国电子商务示范县"。

三、围绕茶旅融合深化合作，拓宽农户、集体、企业增收空间

积极打造茶旅示范基地。整合茶叶专业村寨、传统村落、特色民族村寨、特色旅游名村等优势资源，规划建设百里生态有机茶廊、十里茶园休闲观光带、茶叶旅游示范带，大力开发茶旅农家游、生态游、田园游、民俗游等特色项目。牛角山等一批茶旅融合项目、科教基地相继问世，采茶品茗、露营踏青、观光休闲、茶事体验，成为吸引茶商、游客的重要资源，直接带动周边群众就业，户均增收 3000 元以上。**改造升级古丈茶叶街。**对 20 世纪 90 年代援建的"常德街"进行提质改造、美化亮化，建造风雨走廊、改造景观布置，突出茶文

化元素，将其建设成为集茶叶交易、茶艺表演、茶文化研究、茶馆休闲于一体的精致步行街，形成真正的"茶市"。改造升级后的茶叶街形成明显的聚合效应，吸引入驻大型茶商 56 家，其中年经营收入 2000 万元以上的企业达 14 家，产品远销俄罗斯、美国等 30 多个国家和地区。**策划举办茶旅文化节。**加力实施"茶旅融合"营销战略，让茶叶走出去、游客走进来。2017 年以来，连续举办 5 届茶旅文化节。通过开园直播、举办"茶王杯"斗茶大赛、新茶推介会、茶旅文化传播大使选拔大赛、有机茶高峰论坛等活动，吸引媒体关注，捧上"头条""热搜"，引得游客纷至沓来。

十里画廊美 万亩蟹虾肥

——湘阴县鹤龙湖镇发展乡村产业经验做法

湘阴县鹤龙湖镇以蟹虾产业为主导，坚持以"蟹虾美食、特色水产、美丽乡村"三个层次为重点，着力打造"万亩蟹虾基地、千户蟹虾商家、百家美食名店、十里乡村画廊"，成功创建了全国农业产业强镇。

一、做靓"一湖"，打造网红打卡标识地

依托鹤龙湖大湖整治项目，为净化水生态、补齐旅游链奠定基础。**激活一湖春水**。完成鹤龙湖大湖清淤和生态护坡、环湖路、生态湖心岛建设，江南水乡"舟行碧波上，人在画中游"的秀美意境呼之欲出。**联通周边水域**。对城西排渠、二四渠进行了清淤护坡、生态提质，结合山水林田湖草沙项目，对与大湖连通的新干渠、东闸港进行提质，建设成景观小河流，实现水活水美。**开展尾水治理**。对大湖周边 1500 亩沟渠塘坝进行综合整治，实现进排水分离，在二四渠修建"三池两坝"进行尾水治理，确保水质达标排放、循环利用。

二、做强"一产"，打造农业产业新高地

做优蟹虾产业。年初新增螃蟹精养面积 620 亩，配套建设了增氧设备，提高了精养标准。2.6 万亩龙虾产业实现产量、品质、效益三提升，带动了钓虾、捕虾、品虾产业链的延展。**做响特种水产**。新建了南阳渡鲈鱼苗分拣中心，

保合垸黄鳝人工繁育在保合社区、农场社区得到推广，古潭莲藕甲鱼套养稳产扩面，华西新村锦鲤、农场社区黄骨鱼、湘临青鱼等特种水产全面提档升级。**做强种植产业。** 2100 亩苎麻基地机耕道上种植桃李、桑葚，3700 亩芋头与大豆、玉米进行间种，1200 亩藠头与一季稻进行轮作，莲藕、太空莲均长势喜人，经济收益较去年得到提升。

三、做活"一湾"，打造诗意栖居理想地

渔跃湾一期 100 栋全面建成，其中 30 栋正在办理整体过户手续，将由城发集团整体运营，有望年前对外营业；二期 53 亩土地已收储，将由城发集团统一建设，打造成美食街区、精品民宿，让渔跃湾成为养神、养生和养老的聚集区，让暂居的养神者恢复精神体力，让久驻的养生者在诗意环境中幸福栖居，让常住的养老者享受乡村的田园风光，颐养天年。

四、做美"一镇"，打造三产融合聚集地

打造大环线。 结合四好农村公路、产业路建设，完成古蔡路、联星路、湘浩南路、新河路 21 公里道路"白改黑"，加强了沿线人居环境整治提升，全面实现"美化、绿化、亮化、净化、黑化"，打造了景在村中、村融景中的美丽环线。**提质集镇区。** 对二四路门店标识标牌进行全面更新提质，对集镇路灯、广告灯箱进行整体设计更新，对集镇的公交站台进行包装美化，对集镇道路护栏进行全面更新，将蟹虾元素更好地融入到美化、亮化与公共设施建设中，在渔跃湾、荷花公园等地建设 2 处标志性雕塑，作为游客拍照打卡地。**做优美食街。** 推出全虾宴，带动数十家门店开门营业，逐步形成春有鱼、夏有虾、秋有蟹、冬有腊味的美食产品特色。每村推出一道精品特色名菜，开发 3 条乡村美景美食旅游精品线路，全面促进农文旅融合发展，实现美丽乡村"表里如一"，美好生活"主客共享"。

五、做优"一线"，打造农耕文化复兴地

顺应鹤龙湖的文化肌理，充分挖掘乡风、乡味、乡情、乡貌和乡愁，做好"发源与发扬""传统与传承"大文章。以新河村"水美湘村"建设、螃蟹基地、

中麻基地为依托，支持基地基础设施建设和项目提质升级，打造了 4 处生态化、景观化的高标准示范基地。推出了一条集钓鱼、抓蟹、摘果、游园、制陶等多项目体验式精品旅游线路，还将推出"浑水摸鱼、赏荷采莲"等项目，让游客在"赏、采、尝、学、耕、戏、憩、养、归"中感受"生态乡野、回归本真"的美好，让外来游客看得好、吃得香、玩得妙，让本地村民的生活更加有劲头、有赚头、有奔头。

打造红色文旅小镇 促进乡村产业振兴

——桑植县洪家关白族乡发展乡村产业经验做法

桑植县洪家关白族乡充分发挥红色文化资源优势，以红色旅游为龙头，带动全产业链的拓展提升，打造特色文旅小镇，促进乡村振兴。

一、发展红色旅游，强化项目建设

推进资源整合。洪家关白族乡以建成"生态文明建设示范区、红色旅游引领样板区、革命老区振兴快进区"的桑植"新三区"先锋区为目标，整合贺龙故居、贺龙纪念馆、梨树垭战斗遗址等红色资源，打造红色旅游精品和线路。进一步加大红色资源的挖掘，保护性开发汤小妹跳崖处、汤伏林故居、南岔大捷遗址、贺桂如故居、贺锦斋烈士红色信仰瞻仰堂、贺勋臣旧居、新中国100位功勋人物贺英事迹展示馆，编辑出版《铁血忠诚洪家关》，讲述整理《二十一义士传略》关于贺龙元帅率领二十位革命烈士的身后故事，提高红色文化吸引力。**推进景区提质。**洪家关白族乡建好红色培训基地、红军体验园、红二方面军烈士陵园等一批标志性红色文化产业。红色培训基地总投资6.5亿元，占地180.6亩，可一次性安排2300人开展红色教育培训，是张家界市最大的红色教育培训基地。红军体验园占地300亩，总投资3亿元，按"一园三基地"（红军体验园、党建红培基地、青少年研学基地、生态写生基地）的理念建设。红二方面军烈士陵园占地187亩，投资1.7亿元，安放烈士陵墓5000座以上。

二、完善配套设施，强化项目规划

明确工作职责。洪家关白族乡文旅小镇成立了项目建设推进领导小组，明确专人负责矛盾纠纷协调、项目建设进度跟进。邀请湖南城市学院规划设计院、湖南省农林工业勘察设计研究总院的专家，编制《桑植县洪家关白族乡总体规划》《桑植县洪家关白族乡中心镇区控制性详细规划》《桑植县洪家关白族乡乡域村镇布局规划》《洪家关"美丽乡村"建设规划》，将红色文化、民族风情和农业产业相融合，打造"贺龙故里，美丽乡村"示范点。**明确项目范围。**洪家关白族乡是刘洪景区的核心乡镇，全乡景区园区形成近20平方公里的特色旅游区。规划建设基础产业、基础设施、民生改善、红色纪念、机制体制等5大类30多个子项目。建设了游客服务中心、生态停车场、红培基地、红军幼儿园、党史馆、红色演艺厅、文博楼；提升改造云青路、红军桥，修建贺龙湖、接龙桥、玉泉河三级景观坝、贺龙小学运动场、泉峪山体公园；完成2.2万平方米民居"穿衣戴帽"工程。加强高速公路出口至集镇周边环境整治，完成对张桑高速西出口（回龙村）至集镇4.2公里公路沿线的绿化、亮化、净化、序化，项目总投资900万元。

三、发展产业融合，打造品牌基地

推进农旅融合。打造洪家关村、龙头村、回龙村、实竹坪村等一批红色文化融合魅力乡村集群。依托张家界大鲵地理标志产品，在实竹坪村建成占地200亩，集娃娃鱼参观、科考、露营烧烤、休闲于一体的大鲵养殖基地。依托桑植白茶地理标志产品，把银杏塔村打造成茶旅融合示范村，美化茶园造型，建设手工制茶体验馆、茶艺体验培训中心等旅游配套服务设施。依托回龙村依山傍水的自然条件，建成可容纳1500人就餐的特色鱼庄。依托龙头村交通便利的条件，建成集水果采摘、花卉观赏为一体休闲农业等，解决了洪家关白族乡红色文化旅游内容单一的问题。**推进品牌强农。**洪家关白族乡结合实际情况，构建"两叶一稻一鱼"主导特色产业发展格局，在全乡建立茶叶、烟叶、优质稻、娃娃鱼、油菜、桐油、蔬菜、水果8大重要基地。全乡共发展桑植白茶5000亩，覆盖穴虎洞、银杏塔等8个村。其中，穴虎洞已发展1000余亩良种茶园，引进黄金8号、茋白等4个高档品牌和碧香早等3个中低档品牌，全年可采摘茶叶1万斤以上。全乡种植烤烟2000余亩，形成以水田坪村、银杏塔村等 7 个村为中心的烤烟主产区，发展了 21 个 80 亩以上的种烟大户。全乡种植优质稻 2000 亩，形成以洪家关村、海龙村、花园村为中心的田园稻油基地，产品远销长沙、北京等地。结合水质和地理条件，在实竹坪村、赶塔村、南岔村、回龙村 4 个村发展娃娃鱼、鲢鱼、趴趴鱼养殖产业。其中，实竹坪村养殖基地养殖大鲵 30000 多尾，有"实竹坪的大鲵大又多，南岔的趴趴鱼一窝窝"的民谣传唱一时。

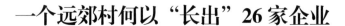

一个远郊村何以"长出"26家企业

——鼎城区谢家铺镇施家陂村发展乡村产业经验做法

近年来，鼎城区谢家铺镇施家陂村依托自身区位条件、资源禀赋和产业基础，大力发展特色种养、建材加工、家具制造和农副产品深加工等产业，形成了集"农工贸"于一体的小微企业聚集区，企业总数达26家，其中规模以上企业5家，企业固定资产达2亿元，年产值超过3亿元，获评"省级集体经济强村"。

一、强化资源整合，搭建引资聚才"好平台"

加强对土地、资金、人力等资源的统筹利用，完善基础配套，优化要素配置，不断提高产业发展承载力、吸引力，为乡村振兴注入"源头活水"。**盘活闲置资源**。按照因地制宜、创新方式原则，努力推动各类资源由低效存量向高效增量转变。**用活人脉资源**。充分深掘本地乡贤人才资源"富矿"，以乡情乡愁为纽带，搭建交流交往、互联互动平台，大力开展"引老乡、回故乡、建家乡"等系列活动，吸引和凝聚商界、政界等多方乡贤能人为家乡建设贡献智慧和力量。**激活人力资源**。通过干部领办、集体创办企业等模式，切实增强群众入股、入职当地企业的信心和动力，用看得见的变化、摸得着的实惠吸引广大在外务工人员返乡发展。发动村干部和劳务经纪人当好"职介红娘"，建好企业用工需求和群众求职意愿两张清单，实现供需精准对接。

二、深化村企合作，探索互利共赢"好路子"

始终把发展村集体经济作为强村富民的重要抓手，通过企业共管、建设共抓、利益共享，走出了一条企业增效、村民增收、村集体经济增长的"三赢"路子。**坚持企业共管。**坚持"抓党建促发展"的理念，把支部建在产业链上，把党员聚在发展链上，把群众领到致富链上。向15家企业选派了党建联络员，指导企业抓好党建工作，并参与企业的决策、管理与监督，确保发展方向可控、收益分配公允。**坚持建设共抓。**大力弘扬企业家精神，积极推动企业反哺社会、造福群众，通过召开座谈会、树典型等多种形式，支持鼓励企业家比担当、作贡献，形成了"群众主动、企业赞助、集体奖补"的共建模式。**坚持利益共享。**发挥企业的资金、技术、管理、信息等优势，在全市率先成立村级股份经济合作社，采取"合作社＋公司＋集体＋农户"的模式，引导集体和村民以土地、资金、劳动力入股等方式参与产业发展。

三、优化服务保障，打造亲商重企"好环境"

坚持把优化发展环境作为促进乡村振兴的突破口和发力点，不断改作风、提效能、优服务，让企业放心投资、专心经营、安心发展。**真心实意爱企。**坚持对企业家厚爱一层、敬重三分，真正做到平日里"无事不扰"、关键时"有求必应"。镇村定期开展"访企业、察企情、解企忧"活动，面对面沟通、心贴心交流、实打实解难，以真心为企赢得村企同心。镇村干部以身作则、约法三章，全心全意为企业提供"店小二""保姆式"服务，以良好作风赢得企业的信任和信赖，让施家陂村成为远近闻名的企业投资办厂首选之地。积极开展"送、解、优"活动，镇村干部实行"一对一"联企帮扶。**真刀真枪护企。**积极协调解决企业与周边群众的用地、交通、环保等矛盾纠纷，让广大群众对企业投资办厂做到真心欢迎、大力支持。全力维护企业和企业家的合法利益，依托"一村一辅警"机制，常态化开展法治宣传和治安巡逻，对"村霸"等黑恶势力和妨碍、破坏企业正常生产经营的各类违法犯罪行为保持高压严打态势，切实增强了企业和员工的安全感和满意度。**真金白银助企。**坚持把帮助企业发展当作头等大事来抓，用心用力解决企业在建设、生产和经营过程中的痛点、堵点、难点问题。

创新发展模式 建好富农产业

——保靖县陇木峒村发展乡村产业经验做法

近年来，保靖县陇木峒村探索实行"村社合一"的模式，构建"村集体＋合作社＋农户"股份合作利益联结机制，改善村民公共服务，壮大村集体经济，引领群众脱贫致富。目前，合作社村民入社率达到 100%，合作社资产已达 480 万元，合作社公积、公益积累已达 56 万元，村民养老、医疗、助学、助残有了保障。合作社真正成为"经济发展的抓手，促进和谐的推手，农民致富的帮手，政府工作的助手"。

一、成立农民综合性合作组织，解决谁来发展的问题

陇木峒村村支"两委"牵头成立了农民综合性合作组织——索源果业专业合作社，探索"村社合一"的模式。**经营主体为村集体，社员为全体村民，真正代表了全体村民的根本利益。**合作社由村级领办，充分发挥了村支"两委"在发展集体经济中的领导核心作用，全体村民均为利益共同体，村民以现金入股、土地入股的方式，人人均股、利益均沾，实行"统一资源、统一规划、统一经营、统一分配"，真正实现"资源共有，利益共享"。社员大会或社员代表大会为决策机构，由理事会提议或 2/3 以上社员提议，或监事会提议召集发起，商讨解决合作社重大事项。理事会作为执行机构，负责落实各项决定决议。监事会作为监督机构，监督合作社财务支出、盈利分配、亏损处理等。**创新了管理模式，超越了一般合作社单一的经济功能。**合作社兼有经济功能与社会功能，

力求使之成为"经济发展的抓手，促进和谐的推手，农民致富的帮手，政府工作的助手"。合作社追求的不仅仅是通过经济手段改善民生，而且致力于追求"生态、文化、经济、社会"综合效益。**聚焦社会问题，着力推进社会公益事务。**通过夯实经济支撑基础，大力发展集体经济，积极探索和推进村级公益保障体系建设，解决全村村民大病就医难、入学难等问题，在政府现有的政策基础上，进一步加大村级投入，确立了"大病救助、助学、养老补贴、伤残抚恤"四个方面的村级公益保障内容、标准、实施办法等。

二、推进产业融合，解决怎么发展的问题

发展多种经营，经营策略上注重保护，适度开发，注重经济效益、生态效益和社会效益的协调统一，打造立体综合开发的"生态休闲观光农业"。目前，有机种植、生态养殖、乡村旅游为一体的"农旅融合"产业格局基本形成。**有机种植已具规模。**选择猕猴桃为合作社主导产业，其他产业共同发展的结构模式，采取有机标准生产、建立特色品牌。通过土地流转，建400余亩猕猴桃园、120亩特色野果。特色种植业的发展既为养殖业提供饲料来源，降低生产成本，也为服务业提供了优质果品。**生态养殖初见成效。**合作社建有高标准生猪栏舍200平方米，购进湘西良种黑猪母猪，通过培育仔猪成为能繁母猪，不断扩大养殖规模。个体示范户湘西黑猪、本地山羊、山鸡等的养殖也来势喜人。生态养殖为有机种植解决了有机肥不足的问题，并为服务业提供了安全的肉食保障。**旅游产业前景可观。**立足陇木峒村得天独厚的地理位置，结合当地丰富的物种资源及优美的自然生态环境，围绕当地土家民俗文化，打造特色文化与旅游休闲、观光度假于一体的综合性旅游产品。现已建有300余亩四季林中花海，悬崖秋千、极限滑草、七彩旱雪滑等亲子游乐体验项目，并且相继完成停车场、售票中心、服务中心、特色产品一条街等服务配套设施建设；露营平台、林间小屋、滑索、滑索过山车等第三期服务设施、游乐设施、基础设施已开工建设，为全体村民的持续增收和壮大集体经济打下了坚实基础。

三、实行利益共享，解决怎么分配的问题

实行科学分配。根据合作社运作模式，盈余分配由政府投入及社会捐赠

分红（30%）、公积金提留（20%）、公益金提留（20%）、股金分红（30%）四大部分构成。科学的利益分配机制，既保证了入社农民的长期收益，又确保了合作社的可持续发展。而索源果业专业合作社区别于一般合作社的是，把政府、社会团体捐赠分红全部作为公益金积累，并逐年扩大公益金提留比例，用于建立"村级社会服务保障体系"。这一创新做法，有效破解了政府、社会组织对合作社的支持实际由少数人占用，甚至成为少数人资产的问题。

将村民的责权利融为一体。相应配套制定了《陇木峒村实施村级公益保障"十项"要求管理细则》《陇木峒村村级公益保障金管理细则》《陇木峒村村级公益保障服务管理小组》等一系列管理制度。把享受村级公益保障与"十项"要求，即"五有"（有社员资格、有流转林地、有入股股金、有参与投工、有合作意识）"五好"（家庭关系好、邻里关系好、环境卫生好、道德品行好、参与公益好）相结合，把遵守执行"十项"要求作为享受村级公益保障的基础，责权利融为一体，深得群众拥护。

五

推进乡村建设篇

这几年，农村基础设施有了明显改善，但往村覆盖、往户延伸还存在明显薄弱环节。要继续把公共基础设施建设的重点放在农村，短板要加快补上。要在推进城乡基本公共服务均等化上持续发力，注重加强普惠性、兜底性、基础性民生建设。

——习近平

打造高质量农村改厕样板

——衡阳市推进乡村建设经验做法

衡阳市深入贯彻落实习近平总书记关于农村"厕所革命"的系列重要指示精神，将农村改厕工作列入重点民生实事项目，扎实推进农村"厕所革命"。2019 年以来，共完成改（新）建农村户厕 31.8 万户、农村公厕 275 座。全市卫生厕所普及率由 2018 年底的 56% 提升到 2021 年底的 92%，一类县无害化厕所普及率超过 90%。2021 年，全国农村"厕所革命"现场会在衡阳市召开。

一、群众做主，变"要我改"为"我要改"

充分发挥农民主体作用，让农民成为改厕参与者、建设者和受益者。**推行"党建 + 屋场恳谈会"**。以村组为单位，党员干部到群众家门口召开"厕所革命"屋场恳谈会，把改厕的政策讲透彻，把改厕的模式说清楚，把改厕的大账小账算明白，既充分尊重农户改不改的意愿，又积极引导符合条件的农户改厕。**发动群众全程参与**。通过播放视频、发放宣传册、组织巡回演出等群众喜闻乐见的方式，提高群众知晓率、支持率和参与度，让群众积极自觉参与改水改厕。**坚持人居环境同改善**。把农村改厕与人居环境整治、乡风文明提升同部署、同推进，不断优化人居环境，持续提升群众卫生意识、健康意识、环保意识，让群众成为改厕亲身体验者、直接受益者。

二、示范带动，以"首厕过关"带动"每厕过关"

注重因地制宜、科学引导，坚持数量服从质量、进度服从实效，求好不求快，真正把这件好事办好、实事办实。**区域示范，全域推广。**创新推行"首厕过关制"，即建好第一个厕所并通过辖区群众验收满意后，再全域推广，以"首厕过关"带动"每厕过关"，确保改一个、成一个、带一片。全面推广湖南省"首厕过关制"培训示范点成功经验，在全市范围分区域选取示范点，建立"县有示范镇、镇有示范村、村有示范户"的工作模式，按照"整村推进、分类示范、先建后验、以奖代补"的原则推进"首厕过关制"。**因地制宜，分类施策。**根据全市地理环境、聚居密集度等差异性，坚持具体问题具体分析。在生态敏感地区采用"三格式化粪池＋小型人工湿地"模式，在居住密度较大地区采用"小型污水处理设施＋纳入污水管网"模式，在分散居住地区采用"小菜地就近消纳"模式。**严格标准，注重实效。**把标准规范贯穿农村改厕全过程，注重改厕实效性，确保改一户、成一户、用一户、好一户。

三、严把质量，"土坯墙"改出"城里范"

坚持把质量和安全放在第一位，以能不能用、好不好用、群众满不满意作为首要标准，严把各道关口。**严把源头材料关。**按照"一户一策"的要求，开展"私人定制"，做到保质量、控成本、优材料。以县为单位统一招标采购厕具，把厕具质量参数及购买价格及时向群众公开公示，推广建造质量过硬、使用方便、经济性好的厕所，同时市场监管部门定期对厕具产品进行抽样检测，确保质量过关、群众满意。**严把现场施工关。**加强对乡镇、村管理人员的理论指导和技术培训，由经过系统培训并具备施工资质的施工队伍承担各乡镇改厕工作。建立群众监督机制，按照资料验收、材料验收、工程验收、功能验收四个方面，坚持"改造一批、核实一批、验收一批"的方式有序推进验收工作。**严把运维管理关。**充分发动群众自主参与、自我监督、自我维护，实现共建共用共享。石鼓区分季度对乡村环境卫生进行评比打分，对"优秀"和"良好"的乡村给予1到2万元的奖励，不断激发农户参与厕所保洁的积极性和主动性。

四、多元投入，"政府奖补"激发"产业反哺"

坚持不大包大揽，鼓励农民群众投工投劳，让农民群众从中受益。**财政资金用足用活**。建立"以市县为主、中央和省级奖补、多元投入"的农村改厕资金筹措机制。三年共筹措改厕资金近 5.8 亿元，2019 年、2020 年、2021 年中央和省级资金分别按每户 500 元、630 元、700 元的标准进行奖补，市级财政按每年每户 100 元的标准进行奖补，各县市区根据财力情况按每户不低于 300 元的标准进行奖补。**群众参与投工投劳**。发挥群众的积极性，鼓励农户积极投工投劳参与室内外改厕建设。珠晖区茶山坳镇金甲村推行"县区统筹、乡镇实施、农户参与"的改厕模式，"户内自改、屋外投工投劳"的主体作用得到充分发挥。**反哺产业有力有效**。以农村"厕所革命"为契机，加快完善农村基础设施和公共服务，为乡村产业发展夯实基础。珠晖区金甲村坚持将农村改厕、湖水治理、美丽乡村建设、乡土文化休闲旅游结合起来，进行环境综合治理，2021 年以来，乡村文化休闲旅游收益 200 余万元，以村集体经济出资 22 万余元的形式反哺农村"厕所革命"，推动全村卫生厕所整改率达 100%。

村电共治 便民服务 电力满格赋能乡村振兴

——株洲市推进乡村建设经验做法

一根"小电线",关系"大民生"。为有效解决农村供电服务不畅、电力保障不足、村民参与不够等问题,株洲市探索建立"村电共治"机制,推进乡村电网建设与乡村治理现代化深度融合,把供电的"贴身"优质服务送到村民家门口、企业心坎上,实现了乡村电力建设由单打独斗到齐抓共管、要我办到我要办、发展等电力到电力等发展、用上电到用好电的转变。在2022年的保电抗旱中,全市没有出现大规模跳闸、停电等现象。

一、"基层组织+电力企业"协同治

将电力治理工作纳入乡镇、村日常管理事务中来,发挥基层组织治理作用,推进乡镇、村组与电力公司协同联动、高效治电。**建立专班推。**以市委、市政府的名义印发了《关于开展"村电共治、便民服务"工程助力乡村振兴的实施意见》,由乡村振兴局牵头,市、县两级分别成立"村电共治、便民服务"工作专班,建立"每日落实事项、每周常态对接、每月定期会商"常态化调度机制,统筹推进"村电共治、便民服务"工作。**建网联动推。**在各村(社区)明确1名委员兼任电力联络员,分级建立乡镇与县公司、村组与供电所、村委电力联络员与台区经理的三级联动服务网络,定期调度、定期排查、定期交办电力设施隐患、电网建设矛盾和村民用电需求,推动村电双方协作共同解决,让政策要求直达农户基层。**签订协议推。**为固化合作模式,由属地

县公司、供电所分别与乡镇、村（社区）签订协议，明确服务平台搭建、村级电网建设、矛盾化解等合作内容，目前全市 107 个乡镇、1383 个村均签订了协议。**培训指导推**。将"村电共治"纳入乡村振兴党政干部培训和驻村干部培训重要内容，举办电力联络员专题培训班，开展集中培训 30 次，让各级知责明责履责。通过"村村响"、上门走访活动和电视等各类媒体宣传，提高村民接收度、认同度。

二、"线上 + 线下"便民办

丰富便民办电渠道，延伸服务触角，打通农村供电服务最后一米，提升电力获得感，实现办电更省心、办电不出村。**建立便民服务点一站办**。打破"N 个镇 +1 个供电所"的供电服务模式，将供电服务下沉到村一级服务窗口，在各乡镇村（社区）综合服务中心（便民服务站）增设"村电共治"便民服务点，提供用电报装、用电咨询、查询缴费等"一站通办"服务，供电服务窗口的服务半径由 25 公里缩短至 1.5 公里。**打通渠道线上办**。打通智慧株洲政务数据通道，在"诸事达"APP 开发上线"村电共治、便民服务"服务平台，实行"一网通办""一件事一次办"。同时，推广"网上国网"APP、"国网湖南电力"微信公众号等线上办电服务渠道，指导居民线上缴费、线上办电，切实解决跨区域、远距离、多头跑的问题，让数据多跑腿、群众少跑路。"村电共治"线上平台服务客户超过 100 万户，政企联动办理业务 7000 余件，减少群众跑腿 8.05 万次，新装及增容农户 1 万余户，群众投诉量同比减少 78.57%。**实现特殊群体上门办**。为老弱病残、留守人员等特殊群体推行差异化服务，开通绿色通道，提供"一对一"预约上门个性化服务，"零距离""面对面"提供安全用电检查、用电设备维修、用电政策解读等服务，解决偏远用电户、特殊群体办电难的问题，让办电更有温度。村（社区）与供电所结对，已累计开展党建"联学联创"活动 600 余人次，上门服务特殊群体 440 余次，建立帮扶档案 316 户。

三、"电力 + 产业"精准助

主动对接乡村产业发展需求，大力推动乡村电气化和能源消费升级，以电力服务升级推动农村营商环境升级、产业发展升级，为乡村振兴蓄电发力。

精准对接企业需求。每月滚动收集乡村产业用电需求，建立乡村产业项目需求清单，推动供电所主动上门、快速响应。2022 年，累计助力全市兴办乡村小微企业 2100 余个，为企业节约成本 4800 余万元，办电成本下降 28%。**实行"三省""三零"办服务。**为乡村产业 10 千伏接入办电项目，提供省力、省时、省钱服务，"一口对外"对全环节业务上门办、线上办、限时办；对小微企业办电提供零上门、零投资、零审批办电服务，"一证受理"预约上门办理，5 个工作日内完成接电。**大力开展乡村产业电气化改造。**大力推广电制茶、电烤烟、电榨油等电能替代新技术，为分布式光伏、充电桩、电能替代等项目开辟"绿色通道"，按照"一户一策"的原则设计供电方案，帮助企业优化电网结构、降低用电成本。截至目前，已为 27 个乡村电气化项目开辟"绿色通道"。

四、"激励 + 约束"保长效

坚持强激励硬约束，实现常态化运行不走样，便民化服务不打折。**严格督查考评。**对村电共治实行月调度、季督察、年考核，将"村电共治"纳入乡村振兴考核体系，纳入平安乡村建设考评体系，制定涵盖体系机制建设、便民服务点运行管理、农村电网巩固提升工程建设 3 个关键服务 11 项具体考核指标体系。**强化正向激励。**在全市开展"村电共治、便民服务"典型乡镇、典型村组和典型人物评选活动，发挥示范带动作用，充分调动基层工作热情。电力公司设置专项资金，对工作优秀、贡献突出的电力联络员，采取以奖代补的形式给予奖励，让基层"村电共治"有奔头、有甜头、有劲头。

聚力实施"美丽屋场" 乡村建设绽放异彩

——张家界市推进乡村建设经验做法

2022 年，张家界市抢抓承办首届湖南旅游发展大会机遇，大力推进"美丽屋场"建设，改善农村人居环境，加快乡村建设步伐，助力旅游产业提质升级。

一、高位谋划，吹响建设"集结号"

按照省委、省政府"办一次会、兴一座城"的要求，吹响"美丽屋场"建设"集结号"。**高位谋划**。市委、市政府顶层谋划，积极争取支持，省乡村振兴局将"美丽屋场"纳入支持首届湖南省旅游发展大会重点项目，高位谋划和推动项目建设。**重点布局**。结合我市旅游产业发展现实短板，明确"一点两线"（景区景点、旅游连接线和高速高铁沿线）的布局要求，在 4 个区县 106 个村（居）选取了 200 个屋场作为项目建设点，涉及农户 6329 户，实现"美丽屋场"与美丽风景、美丽产业统筹铺排、融合打造。**全力推进**。精心组织，实行"市级牵头抓总、区县统筹推进、乡镇主责、村居落实"的工作机制，建立责任体系和调度考核机制，全力以赴推动工作落实。市委、市政府主要领导、分管领导多次亲临一线指导，研究建设标准、风格问题；市级实行"周调度、周通报"机制；区县和乡镇党委政府实行"日调度"，每个屋场均安排乡镇得力干部在现场全天候抓落实；各村居成立理事会和工作专班，全力以赴抓项目建设。

二、坚持标准，绘好建设"路线图"

为解决落后的农村面貌与世界级旅游胜地巨大的视觉反差问题，从"美丽屋场"建设这个"小切口"发力，"以点带面"持续推进农村人居环境改善，做到"美丽屋场"建设各具特色，并制定"三统一"基本标准体系，绘好项目建设"路线图"。**坚持各具特色的总要求。**坚持生态优先、绿色发展，不搞大拆大建，围绕区位特点及文化、景观、民族风俗等打造功能不同的特色屋场。慈利县阳和乡 22 个"美丽屋场"突出"旅游服务"特色，桑植县桑慈沿线 29 个"美丽屋场"突出白族民俗特色，永定区、武陵源区则大多突出民宿风格，特色纷呈、功能彰显。武陵源区协和乡建成的 22 个"美丽屋场"，吸引市民和游客纷至沓来，已成为网红"打卡地"。**统一"九有四无四到位"项目建设内容。**"九有"即有污水处理设施、有通畅美观道路、有安防设施、有垃圾处理设施、有简易生态停车场、有亮化路灯、有宣传活动场所、有绿化配置、有主题节点标识，"四无"即无废弃设施、无违法建筑、无不良广告、无裸露地块，"四到位"即院落围墙规范到位、农具杂物归置到位、家畜家禽圈养到位、"三园"（菜园、花园、产业园）建设到位。**统一屋场建设项目具体标准。**制定了围栏、栅栏、花池、水沟、路面、花坛、绿化带、垃圾回收站、宣传栏、生态停车场、护栏和农户庭院等 12 项屋场建设内容具体标准，精细发力，确保项目实施效果。**统一美丽屋场项目建设验收标准。**从屋场建设、屋场管理和屋场文化 3 个方面 36 个具体内容进行验收，对验收合格的才拨付补助资金，促进了项目规范化实施。

三、全面动员，吹起建设"冲锋号"

为确保在旅发大会召开前高标准完成建设任务，各级干部责任上肩、全员压上。同时，为缩短建设工期、降低项目成本、激发群众活力，明确村（居）按照"四议两公开"方式推进项目建设，全过程体现"乡村建设为农民而建"的理念，使各项目建设场地热火朝天。**项目确立时坚持民主决策。**在项目确立时坚持群众积极性高的项目优先实施，在项目规划时全面召开"屋场会"，坚持民主决策，让群众参与项目设计，使设计方案让群众接受，使建设项目更接地气。**项目建设中坚持广泛参与。**乡镇、村（居）严格落实市委实施乡村振兴战略领导小组办公室《关于广泛发动群众参与"美丽屋场"项目建设的通知》要求，动员群众、社会各界踊跃投劳捐料出资、拆违腾地参与屋场建设。同时，突出"四个转变"：实现统一发包由施工方实施向村集体自主实施转变，由外来人员施工向以工代赈本地村民自主施工转变，由单一的建设向"美丽屋场"与党建、农业、旅游融合发展转变，由政府主导向政府引导、社会参与、群众受益转变。**项目验收时坚持充分吸纳群众意见。**项目实施和资金使用情况对全体村民公开公示，并把受益群众对项目建设的满意度作为项目验收的重要指标，努力建设人民满意的"美丽屋场"。

四、统筹推进，绘就乡村建设"新画卷"

坚持"三个统筹"，全力推进"美丽屋场"项目建设工作。**统筹整合各类资金。**把"美丽屋场"项目资金作为补助资金，统筹整合各类项目，累计撬动投入 2.3 亿元用于环境整治，解决了项目资金不足的问题。**统筹风貌改造和美丽庭院建设。**把"美丽屋场"建设主动融入到全市"一环线、两城区、十片区、二十五个重要节点"的风貌改造建设中去，并与"美丽庭院"创建工作统筹推进，切实解决脏乱差问题，推动我市村容村貌全面提升。**统筹违法建设"铁腕"整治。**为办好旅发大会，组织开展了铁腕整治农村违法建设攻坚战，把其作为加快发展之策、优化环境之需、惠泽民生之举，也助推了"美丽屋场"项目建设，为首届湖南旅游发展大会助力，为加快建设世界一流旅游目的地添彩。

推行"六个一"模式
打造农村人居环境整治升级版
——益阳市推进乡村建设经验做法

近年来，益阳市深入贯彻落实中央和省委、省政府决策部署，按照美丽乡村建设要求，针对农村人居环境整治中存在的困难和问题，创新工作方法，积极推行农户庭院"六个一"整治模式，取得了积极成效。

一、明确整治内容，统一创建标准

将工作重心由公共区域整治转向农户庭院整治，朝着"整整齐齐""漂漂亮亮"迈进，着力打造农村人居环境整治的升级版。启动了以"六个一"整治为主要内容的美丽庭院创建活动，细化整治标准："一园"即针对农户房前屋后杂草丛生、垃圾散落的问题，建好一个规整菜园。"一圈"即针对农村畜禽散养、粪便乱拉、气味难闻的问题，建好一个集中圈养畜禽的栏舍。"一屋"即针对农户房屋四周乱堆乱放杂物的问题，建好一个堆放生产生活资料的杂屋。"一沟"即针对农户房前屋后阴凉潮湿、发霉发臭、易形成黑臭水体的问题，开挖房屋四周的排水沟。"一池"即针对农户厕所粪污得不到无害化处理、造成蚊蝇滋生的问题，安装一个三格式化粪池。"一凼"即针对农村生活垃圾不能就地分类减量的问题，安装一个沤制可腐烂垃圾的密闭式带盖的沤肥凼。

二、认真谋划部署，实施百村示范

抓统筹，做好结合文章。结合美丽乡村建设、精品乡村创建、整域推进美丽乡村建设等项目，重点在益阳市中心城区近郊、"一江三路"沿线、大通湖流域等生态敏感区选择 100 个左右的行政村开展农户美丽庭院"六个一"整治创建活动，由"清脏"向"治乱"拓展。**抓执行，做好创建文章。**通过召开"厕所革命"专项会议、月调度会、季度点评会、双月评比督查，确保示范创建工作落地落实。每个乡镇选择 1—2 个村开展"六个一"创建，实现逐级创建、树立标杆、循序渐进的效果。**抓宣传，做好推介文章。**通过召开动员会、屋场会、"村村响"广播等多种形式，将"六个一"创建的目的与意义、内容和标准传递给每个农户。

三、坚持问题导向，有效破解难题

坚持问题导向，致力于强弱项、补短板，致力于现实需要，致力于问题破解。在推进"六个一"创建过程中，重点解决六大难点问题：通过规整一园，解决了农户房前屋后杂草丛生、土地荒芜、蚊虫滋生等问题。通过建好一圈，解决了因畜禽散养带来的禽畜粪便污染环境、侵害农作物等问题。通过建好一屋，解决了农户房前屋后及室内农机具、农药化肥、柴草等生产生活物资乱堆乱放的问题。通过开挖一沟，解决了排水沟阻塞不畅、杂草丛生、易产生黑臭水体的问题。通过安装一池，解决了厕所粪污得不到无害化处理和资源化利用的问题。通过安装一凼，解决了农村生活垃圾不能源头减量、分类处理和资源化利用的问题。

四、加强整章建制，确保常态长效

真金白银投入，增强内生动力。建立了"政府投入引导、农村集体和农民投入相结合、社会力量积极支持"的多元化投入机制。鼓励农村集体经济组织依法盘活集体经营性建设用地，探索建立垃圾污水处理农户有偿服务缴费制度。市、县、乡、村各级共整合各类资金 1.66 亿元，为"六个一"创建活动提供了资金保障。**细化量化考评办法，增强执行力。**市委、市政府将农村人居环境整治工作纳入全市绩效考核体系。"双月评比"评定"十佳整洁乡镇"和"十差乡镇"的主要标准就是"六个一"创建活动的落实情况。通过严格考评、奖优罚劣，调动了各地工作积极性，营造了学先进、赶先进的良好氛围。**充分发挥群众主体作用，增强工作活力。**每季度开展农户卫生"看评议"活动，评选一批美丽农户，调动群众的参与热情。发挥"党建+"基层党组织作用，村干部、党员组长带头示范。动员广大农村妇女积极参与"家庭文明"创建活动，使农村妇女成为庭院整治的主力军。

狠抓乡村建设"四个三"
打造西河乡村振兴示范带

——郴州市推进乡村建设经验做法

　　郴州西河全长约 142 公里，流经桂阳、北湖、苏仙、永兴 4 个区县 9 个乡镇（街道）52 个行政村。2021 年，郴州市委、市政府作出"打造西河乡村振兴示范带"的决策部署，以"四个三"工作举措推进示范带乡村建设，取得了明显成效，发挥了良好示范带动效应，经验做法在全省乡村建设暨人居环境整治现场会上推介。

一、"三个坚持"完善基础设施，为乡村"筑基"

　　坚持统筹推进。既突出建设方便农民生产、生活的水、电、路、讯等基础设施，又通过路段新建连通、道路改造加宽、整体加铺沥青等方式建设旅游公路，完善游步道、驿站等配套设施，西河沿线共完成 66 条 154 公里通村通组公路建设，完成供水工程养护项目 297 处，52 个村全部建成"数字乡村"平台，建成旅游公路 102 公里、游步道 149 公里、旅游厕所 70 余座、驿站 8 所。**坚持多元投入。**采取财政保障、金融支持、社会参与等方式筹集资金，市财政预算 4600 万元，沿线 4 个区县整合涉农资金 3.5 亿元，申请专项债 3.1 亿元，金融贷款 2665 万元，企业捐资 690 万元，农民出资 1000 余万元，新乡贤捐资 1670 万元。**坚持建管并重。**将基础设施建设与管护一体谋划、统筹实施，前期建设严把质量关口，后期管理采取有偿服务、党员干部认领、设置公益性岗位等方式，健全完善长效管护机制。

二、"三量齐抓"规范村民建房，为乡村"塑形"

消除存量。 组织开展规范村民建房专项整治"百日攻坚"行动和自建房专项整治，扎实推进建新拆旧、拆违拆危。今年来西河沿线各村拆除空心房零散房危险房违建房 5000 余间、残垣断壁 1000 多处。**严控增量。** 落实批前选址踏勘到场、批后定点放样到场、建成竣工验收到场"三到场"制度，建立定人员、定区域、定职责、定时间、定奖惩"五定"建房网格化巡查工作机制，坚决防止未批先建，坚决防止"面积超 120 平方米、层数超三层、总高超 12 米"等现象，坚决遏制违法违规建房。**保证质量。** 加强对村民建房技术服务指导，引导村民规范建房，保留原有湘南民居风貌。全面实行具有资质的建筑工匠施工制度，广泛开展农村建筑工匠培训，不断提升农村建筑工匠的专业素养，确保施工安全和房屋质量。

三、"三化同步"整治人居环境，为乡村"美颜"

抓洁化。 按照统一采购、施工、设计、验收"四个统一"推进"厕所革命"，实施"五点减量法"治理垃圾，建立跨县跨部门河湖管护协作机制和联合执法机制，全面加强农村生活污水和水体治理。沿线卫生厕所普及率达 97.3%，行政村生活垃圾治理覆盖率达 100%，基本实现建制镇污水处理设施全覆盖。**抓绿化。** 加强生态廊道建设，突出抓好旅游公路、游步道、村庄出入口等重点地段绿化。全面开展村庄内植被覆绿工作，推进乡村风景林、景观绿道、四旁植树等建设，引导村民在房前屋后种植果蔬、花木。西河沿线各村绿化种植和生态廊道种树 10 万余株。**抓美化。** 因地制宜开展美丽乡村和美丽屋场创建活动，坚持集约节约、生态环保、多就地取材、废旧利用，多用石头、砖瓦、木材、竹片等修筑小路、设置围栏，明确不能用水泥把地面全覆盖，将闲置的菜地、空地、草地建设成小菜园、小花园、小果园，打造美丽乡村风景线。目前，沿线 34 个美丽屋场、30 个绿色村庄建设全面推进，已创建省级美丽乡村示范村 20 个。

四、"三色辉映"涵养文化根脉，为乡村"铸魂"

保存古色风貌。 依托现有村落、民居等，坚持原真性保护、原住式开发、原特色利用，不搞大拆大建。西河沿线留存历史印记的古民居、古桥、古祠堂等全部纳入保护范围，修缮提质了湘昆古戏台、骆氏宗祠等 10 余个市级以上重点文物保护单位。**用好红色资源。**充分挖掘利用丰富的红色文化资源，讲好桂阳朝阳村"红军夜宿梨山"、永兴松柏村"插标分田"等红色故事，建设"村史馆"等，打造爱国主义教育和研学基地，弘扬红色传统，传承红色基因。**彰显特色魅力。**坚持"一村一特""一村一策"原则，深入挖掘历史文化内涵，因村制宜做好沿线 52 个村村庄发展策划，确定发展主题，展现独美风景。桂阳县正和镇和谐村结合村庄特点以及现有优势，以"和"为主题，挖掘"和谐"文化内涵，提炼"荷、禾、河"特色元素，打造"四园九心三十六点"。西河沿线"鱼粉香瓦灶""福寿兰王庙""好客招旅""和谐共享""爱尚三合""竹韵板屋""雄鸣松柏"等特色村庄串珠成链，形成"一村一处景、一乡一幅画、一县（区）一风光"格局。

让每个村都有健康"守门人"

——娄底市推进乡村建设经验做法

2016 年底，娄底市全科医生 373 人，每万居民仅有 0.95 名全科医生；全市 3428 名乡村医生中，大专以上学历 249 人、中专 2119 人、高中 666 人、初中及以下 394 人，其中，执业医师 233 人、执业助理医师 738 人；全市标准化村卫生室仅 600 个，全市甚至有 45 个行政村为卫生室"空白村"，老百姓看病就医极不方便。针对全科医生数量少、乡村医生整体素质偏低、村卫生室标准化率低等问题，娄底市以全科医生驻村全覆盖为切入点，建立人民健康"守门人"制度，并连续 4 年将其作为全市重点民生实事强力推进。2019 年 12 月，省人民政府办公厅《政务要情与交流》专题刊发娄底做法。2021 年 1 月，娄底市做法入选"湖南基层改革探索 100 例"之一。全市注册的全科医生（含助理全科医生）达 1980 人，全市每万名居民拥有 5.1 名全科医生，排名全省市州前列，提前实现国家 2030 年规划目标（每万居民拥有 5 名全科医生）。全市 1825 个行政村卫生室已完成标准化建设的有 1739 个，占比达 95.29%。

一、坚持高起点谋划，强力推进全科医生工作

坚持以全科医生（助理全科医生）驻村全覆盖工作为基础，以村卫生室标准化建设和人工智能辅助诊疗系统建设为两翼，实现全市建制村均有一名驻村全科医生（助理全科医生）、一个标准化村卫生室、一套适用的医疗设

备、一套完整的服务模式的工作目标。成立娄底市全科医生（助理全科医生）驻村全覆盖行动计划领导小组，制定印发了《娄底市全科医生管理暂行办法》《娄底市全科医生（助理全科医生）驻村全覆盖行动计划实施方案》等 5 个规范性文件，为全科医生驻村全覆盖工作指明了方向。

二、坚持高规格培养，建强全科医生专业队伍

按照"缺什么、补什么"原则，坚持引进外来人才与培养本土人才并重，引进高层次人才与引进技能型、实用型人才并重，加大人才培养力度，建成统一规范的全科医生培养模式。**夯实培训基础**。积极争取全科医生转岗培训指标，4 年来共转岗培训 1494 人，每年转岗培训指标数均居全省市州第一。成功增设市第一人民医院为湖南省全科医生转岗培训基地，全市转岗培训基地达 3 个；新增 4 个全科医生基层实践基地。面向全国招录全科医生和医学院校毕业生，全市共招聘全科医生、执业医师、执业助理医师以及应届医学毕业生 651 名。**实施专业培训**。对招录人员中不具备全科医生资格的，本科毕业生选送参加 3 年全科医生规范化培训，大专毕业生选送参加 2 年助理全科医生规范化培训，执业医师选送参加 1 年转岗培训。严格实行带薪全脱产培训，采取理论教学与临床实践相结合的方式，培训期满经考核合格后，取得全科医生资格证。全市注册的全科医生较 2016 年底增加了 430.83%。**鼓励提升能力**。向全市乡村医生免费发放执业助理医师考试指导用书。全市 3459 名在岗乡村医生中 1891 人具有执业助理医师以上资格（其中执业医师资格的 303 人，执业助理医师资格的 1588 人），占比达 54.67%；780 人具有乡村全科执业助理医师资格，占比达 22.55%。

三、坚持高水平管理，激活全科医生内生动力

制度化管理编制。对驻村全科医生连续服务 5 年且考核合格的，可办理入编手续。为保障驻村全科医生所需编制，按照辖区内建制村数量，设立了全科医生驻村专项编制。对现有在编的转岗医生，继续使用现有编制；乡镇卫生院（社区卫生服务中心）现有空编原则上用于公开招考全科医生；在编制总额内采取整合机构设置、优化编制结构、收回部分编制调剂解决全科医生全覆盖所需编制。**精细化管理人员**。驻村全科医生由县级卫健部门统一派

驻进村，实行"县聘乡管村用"，县级人社部门负责人事薪酬管理，县级编制部门负责编制管理，县级卫健部门负责考核管理。严格全科医生考评，对全科医生提供的医疗服务质量、服务水平、服务效果实行群众满意度调查，实行奖优罚劣。**规范化实施激励。**对驻村服务的全科医生除享受国家和省级政策规定的相关职称晋升、津贴补贴外，明确基层全科医生工作经历将作为县级公立医院、乡镇卫生院新晋领导班子人员的必备条件。

以"三清三小"创建引领乡村蝶变

——茶陵县推进乡村建设经验做法

近年来，茶陵县在巩固农村人居环境整治成效和总结农村人居环境整治工作经验基础上，大力开展"三清三小"（清垃圾、清淤泥、清杂物、小菜园、小果园、小庭院）秀美庭院创建活动，让农村平常不起眼的小菜园、小果园变成观光景园，形成一道亮丽风景线，绿色田园与秀美村庄相得益彰，展现出"沟通水净、鸡鸭进圈，'三边'（沟边、屋边、塘边）挂果、处处见花，田里绽绿、菜地整洁，庭院干净、泥土飘香"的农村新景象，推动乡村由干净整洁有序向秀美宜居宜游宜业蝶变。

一、坚持科学谋划、分类推进

加强组织领导，完善顶层设计，推动"三清三小"创建落到实处。**高位推动**。县委、县政府成立工作专班，在分赴各乡镇调研、广泛听取收集意见建议以及赴浙江省金华市等地考察学习建设新农村先进经验基础上，结合实际制定实施方案，并在全县三级干部大会上进行动员部署，同时将这项工作纳入县人大代表票决民生实事。**精心组织**。坚持"县级统筹、整县推进、镇村落实"的工作模式，采取"农户申报自建、镇村组织实施、县级牵头抓总、奖补到村到户"的操作程序，由县农村人居环境整治工作领导小组统筹创建工作，相关部门负责制定建设标准、技术要求、奖补办法及日常考核、验收和奖补资金发放等工作。**试点培育**。坚持"以人为本、突出重点、引领示范、先易后难"的原则分类推进，优先组织发动条件基础好、交通设施便利、位置相对集中连片的村庄、屋场，省市级美丽乡村、发展红色旅游、休闲旅游村、将军故里村庄优先实施创建。

二、坚持党建引领、示范带动

充分发挥党建引领的作用，以人民力量推动"三清三小"创建快速高效实施。**广泛发动**。坚持群众受益原则，充分发挥农户主体作用，对可复制、可推广的好经验、好做法，组织线上线下媒体总结好、宣传好、推广好。以更接地气、群众更喜闻乐见的方式，深入发动群众，营造社会关心、群众主动参与创建的良好氛围。**党员带头**。在创建试点村，通过支村"两委"、全体党员带头做表率，拼进度、比形象、出特色，形成了"一人带动一宅，一宅带动一组，一组带动一村"的良好局面。同时，各级党员干部以"三清三小"创建为载体，进村入户听民声、察民情、解民忧、谋民利，让广大群众真真切切感受到党员干部是在为民办实事、做好事，进一步密切了干群鱼水情，激发了基层治理新活力。**自主参与**。充分发动农户自觉投工投劳，或组织乡贤募捐参与创建。除村组统一组织创建外，鼓励农户按县规定标准、要求，自行创建，待县考核验收后，对照标准进行奖补，最高每户可奖补 2500 元，通过小资金撬动，激发群众内生动力，形成家家户户愿创想创争创的良好局面。

三、坚持提高品质、突出特色

立足乡村实际，发掘特色资源，做好融合文章，提升人居环境品质。**灵活设置创建模式**。充分考虑村集体经济和村民意愿，以"三清"为基础，灵活设置"三清＋一小""三清＋二小""三清＋三小"等多种创建模式，鼓励创建村就地取材、选材、选料进行"三小"建设，做到严控成本、变废为宝，杜绝面子工程、政绩工程。**着力优化农居环境**。立足"三清"，以点带面，统筹推动村庄道路、公共区域日常保洁，"空心房"整治、"厕所革命"、污水治理等各项工作，持续美化农村人居环境。**突出特色亮点打造**。立足当地资源禀赋和风情民俗，按照"一村一特色，一村一风韵"的创建原则，充分挖掘村庄内涵，注重保留乡村风貌，打造典型特色。**深入推进移风易俗**。借助创建"三清三小"秀美庭院的契机，通过众筹资金，对废弃教学楼等公共建筑进行修缮和美化，将其改造成居民休闲娱乐、操办喜事的活动中心，既满足了村民日常生活需求，又改变了大操大办习俗。

四、坚持优化机制、奖优罚劣

不断健全完善各类机制，有力有效保障创建工作。**建立学习交流机制。**召开流动现场会、专题培训会，组织各镇村相关负责人到成效明显的村庄，进行实地参观、调研座谈，交流经验做法。邀请美丽乡村建设评审专家和江浙驻长沙乡土文化建设公司专家进行专题培训与辅导。**建立调度推进机制。**对示范创建村庄进行"一月一指导、一季一督查"，并定期印发督查通报。针对创建工作中出现的问题，及时制定指导意见，指明方向、及时纠偏。**建立考评考核机制。**出台考核评比办法，设立 50 万元创建考评奖励专项资金，采取月碰头排队、季考核评比、年终评先评星和挂图作战的方式进行督查、考核、评比，对每季度考核前 3 名的乡镇实行重奖，对进度慢、效益差、质量不高的镇村进行约谈并通报。

以美丽屋场"小切口"推动美丽乡村"大提升"

——安化县推进乡村建设经验做法

近年来，安化县深入贯彻落实中央"百县千乡万村"乡村振兴示范创建工作要求，坚持点面结合、示范引领，探索实践"五自五微一特"美丽屋场创建模式，全力推进美丽乡村各美其美、美美与共。

一、完善"五自"机制，增强创建动力

坚持乡村振兴为农民而兴、乡村建设为农民而建，把握时效度、排好优先序。充分尊重群众意愿，保障民主权利，广泛依靠群众、引导群众、带动群众搞建设，以党建引领"五自"机制，推动形成共建、共治、共享、共管的良好创建环境，打造美丽乡村"内在美"。**自主。**支持有强烈意愿的村支"两委"带头开展美丽屋场创建，充分发挥村级主体的能动性、创造性，把美丽屋场创建当成"分内事"，不做"局外人"，自主发力。**自议。**在美丽屋场建设过程中，通过召开屋场会、入户走访等，充分听取和尊重党员群众意见，切实做到"大家事、大家议、大家定"，确保决策决议合民心、顺民意、畅民情。**自筹。**鼓励村民投工、投劳、筹料（捐赠苗木、竹篱笆等），引导有条件、有意愿的村民筹资，倡导知名乡贤捐资、合作社或企业赞助，三管齐下筹集人财物，支持美丽屋场建设。对投工、投劳、筹料、捐资的情况进行张榜公示，激发和凝聚广大村民、乡贤和社会企业积极投身家乡建设的强大共识与动力。**自建。**坚持不对外发包，聘请本村或本乡镇木匠、泥水匠、篾匠等乡村建筑

能人投工出力，不断把村民热爱家乡、心系故土的热情转化为参与美丽屋场创建的强大动能。**自管**。美丽屋场三分在建，七分在管。在落实创建的同时，探索建立长效管护机制，逐步实现由"以建为主"向"建管结合"转变，确保美丽屋场长期有人管，创建成果得到持续有效巩固。

二、坚持"五微"标准，丰富创建内容

顺应乡村发展规律，既尽力而为又量力而行，杜绝大拆大建，坚持美丽屋场创建"五微"标准，整合盘活现有资金、资产、资源，塑造美丽乡村颜值。**造好微景观**。以扮靓乡村为切入点，依托现有资源，鼓励村民就地取材，对风雨廊桥、古建筑等进行适当"微改造"，重新修缮擦亮，促进旧景"亮新意"；对小溪、塘坝、乡村道路景观带进行适当美化、绿化、序化，建成景观小品，逐步实现一村一景、村村有景。**修好微菜园**。对美丽屋场创建范围内闲置地、自留地等零散地块进行整合规范，辅以竹条、红砖等，砌起围篱、过道，把泥土加以平整，鼓励农户宜种则种，打造可菜可景、可食可赏、健康绿色的微菜园。**建好微广场**。对闲置地、原有广场进行整合提升，在宽阔场地建设篮球场，适当添置休闲健身器材，为村民打造一个既能跳舞、健身，又能表演文艺节目的微广场，不断满足村民的文体活动需要。**用好微阵地**。在人口集中的中心村组，选择老旧院落、老校舍、闲置房屋等，开展农村"微阵地"建设，推动基层社会治理"服务前置、中心下移"，将"微阵地"打造成村民"问事、说事、议事、办事、评事"的前沿关口，不断提升治理水平和实效。**讲好微故事**。从身边好人好事、孝老爱亲典型、良好家风等"小事情"入手，通过"村村响"、屋场会、党员干部联系群众"五个到户"等形式，把最真诚、最打动人，群众喜闻乐见的故事讲出来，增进广大农民群众的思想认同、情感认同，促进乡风文明。

三、提升"一特"境界，打造创建精品

坚持"一村一特"，避免千篇一律、千村一面，鼓励各村立足资源禀赋，充分挖掘自身特色，补短板、锻长板、创样板，全面展现美丽乡村高颜值。**规划突出特色**。坚持规划先行，摸清各村的物、人、问题和项目四张清单，挖掘各村独特的山水、物产、人文、历史等资源优势，强化县、乡、村三级

规划项目协调，切实增强乡村振兴规划的协同性、科学性和可持续性，杜绝资源破坏、盲目开发和低水平重复建设。**文化彰显特色。**抢抓省委宣传部和省文资系统联县帮扶机遇，立足本土文化资源，传承和发展以梅山文化和名人文化为代表的古色文化、以红军长征和青年毛泽东游学为代表的红色文化、以黑茶为代表的黑色文化、以世界羽毛球冠军为代表的白色（体育）文化、以资江和雪峰山为代表的绿色（生态）文化等"五色"文化，形成了五彩安化的文旅发展思路。同时，分类施策强化中心城镇带动，打造以梅城镇为辐射的红色文化旅游片、以东坪镇为辐射的黑茶文化旅游片、以平口镇为辐射的生态文化旅游片，将文化元素进一步融入美丽屋场创建，为美丽乡村建设赋能铸魂。9 个村进入省级美丽乡村创建项目库，7 个市级美丽乡村建设全速推进。**合力提升特色。**高规格成立工作专班，从人员、资源、政策、项目等方面全方位保障美丽屋场创建，优先支持创建村完成村庄规划编制和开展文明村镇创建。按照群众筹资、社会乡贤捐资、政府以奖代补"三个三分之一"的原则，对创建成功且通过验收的美丽屋场，年底由县级财政按照标准给予每个屋场 30 万元、40 万元、50 万元不等的资金奖补。

"车轮"跟着民心转

——临澧县推进乡村建设经验做法

近年来，临澧县以创建"全省城乡客运一体化示范县"为契机，大力推进城乡客运一体化改革。全县投放160辆新能源公交车，开通城乡客运线路42条，通达160个村（社区）。班车定线、定班、定时、定点营运，年均发送旅客量由改革前的400万人次翻番到800万人次，群众出行难得到根本解决；乘坐新能源公交车低碳绿色出行，已经成为临澧的一道亮丽风景。城乡客运一体化改革经验先后被中央电视台《新闻联播》、省委改革办、省全面小康办、湖南日报内参予以宣传推介，35个县市区来临澧考察交流。

一、三管齐下促退市

实行合理奖补。 制定退市奖补细则，对车辆所有人分别给予保底2万元补偿，并设置按时交车奖、整线交车奖、经营期退出奖予以引导退市。**优先推荐就业。** 推荐180多名原有从业人员优先到新公司就业。**推行市场倒逼。** 落实新车与旧车同步营运，比硬件、比价格、比服务，完成了163辆客运车辆签约退市。

二、多条渠道筹融资

引进新主体。 成功引进实力雄厚、营运模式成熟的安徽"鑫大道"公司为新的经营主体，负责出资处置旧车、购置新车和市场营运。**融资建站场。**将客运车辆停保场、乡镇枢纽站和首末站、公交停靠站等站场建设纳入智能交通 PPP 项目，融资 5700 万元。**政府购买服务。**县财政每年安排 500 万元营运补贴。为工会会员每年充值 1000 元绿色出行公交卡，引导绿色出行，增加票款收入。

三、网点建设全覆盖

打造全域公交。将公交线路首次拓展到农村，布局县城区、县到乡、乡到村及乡域内公交环线，打造全域公交，日均发班 1012 趟次，比改革前增加 30% 以上。**科学规划线路。**根据群众出行习惯，整合原有线路，开辟刚需线路，增开热门线路，调节冷门线路，并为工业园区、旅游景点等开通专线公交、定制公交、直达公交。**就近设置站点。**全县新建公交枢纽站和首末站 19 个，农村客运候车亭 401 个，停靠点 2161 个，站点总数达 2581 个，平均每村（社区）达到 16 个，将候车站点设置在群众聚居地、墟场、中小学校附近，让群众"出门水泥路、抬脚上公交"成为现实。

四、创新机制抓营运

成本规制保障。在全省率先引入成本规制方法，厘清企业与政府的责权利，明确人车比及工资、轮胎、电费等成本消耗的标准值，最大限度激发企业降本增效，企业营运可预见的收益缺口由县财政有限兜底，确保项目可持续。**严格监管规范。**出台《营运服务绩效考核办法》，将考核结果与营运补贴挂钩，促使企业不断提升服务水平。**智慧公交引领。**实时监控调度，全程管控营运，引领安全高效、文明有序服务。推出"掌上公交""公交一卡通"，方便多元化支付、实时查询候车、预约包车，做到"一掌在握、走遍临澧"。

"半条被子" 暖民心 "四定六靠" 促振兴

——汝城县推进乡村建设经验做法

近年来，汝城县牢记嘱托、感恩奋进，以环沙洲农旅乡村振兴示范区建设为重点，创新实施"四定""六靠"模式，以点带面全力推进乡村建设，让革命老区越来越红，群众内生动力越来越强，生活越来越好。

一、项目建什么，由群众决定

充分尊重群众意愿，通过调研分析、日访夜谈、问计于民，"建什么"由过去政府"说了算"变为现在群众自己定。**与红色文化耦合。**立足"传承红色基因、推进绿色发展"的总体思路，不断增强组织凝聚力，提高党员向心力，让群众自愿跟着党组织走，主动参与乡村建设。**与产业发展耦合。**坚持把发展产业作为乡村振兴的主抓手，促进现代农业与红色旅游有机融合，让老百姓吃上香喷喷的"产业饭""旅游饭"，沙洲获评全国乡村旅游重点村、中国美丽休闲乡村、国家 4A 级旅游景区。2021 年，示范区村民人均可支配收入达到 13079 元，比上年增加了 1243 元。**与生态环境耦合。**充分发挥中央专项彩票公益金的作用，针对老百姓反映的垃圾处理、危旧房、空心村等问题，大力实施村组道路建设、水渠水沟等基础设施建设，不断补齐民生短板，村庄环境更加宜居，获评全国生态文明建设示范区。

二、项目怎么建，让群众确定

坚持紧紧依靠群众、充分发动群众，创新"四出"办法，推动"怎么建"由过去政府大包大揽变为现在的共同参与。**政府出料**。对农村环境整治项目，划定公共区域和个人区域，采取政府统一采购、公共区域集体负担、超出区域个人自付的方式，公共建设区域材料费和个人建设区域面积在 50 平方米以内的材料费由村级乡村振兴建设资金结算，个人建设区域超过 50 平方米的，以 30 元 / 米 2 的标准由农户自付，既节约了资金，又保证了材料的质量。**群众出力**。党员干部主动宣讲"半条被子"精神，宣传项目政策，解答群众咨询，听取群众意见，帮助群众算清经济账，消除思想顾虑。党员干部带头拆除自家危旧房，带动群众主动拆旧，文市村 40 余户村民主动把拆旧腾出的土地捐赠给村集体。**村民出工**。村民理事会明确以投工投劳的形式建设农村环境整治项目，约定 18 岁以上的村民劳动力投工，个人建设区域 50 平方米以内的巷道硬化由自己实施建设。上章村造价 150 万元的人居环境整治项目，在群众投工投劳参与下，仅用 46 万元就完成了。**村贤出资**。依托微信群、QQ 群、"夜谈会"等平台，加强联络宣传，引导村贤发挥资金、技术、人脉等优势，参与家乡建设，激活村贤"细胞"，示范区累计募集资金 383.45 万元。

三、项目如何管，与群众商定

坚持村民自治与项目实施双同步原则，"如何管"由过去的只建不管变为现在的共建共管。**规范流程管建设**。实行"四自两会三公开"模式，村委会成员积极参与项目建设日常管理，微小项目由村民理事会组织群众投工投劳，使干部清白、群众明白、百姓放心。**积分清单管乡风**。通过积分管理，从遵纪守法、产业发展、环境卫生、子女教育、移风易俗等五个方面对村民进行考核，以表现换积分，以积分兑物资，让村规民约成为管人管事的"硬制度"，群众以高分为荣、以扣分为耻，多攒分、防扣分，成为村民的日常习惯。**"六会"组织管治理**。由村党支部牵头，发挥村委会、理事会、道德评议会、治安协会、互助会、卫生协会等"六会"自治组织作用，通过召开村民夜谈会、民主协商会等方式，合力推进项目规划建设、道德礼仪督促、邻里纠纷调解、治安巡逻、红白喜事治理等事务，引导村民当家做主、自己的村庄自己管，治理能力和成效得到极大提升，得到央视《焦点访谈》专题报道。

四、项目好不好，请群众评定

项目完成后，以"六靠"为标准，以群众评价为标尺，做到花小钱办大事，让群众更满意。**推进靠党建引领**。党员干部与村民结对认亲，开展连片包户活动，常态化进行"日访夜谈"和"大包干、大走访、大问计、大排查、大化解"活动，白天挨家挨户走访群众做服务，晚上在村村组组召开"夜谈会"，对村里基础设施、产业发展、景区建设等事项同声共气、共商共谋。**管理靠村规民约**。各村结合村情，把村民集中反映、普遍认可的规范建房、畜禽圈养、卫生评比等法律法规不好管的事情作为主体框架，因地制宜制定村规民约，经过村民代表大会讨论后正式颁发。由村民大会选举产生理事会，负责对村民遵守村规民约予以引导和监督。**建设靠投工投劳**。充分激活村民"主人翁"意识，家家户户齐动手，主动参与巷道硬化、水沟建设、村内果园建设等工作，既加快了巷道硬化、厕所改造等工程进度，也提升了村民满意度。**材料靠就地取材**。用山上竹子做成菜地篱笆、用河里鹅卵石铺设巷道、用旧房青砖硬化主干道路等，引导村民美化房前屋后，打造菜园果园，让每一块田都成为"一个景"，每一面墙都成为"一幅画"，把农村建设得更像农村。**投入靠项目支持**。积极向上争资立项，整合土地增减挂钩、"厕所革命"、农村环境整治等项目资金，所有的投入从项目资金中解决。**持续靠产业支撑**。结合红色旅游，因地制宜发展特色农业、体验农业，采取"支部＋合作社＋基地＋农户"模式，开辟"电商＋合作社＋农户"通道，农产品远销全国各地，给村民带来"真金白银"，实现企业发展、村集体经济壮大、村民收入增加"三赢"。引进兴盛优选打造沙洲现代农旅示范基地，流转178户农户土地，就近安排村民务工，吸纳村民资金入股215万元。带动销售全县奈李、辣椒、生姜等农产品900余万元。

"三自三拆四小园"让乡村"一键美颜"

——江永县推进乡村建设经验做法

近年来，江永县深入学习贯彻习近平总书记关于实施乡村振兴战略重要论述，按照中央一号文件要求和省、市全面推进乡村振兴、抓好示范创建的决策部署，强力推进乡村建设，让广大乡村"看得见山，望得见水，记得住乡愁"，推行农村人居环境整治"三自三拆四小园"做法，全面提升农村人居环境，让更多乡村和"湘村"成为人人向往的诗和远方。

一、注重高位推动优设计，让乡村建设合力聚起来

精心部署。把示范创建工作纳入县乡党政领导干部综合考核评价内容。建立月度会商制度，对乡村振兴工作实行"一月一调度、一季一调研、半年一小结"。制定了《江永县 2022 年乡村振兴示范创建活动方案》《江永县 2022 年乡村振兴示范创建考核方案》等文件。设立环境整治等 9 个工作小组，每个示范创建村由一名县级领导牵头负责，县委书记、县长每月至少调研一次乡村振兴工作，形成强大合力。**精心规划。**为让乡村"乡愁永存"，坚持以国家、省市出台的乡村振兴建设有关文件为指导思想，完善乡村总体规划、产业规划、基础设施规划和环境保护规划，明确坚守"五条底线"。即不能突破环境容量，不破坏自然地貌，不破坏自然水系，不破坏村庄肌理，不破坏传统风貌。重点对农村建房实行严管严控，一律按照统一规划、统一设计、统一风格的"三统一"的要求，对农村建房的方位、户型、风貌等严格管控，

防止"有新村、无新貌"。**精心选点。**县委书记、县长带头深入乡村开展示范创建调研，综合考虑各村资源禀赋、历史文化、人居环境等特点，进行精心筛选。在确定 2022 年示范创建村前，在各村开展"人居环境整治比武"，精心挑选出群众参与度高、人居环境整治效果明显的部分村，拟纳入 2022 年县级乡村振兴重点示范创建，并给予项目资金倾斜。接着，组织两轮评选，重点对村支"两委"干部及群众参与农村人居环境整治和乡村建设工作开展综合考核评估，通过两轮考核，全县评选出 11 个村作为 2022 年度乡村振兴示范创建村。对于今年未选中的村，通过政策教育宣传，整治陈规陋习，营造比学赶超的氛围。

二、注重创新驱动优模式，让乡村建设颜值亮起来

突出推行"三自"模式。探索建立村民合理付费制度，推行理事会自治、村民自筹、卫生费自用的"三自"模式，激发村民积极参与村庄净化亮化美化行动的自觉性。全面推行乡村振兴月例会制度改革，利用村民理事会，将卫生整治、弘扬文明等内容写入村规民约，常态化开展"除陋习、树新风""移风易俗"活动，各行政村先后评选出"十星级文明户"1284 户。桃川镇建立完善门前三包、卫生评比、卫生费收取、保洁员评比机制，形成了"户为阵地、人人参与"的局面；夏层铺镇洞美村每家每年收取卫生费 100 元，用于村卫生保洁、文明户奖励；松柏瑶族乡建立"一月一评一通报一奖惩"制度，每月开展"清洁卫生户"评选活动。2022 年上半年，全县共清理乱堆乱放 17000 处，清理巷道、沟渠 7840 处，新安装 750 盏太阳能路灯。全县所有行政村的村规民约和农户"门前三包"、公共区域保洁、卫生评比、卫生缴费制度等"一约四制"落实率达 100%。**突出开展"三拆"行动。**针对农村长期闲置废弃的"空心房"安全隐患大、旱厕如厕环境差、圈舍乱搭乱建等问题，组织镇村干部进村入户，广泛宣传并积极引导村民参与配合"空心房"、旱厕、圈舍等"三拆"行动。共拆除空心房 587 间、旱厕 511 个、圈舍 540 处。**突出抓好"四小园"建设。**充分利用"三清三拆三整治"后的空闲土地，规划建设小菜园、小果园、小花园、小公园，引导村民主动参与"四小园"建设，以边角之地带动村容村貌大幅提升，营造"美丽家园自己建"的浓厚氛围。目前，已通过清理村内的空坪、荒地，打造出小菜园、小花园、小果园、小公园等 1172 个，

新建竹篱笆 15600 多米，村道两边及空坪种植红金丝楠木、桂花树、茶花树等 21000 多株。

三、注重机制促动优氛围，让乡村建设动能强起来

创新项目建设机制。 在项目建设实施中，创新"财政出资、村民出力"的项目建设模式，积极发动村民出工出力，共同参与到乡村振兴示范创建中。对于一些家庭困难的群众，采取"以工代赈"的方式，优先为他们提供就业岗位。同时，对于一些创建工作推动有力、群众参与积极性高的创建村，加大项目投入力度。11 个乡村振兴示范创建村，依托"两出"模式，硬化巷道 3 万平方米，整修排污排水沟渠 5.6 公里，建设小广场 1 万多平方米，建设菜地围栏 3600 米。**创新队伍建设机制。** 充分整合各类资源，对全县 100 余名村支"两委"干部开展业务培训。全覆盖开展"乡村学堂"系列活动，并组织村支"两委"多次到先进地区交流学习，全面提升了村支"两委"干部抓人居环境整治的能力。同时，大力开展"能人回家乡、建家乡"行动，出台一系列政策，为外出能人回家乡、建家乡创造有利条件。以村为单位建立乡村人才信息库，全面掌握农村能人"家底"，利用过年过节大量在外务工人员返乡之际，通过召开恳谈会、上门走访等方式，引导在外打工能人回乡创业。紧紧抓住"产业转移步伐加快、农村劳力回流增速"的契机，动员江永籍在外能人主动回乡参与家乡建设。目前，成功引导 100 多位能人回乡共建幸福家园。**创新宣传引导机制。** 深入开展农村人居环境整治提升进村组、进校园、进院落、进农户、进网络"五进"宣传行动，形成人人知晓、人人认同、人人参与的浓厚氛围。全县 108 个村（社区）以示范创建为契机，破除"等、靠、要"陋习，通过美化自家庭院、开展村庄大扫除、清理巷道沟渠、拆除"空心房"等方式为建设美好家园贡献力量。

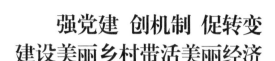

强党建 创机制 促转变
建设美丽乡村带活美丽经济
——洪江市推进乡村建设经验做法

近年来，洪江市始终把推进农村人居环境整治作为实施乡村振兴战略的第一场硬仗，坚持党建引领，创新机制路径，推动"四个转变"，推动农村人居环境整治由"一处美"向"全域美"拓展，村民幸福指数节节攀升，带活美丽经济发展。

一、强化党建引领，科学绘制农村人居环境整治"线路图"

强化组织领导。坚持市委书记"一线总指挥"定位，组建由市政协原主席任督查组长的督查专班，健全落实"周提示、旬调度、月通报"工作机制。明确乡镇党委书记"施工队长"定位，每 2 个月向市委进行一次专题述职，建立乡镇班子成员包村督导机制，有效发挥班子成员"指导员、宣传员、督导员"作用。赋予村党组织书记"班组长"定位，结合"敲门行动"，广泛发动群众参与整治提升行动。**构建标准体系。**制定出台"建设生态宜居美丽乡村工作方案""全面提升村容村貌工作方案""农村垃圾分类减量试点工作方案"和"全面创建美丽集镇、美丽村庄、美丽团寨、美丽庭院、美丽公路、美丽溪河建设标准"等 3 方案 1 标准，为因地制宜、分类施策推进整治提升细化了内容、建立了标准、明确了路径。**坚持科学规划。**加快编制农村人居环境整治提升三年规划，对全市 194 个行政村实行分类分批打造、梯度滚动发展，每个乡镇每年至少打造 2 个美丽示范村、3 个提升村、4 个治理村，完成 107 个"多规合一"村庄规划及 46 个美丽示范村人居环境整治提升规划编制，引导土地、人才、资金等要素向重点村集聚。

二、创新机制路径，着力建设宜居宜业的美丽乡村

创新"打擂台"机制。按照市每两月、乡镇每月、村每旬"打一次擂台"的要求，常态化对乡村两级人居环境整治提升情况进行实地考核，层层召开比武打擂推进会，评选奖励先进单位，由先进单位作典型发言，后进单位作表态发言，广泛形成全民参与、比学赶超的浓厚氛围，掀起整治提升村容村貌的干事热潮。**推广"微改造、精提升"模式。**注重尊重自然、顺应自然、生态手法、乡村手法，将保护乡村自然生态风貌、人文风情与改厕、改圈、改园、房屋改造等相结合，不搞大拆大建，全面实施乡村"微改造"，充分利用旧木料、旧砖头、旧瓦片和竹木、鹅卵石等建设小果园、小花园、小菜园等"五小园"，打造一批微改造示范村，让建筑物与周边山水田园融为一体、面貌一新。2021 年以来，由点及面打造了安江下坪、黔城茶溪、沅河沅城等 15 个乡村振兴示范村，让人望得见山、看得见水、记得住乡愁。**开展"八整洁、户过关"行动。**以村为单位开展农户屋里屋外客厅收拾整洁、灶屋清理整洁、厕所清洗整洁、床铺折叠整洁、鞋子摆放整洁、衣物晾晒整洁、院子清扫整洁、杂物堆放整洁"八整洁"行动，组织动员广大农户对庭院、屋场、村组进行大清扫、大整治，推广集中圈养生态养殖模式，大力整治农村"乱丢乱堆、乱摆乱挂、乱贴乱画、乱排乱倒"现象，以户为单位进行环境卫生红黑榜评比，逐步实现户户干净、村村过关。目前，开展大清扫大整治 2000 余次，100 余个村基本达到"八整洁"标准。

三、推动"四个转变"，以"美丽乡村"催生"美丽经济"

推动农产品向旅游商品转变。根据地域自然禀赋，发展水果、中药材、油茶、竹木四大主导产业，通过旅游节会、电商平台、赛事活动等，拓展本地特色农产品、工艺制品和精深加工产品销路，使之转化成旅游商品。**推动农民向旅游从业者转变。**鼓励村民将民房改建民宿，引导经营农家乐、生态民宿、农产品加工售卖、采摘园等，兼职导游，提供接送、讲解等服务，在家门口就业创业增加收入。**推动农村干部向旅游管理者转变。**整合挖掘黔阳古城、

雪峰山森林公园、安江农校纪念园、清江湖湿地公园、高庙遗址、苏宝顶等本地历史人文及自然资源，打造精品特色旅游线路，组织乡村干部开展旅游经营管理培训，引导农村干部服务当地旅游发展，推动乡村旅游提质升级。**推动农村向乡村旅游目的地转变。**因地制宜将农村人居环境整治提升与生态文化旅游产业相结合，推进以黔城茶溪、安江下坪为代表的村落"景区化村庄"建设，有效利用生态文化资源和闲置资产，以点带面、串珠成线，示范带动全域旅游，以"美丽乡村"催生"美丽经济"、让"绿水青山"成为"金山银山"。全市引入社会资本运营 3 家星级宾馆、7 家星级乡村旅游点、52 家精品民宿客栈。销售乡村旅游商品价值 1.4 亿元，实现一二三产业深度融合。

以"五美"为抓手全域推进美丽乡村建设

——娄星区推进乡村建设经验做法

近年来,娄星区突出"一乡三镇四带五片多点"总体布局,以"五个美丽"为抓手,深入开展"十百千、比拼创"示范创建活动,加快推进全域美丽乡村建设,助力乡村全面振兴,取得了明显成效。连续三年获评全省美丽乡村建设先进,连续四年获评全省农村人居环境整治先进。2021年列入全省首批乡村振兴示范县市区。

一、以美丽公路为基础,建设美丽乡村致富路

突出"三干五零"模式建设好农村公路。探索干部带头干、群众自愿干、干群一起干,工程建设零利润、占用土地零补偿、出工出力零报酬、优化环境零阻工、群众满意零上访的"三干五零"新模式,全区累计投入资金12.2亿元,建成农村公路1560公里。**突出"路长制度"管护好农村公路。**全面推行区、乡、村三级路长制,全区农村公路列养率和覆盖率均达100%,全年好路率达90%以上。**突出"群众满意"发展好农村公路。**开通城乡公交线路17条,"门前沥青路、出行公交车"成了老百姓家门口的幸福,成功创建全国"四好农村路"示范区。

二、以美丽河流为主线,建设美丽乡村幸福河

培育"水美河流"。争取中央资金1.8亿元,全力推进全国第一批水系

连通及水美乡村试点县项目建设，被水利部评定为优秀项目。**孕育"水美乡村"。** 打通"断头渠"50 公里，疏通"淤塞河"31 公里，清淤加固山塘 2600 口。农村生活污水实现零直排，污水处理率达 97% 以上。开展河库"清四乱"专项整治行动，绿化河岸 120 多公里。**孵化"水美经济"。** 全力打造高灯河水生态休闲旅游风光带，先后荣获省级农村产业融合发展示范园、省级"美丽河湖建设优秀案例"称号。

三、以美丽屋场为突破，建设美丽乡村示范村

突出示范引领。 开展"十百千、比拼创"示范创建活动，建成美丽屋场 158 个，建成省级美丽乡村示范村 9 个、市级美丽乡村示范村 14 个、区级美丽乡村 31 个。**注重民生改善。** 完成农村户厕改造 2.91 万座，全区卫生厕所普及率达 97.4% 以上，完成城乡供水一体化新建或管网延伸工程 6 处，新增城市自来水直供 1.05 万人。**提升村容村貌。** 全面建立"户分类—村收集—镇转运—区回收—市处理"的新模式，全区生活垃圾分类减量和资源化利用率达到 80% 以上。拆除"空心房"54.68 万平方米，建成"秀美村庄"120 个，高标准打造双江美丽公路和高灯河绿色廊道。

四、以美丽家园为抓手，建设美丽乡村好风尚

突出基层组织建设。 全区村（社区）实现党组织书记、主任"一肩挑"达到 95% 以上，高标准新建（改建）204 个村（社区）综合服务平台。**落实民主管理。** 村规民约覆盖率达到 100%，万宝镇石塘村村规民约获评"湖南省十佳村规民约"。全面推进村级小微权利＋"互联网＋监督"工作，引导乡贤能人发挥带头示范作用，其中康雪林获评湖南省首届"最美新乡贤"。**深化文明创建。** 扎实开展文明村镇、乡村好人家、星级文明户等评选创建活动，全区现有全国文明村 2 个、省级文明乡镇 1 个、省级文明村 2 个、市级文明村 8 个。**强化基层治理。** 深入开展"三基三创"基层治理能力提升行动，着力建强基层组织、提升基本能力、做实基础工作，全面开展平安创建、清廉创建、文明创建。积极探索以屋场为基本单元的治理模式，按照血缘相亲、地缘相近、业缘相融的原则，将全区 144 个行政村划分成 1042 个屋场，分别建立屋场党小组、理事会、合作社，打造屋场治理共同体和屋场新型经济体。

五、以美丽经济为支撑，建设美丽乡村产业带

特色农业产业建设扎实推进。形成了湘村黑猪、优质粮油、特色水果、生态蔬菜、双江红薯等主导农业产业，湘村黑猪成功申报省级优质农副产品供应基地，总产值达 27.18 亿元。**乡村旅游产业发展迅速。**新增花溪谷、莫言醉等四星级以上乡村旅游区（点）14 个，全区休闲农庄达 355 家，其中规模以上达 24 家，营业收入达 7.45 亿元。**农业科技成果加速转化。**推广测土配方施肥、水肥一体化等实用科技成果转化 13 项，2021 年完成机耕水田 8.5 万亩、机收油菜 2.82 万亩，水稻耕种收综合机械化率达 75.05%，油菜生产综合机械化率达 94%。**农民增收渠道不断拓宽。**扶持"一特两辅"扶贫产业发展壮大，湘村黑猪、林下养鸡（含蛋鸡养殖）、规模化蔬菜种植（含加工）利益联结脱贫人口占比达 85% 以上。湘村万乐等 4 家电商平台年销售额突破8000 万元。举办娄星区优质农产品博览会和枇杷节、荷花节、杨梅节等"一乡一节"活动，助力农村群众销售优质特色农产品。2021 年，娄星区农村居民人均可支配收入达到 25046 元。

深化教育提质改革 加快教育均衡发展

——泸溪县推进乡村建设经验做法

近年来，泸溪县将教育作为头号民生工程，大力推进教育强县建设，深化教育提质改革，在办学条件、教师配置、就读保障等方面想实策、出实招、办实事，推动均衡教育大发展，先后荣获"全国义务教育发展基本均衡县""全国中小学校责任督学挂牌督导创新县""湖南省教育强县"等多项殊荣。

一、更好的农村基础教育，源于把好设施建到"家门口"

泸溪县统筹安排项目建设，全面推进农村学校建设，为通往乡村振兴路上的泸溪教育改革铺就"新跑道"。**推进"全面改薄"**。实施义务教育标准化学校、农村全面改薄计划等项目建设，五年累计投入资金7.5亿元，新建学校3所，筹建学校1所，扩容学校6所，新增校舍面积9.8万平方米、学位1万余个，义务教育学校学位供给能力进一步增强。**推进"升级改版"**。全力落实教育"信息化2.0"建设，投入3770万余元用于增加学校仪电设备，乡镇中心完小"优质资源班班通"提质建设率、教学点"数字资源全覆盖"扩容建设率均为100%，城镇学校、乡镇中心完小、通网的教学点实现Wi-Fi全覆盖。**推进"一体建设"**。投入7600多万元，实施乡镇标准化寄宿制学校建设与乡村小规模学校优化提质，乡镇学校寝室、浴室、实验室等"七室一基地"焕然一新，达到城镇学校标准。合水小学、兴隆场小学等一批优质农村学校出现县城学生"回流"现象，大大减轻了农村家庭就学负担。

二、更好的农村基础教育，源于把好教师请到"家门口"

办好农村基础教育，关键在于教师。泸溪县通过建立"三大机制"，让教师"下得去、教得好、留得住"。**政策倾斜，教师"下得去"。**人才补充方面，通过定向培养、定向招录、定点分配、定岗使用，大力引进优秀教师，并规定每年100%的新进教师要分配到农村任教，满3年才能调动。教师待遇方面，在保障教师工资优先全额到位的基础上，率先实施农村教师岗位津贴制度，对农村教师依据偏远程度分类发放每人每月1400元、600元不等的生活补助。住房保障方面，新建农村教师公转房、廉租房2256套，解决了农村教师住房难问题。职称晋升方面，进一步完善"教师职称晋升"制度，规定将评选优秀教师、学科带头人80%的指标向农村倾斜，城镇学校教师晋升中、高级职称，分别要有在农村学校任教一、两年以上的工作经历。**配置合理，教师"教得好"。**实行送教下乡制度，组织开展县名师工作室（学科带头人）送教下乡活动。2021年为兴隆场中小学等12所农村学校送去优质课48节，农村教师教学能力逐步提高，成为泸溪教育的"主力军"。推行艺体教师无校籍管理制度，对农村学校艺体教师只聘任到乡镇，不定点到校，由乡镇中心完小统一调度，艺体教师在乡镇辖区内实行"走教"到村小教学制度。近年来，共有584名艺体教师参与走教，有效解决了农村艺体教师相对缺乏的问题。**示范带动，教师"留得住"。**深化榜样示范作用，为在乡村任教达30年以上的教师颁发荣誉证书；以"四有"好教师为标准，每年评选、挖掘、推介一批优秀乡村教师典型，全县涌现出"湖南好人"符海鸥、杨润生等一大批优秀教师典型。

三、更好的农村基础教育，源于把好保障送到"家门口"

泸溪县始终把保障学生就读作为教育发展的重要工作来抓，通过做到"三个全覆盖"，保障学生"上好学、学好上、好上学"。**资助全覆盖，保障农村学生"上好学"。**落实学生资助全覆盖政策，按学前1000元、小学（寄宿生1000元、非寄宿生500元）、初中（寄宿生1250元、非寄宿生625元）、高中（一档3000元、二档2000元、三档1000元）、职教2000元发放生活补助；对考取本专科的家庭经济困难大学新生，发放5000元、3000元的一次性资助。5年来，共发放各类资助金13153万元，惠及学生161081人次；办理生源地贷款 5317.82 万元，惠及学生 7354 人次。**帮扶全覆盖，保障农村学生"学好上"**。建立城乡学校结对帮扶机制，每所城镇优质校对口帮扶 1—2 所农村薄弱校，实行工作目标同步、领导责任同步、工作职责同步、考核奖罚同步的"四同步"模式。全县城、乡学校共结成 17 个帮扶对子，2000 多名教师深度参与，实现了全员参与、全体覆盖、全面提升，让农村学校孩子享受到城镇学校孩子同等的教育资源。**关爱全覆盖，保障农村学生"好上学"**。按照"心有人爱、身有人护、难有人帮、学有人教"的要求，深入实施留守儿童关爱工程，着力构织四大"爱心网"，即县关工委组织构建"协调指导网"，学校构建"主体责任网"，职能部门构建"帮护责任网"，乡镇、村构建"关爱联系网"；全面落实"双线三级六长"控辍保学责任制，常态化开展控辍保学工作，真正做到不让一个学生"因留守而失爱、因学困而掉队"。

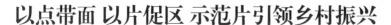

以点带面 以片促区 示范片引领乡村振兴

——柳叶湖旅游度假区推进乡村建设经验做法

近年来，柳叶湖旅游度假区以太阳谷乡村振兴示范片建设为重点，以点带面，以片促区，全域推进乡村振兴建设，取得了显著成效。太阳谷乡村振兴示范片获评"中国最美休闲乡村""中国美丽乡村百佳范例"，全区连续四年市直五区农村人居环境整治评比获评第一，连续五年获评全省脱贫攻坚工作优秀县市区。

一、实施"三乡"工程，培育乡村振兴新动能

充分激发乡村振兴内生动力，以"市民下乡、能人返乡、产业兴乡"为抓手，深入推进一二三产业融合发展。**以市民下乡拉动旅游进村，激发乡村旅游新活力**。坚持精品景区、特色小镇、美丽乡村"三位一体"，整村整镇、成带成片、全景全域推进乡村旅游发展，精心打造环柳叶湖、环太阳谷、环太阳山等乡村旅游线路，吸引游客由精品景区向农村腹地延伸，湖南卫视栏目《花儿与少年》在柳叶湖取景拍摄，带动乡村旅游人气火爆，沙滩公园、郑太农庄等地成为网红打卡地。2022年，示范片乡村旅游共接待游客超25万人次，实现旅游综合收入超3000万元。**以能人返乡带动技术进村，提振农民增收新潜力**。引进种养、旅游、电商等方面能人20余名，采取"能人带户、合作社＋农户、企业＋农户"的模式，帮助群众解决种植技术和产品销路等问题，打造景区、能人、合作社、企业等各类主体共同发展的利益结合体，实现"资

源变资产、资产变股金、农民变股东"。示范片内农户开办特色农副产品销售店、种子店、小超市、小餐饮、手工制品作坊等有 50 多家，实现年综合收益 1200 多万元。**以产业兴乡推动资本进村，释放产业发展新动力。** 大力发展特色产业，以太阳谷为重点，以郑太农场为龙头，发展有机绿色蔬菜产业；以河洲甲鱼产业园、柳叶湖生态水产发展有限公司为龙头着力打造优质水产产业链。示范片引进农业产业项目 16 个，带动农村投资达 2.6 亿元。2021 年，全区优势农产品产业链产值达到 3.5 亿元，有 34 个蔬菜、水产品种获得国家有机认证，3 个品种通过国家绿色产品认证，2 个品种获评地理标志产品。

二、推进"三美"融合，打造乡村振兴新面貌

围绕建设宜居宜业美丽乡村的目标，深入推进生态秀美、身心健美、生活富美"三美"融合建设，不断优化生产生活生态空间，持续改善村容村貌和人居环境。**以环境整治为抓手打造生态秀美。** 农村环卫设施逐步完善，长效工作机制基本建立。农村生活垃圾无害化处理率达 100%，自来水供给率达 100%，卫生厕所率达 100%。示范片郑家河、肖伍铺、梁山、太阳山、月亮 5 个社区均成功创建省级美丽乡村，郑家河社区、肖伍铺社区为省级美丽乡村精品村，建成市级美丽乡村 8 个，幸福屋场 15 个，美丽庭院 1200 多户；月亮社区获评省级村庄清洁行动先进单位，多次承办省、市农村人居环境整治暨"厕所革命"推进会，全省造林绿化工作会议在柳叶湖召开。**以乡风文明为抓手打造身心健美。** 全面推行"乡风文明积分制"，成立了红白理事会，通过开展"文明家庭""清洁卫生户""好家风、好家训""好媳妇、好公婆"等评选活动，传承良好家风家训，倡导健康生活方式。加强村级综合文化服务中心建设，积极开展群众喜闻乐见的大众化、趣味性全民健身活动。**以共同富裕为抓手打造生活富美。** 严格落实"四个不摘"要求，推动巩固拓展脱贫攻坚成果同乡村振兴有效衔接，示范片建档立卡贫困对象 81 户 270 人已全部脱贫，各项帮扶政策全部落实到位，旅游扶贫经验被中央电视台推介。多措并举促增收，建立农业、旅游服务系列合作社，全区 28 个村（社）的农业企业、脱贫人口等全部纳入合作体系，村民通过合作社参与旅游服务，人均增收 3000 元以上。引进郑太农业等农业企业，引导农户有序流转土地 2.2 万亩，累计带动 2100 户近 9000 人增产增收。

三、聚焦"三强"建设，点燃乡村振兴新引擎

着力打好强组织、强机制、强举措"三强"组合拳，进一步夯实基层基础，为推动乡村振兴工作走深走实、行稳致远提供坚实保障。**强组织建队伍筑牢根基**。建强基层堡垒，选优配强干部，去年换届后全区 183 名村（社）"两委"干部中 35 岁以下 85 人、30 岁以下 32 人，"两委"干部平均年龄 39.4 岁，大专及以上学历人员比例达 87%，太阳山社区的党总支书记顾爱琳是一名准 90 后，有想法有干劲，带领"两委"干部办集体企业、开直播带货、上公益课堂，深受群众喜爱和拥护。全区抽调精兵强将，选派了 16 支乡村振兴驻村工作队，全脱产、全天候、全方位、全身心服务乡村，振兴乡村。**强机制优治理提升效能**。坚持在强机制、建平台、抓评比上下功夫，不断释放乡村振兴发展动能，提高乡村善治水平。坚持以党建为引领，进一步完善民主评议制度，规范组织开展党员活动日、阳光议事日等党员活动。推进基层党组织标准化建设，党支部"五化"建设达标。加强村民自治建设，进一步理顺村级运行管理机制，"四议两公开一监督""三务公开"等村级制度严格落实，形成了民事民议、民事民办、民事民管的协商机制。**强举措见实效全力保障**。完成了村庄规划编制，获评市优秀村庄规划编制案例。示范片累计投入 1.5 亿元，新建改建农村公路近 40 公里，实施高标准农田项目 5000 亩，高效节水灌溉工程 1500 亩；整修沟渠 38 公里，水库除险 2 座，整修山塘 66 口；投资 2000 多万元完成了两所中小学校舍改造项目，新建幼儿园 2 所；乡村两级医疗卫生机构覆盖率、建设达标率 100%，农村医保覆盖率 100%，农村低保、五保、养老保险等社会保障政策全部落实到位；新建村（社）民服务中心 4 个、改建 1 个，所有村（社）综合服务平台设施配套到位，实现了有线电视、通信、宽带网络、村级广播全覆盖。

六

加强和改进乡村治理篇

加强和创新农村社会管理，要以保障和改善农村民生为优先方向，树立系统治理、依法治理、综合治理、源头治理理念，确保广大农民安居乐业、农村社会安定有序。

——习近平

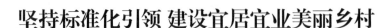

坚持标准化引领 建设宜居宜业美丽乡村

——衡阳市加强和改进乡村治理经验做法

近年来，衡阳市坚持以标准引领、依标准建设、用标准衡量、靠标准检验，让乡村提"颜值"、增"气质"，擦亮了乡村振兴美丽底色。标准化助力乡村振兴的做法在中央农村工作领导小组办公室《乡村治理动态》专刊推介，相关工作经验在人民日报、新华社、农民日报、湖南日报等多家主流媒体刊发。

一、紧扣重点任务创建标准

认真对标。对标《国家标准化发展纲要》和《乡村建设行动实施方案》，系统研究、专题部署、高位推动，紧扣"标到事、事到岗，岗到人、人有责，责有行、行有范"的要求，对乡村建设重点任务进行标准化，既定性、又定量；既有操作规程，又有检验标准，形成"上下贯通、规范统一"的标准体系。目前，已形成涵盖乡村环境、农村建房、乡村道路等 12 个大类 46 个子项的乡村建设标准。**科学立标。**按照"先易后难、先简后繁"的原则，在乡村建设标准领域，分设若干个二级大类和三级子项的标准。如对乡村主干道绿化的"单株有树形、成排有线型、乔灌有层次、树周无杂草"标准，对屋场庭院的"墙壁洁、门窗亮、地面净、摆放齐"标准，对农村改厕的"应改尽改、黑灰分离、无害处理、综合利用"标准。**分步推标。**按照试点入轨、集中攻坚、深化推广、总结完善的步骤有序推进。先发布第一批乡村建设标准体系，在每个县市区选取 2 个乡镇（街道）试点，及时总结经验、稳步铺开，递次发布标准体系，在实践中完善和发展标准。

二、强化标准引领提升效能

乡村环境呈现新面貌。农村环境综合整治做到有标准可依、有规范可循，标准化催生了新变化、大变化。在 107 国道沿线开展道路保洁"五定五净"行动，打造"畅、净、绿、美"的通行环境；湖南省美丽乡村建设示范村"梅花村"以乡村旅游改善农村环境，提升"梅花颜值"，打造成乡村旅游样板。**建设水平呈现新提升。**标准化并未新增事项和负担，旨在规范建设行为、提高建设水平。针对农村建房工作，制定"村庄建设依规划，农房占地八不准，图集编制有特色，房屋风貌依图集，一户一宅不超限，建筑施工按规程"等工作标准，让农民新建房屋规范有序、美观协调。**基层工作呈现新活力。**把标准化融入基层，夯实基础、激发活力。探索建立干部成长"长回路"机制，开展"万雁入乡"行动，第一批已择优选派 5000 余名干部人才向乡村建设一线下沉，致力于服务乡村振兴，为基层注入新动能。

三、坚持发动群众共建共享

以标准化理念引领群众。紧紧依靠群众、发动群众、组织群众，改变以往"干部干、群众看"的情况，让标准化理念深入群众、植根群众，形成"人人知道标准、人人遵守标准、人人维护标准、人人享受标准"的浓厚氛围。**以标准化建设带动群众。**创新推进"衡阳群众""湾村明白人""屋场恳谈会"等模式，通过标准化推进乡村建设，让群众感受到看得到、摸得着的变化，从根本上转变传统观念、改变固化思维，从而积极投身标准化建设之中。**以标准化成果惠及群众。**坚持以考促干、以督促改、以奖促效，全市对乡村建设标准化实行"周调度、月暗访、季考核、年评价"，推动标准化落实落地，让标准化成为规范工作流程、提升建设水平的工作法宝，成为为民服务的新实践、获得感幸福感的新源泉。

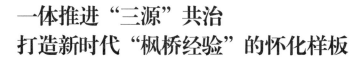

一体推进"三源"共治
打造新时代"枫桥经验"的怀化样板

——怀化市加强和改进乡村治理经验做法

近年来，怀化市坚持"源头防、系统治"的工作理念，制定实施《关于一体推进警源、诉源、访源"三源"共治的实施意见》，以一体推进警源、诉源、访源"三源"共治为抓手，依托市域、基层、网格推进矛盾风险分层次治理，健全矛盾纠纷一站式、多元化解决机制，取得良好成效。

一、设置"一窗口"受理

依托综治、人民来信接待、公共法律服务或便民服务等中心的现有窗口，"一窗口"集中受理、转办和反馈各类群众诉求，将由部门分散受理群众诉求的"小专窗"归集为"大一窗"，破解群众反映诉求多头跑路的问题。全市设置县乡两级"一窗口"226个，完成2680个村级"一窗口"全覆盖。以"党建＋微网格"为支撑，充分发挥全市11.26万个微网格"探头"和"前哨"作用，联户包保168.9万个家庭户，定期或不定期开展"敲门行动"，将受理群众诉求的触角延伸到群众家里。2022年以来，通过集成"两代表一委员"、村居民代表、楼栋长、物管、乡贤"五老"等各类网格力量22.81万人，"敲门"走访群众409万人次，提前介入纠纷调处6219件，列控风险隐患2393个。

二、实行"一揽子"解决

充分发挥平安建设协调作用,以综治中心实体运作为牵引,对群众诉求综合运用诉调、警调、检调、专调、访调等多种方式来解决,改变原来手段单一不精准、条块力量分散的状况。建立工单办理规则,实行制单、派单、解单、督单、评单等闭环管理,从制度层面防止群众诉求解决"空转"。村级中心突出初始解决和人民调解的主阵地作用,对一般性诉求问题就地解决,对较为复杂或涉及政策类的诉求问题形成清单逐级上报县乡两级中心,推动村和网格"办小事、报大事"与部门"解难事、办实事"有机结合起来。

三、建立"一张网"共治

完善市域社会治理信息系统,过筛网格事件等数据资源,运用数据分析模型抓取、归集和流转,确保群众诉求"归类管理、指派分流、联动联调、全时监管"精确无误。研发"三源"共治动态管理平台,采用"倒计时提醒、逐级催办、全程跟踪"等方式,精密智控和实时更新"绿黄红"三色管理,确保群众诉求得到快速高效解决。搭建县、乡、村和网格四级微信塔群,按照"一个微信群至少一个家庭户"的原则建立完善村和网格微信群 3.7 万个,通过激活"神经末梢",形成"感知民情自下而上、解决问题四级联动"的联动响应体系。

四、做实"一站式"服务

以实施全国首批的城市一刻钟便民生活圈试点为契机,盘活社会治理各类存量资源,采取"一点多用"、服务叠加等方式促成诉求办理、矛盾调解、信访调处、法律援助等多元服务业态集聚,打造一站式服务群众的共同体。将信访工作下沉到乡镇,在乡级矛盾调处中心每天安排 1 名乡镇领导干部带班接访,赶集日和重大节庆活动期间安排 1 名村级党组织书记开展"订单"约访,把信访服务做到群众身边。通过无缝隙、立体式服务群众,大量信访问题在乡村和县域得到妥善化解,"乡村不上行、县域防扩散、市域控溢出"的趋势逐步显现。

"妈妈工厂"筑牢基层治理"底板" 构建妇女赋能"加油站"

——武陵源区加强和改进乡村治理经验做法

"留下妈妈守住爱"。为切实改变当地妇女"有家的地方没有工作、有工作的地方没有家"的窘境，武陵源区妇联发挥优势，主动担当，大胆探索，联合乖幺妹土家织锦开发有限公司打造了全省首家"妈妈工厂"，对全区的脱贫妇女、残疾妇女、留守妇女、在家灵活就业的脱贫家庭进行技能培训和就业指导，破解了农村妇女家门口就业、留守儿童家庭教育、非遗传承等难题，实现"小家平安""社会大家和谐"，成为基层治理的"底板"、妇女赋能的"加油站"。

一、完善三项机制，为"妈妈工厂"发展铺路

妇女是不可替代的基层治理参与主体。"妈妈工厂"是武陵源区在推进基层治理中发挥"半边天"作用的举措创新，创办初衷旨在稳住农村妇女照顾家庭实现基层稳定和谐。**党委政府重视，完善市区共建机制。**武陵源区妇联通过对区内两新组织深入调研，了解到该公司在平衡女工工作和照顾孩子问题上做了很多有效的尝试，有了成立"妈妈工厂"的设想，市妇联、武陵源区党委政府高度认可，并达成共识共同打造首家"妈妈工厂"。通过配套企业产业发展项目资金 260 万元，支持扶贫、乡村振兴信用贷款近 800 万元，统筹工作推进。**聚焦关键环节，完善硬件建设机制。**为解决"妈妈工厂"场地问题，2022 年武陵源区召开专题会议协调 4000 平方米新的生产基地，整体搬迁至索溪峪街道喻家嘴社区，位于武陵源区一中、索溪中心学校、索溪

中心幼儿园 3 所学校的中间点，距离 3 所学校都只有 5 分钟左右的路程，构建完成了"基地 + 学校"5 分钟工作学习闭合圈体系。**坚持以人为本，完善灵活管理机制。**推行"四点半课堂"，即学校放学后，由文化素质较高的员工将孩子们集中起来进行课外辅导。按照工时不同设立弹性工作时间，女工可以接送孩子上下学、带孩子来上班，特殊情况可以在家里工作，工厂采取工资加奖金、底薪加计件等方式计算报酬。"妈妈工厂"的灵活管理制度促进了生产力的发展，在张家界市武陵源区、永定区、桑植县创办了 3 个基地，在贵州、湘西龙山新建了 2 个生产基地。生产的挂件、箱包、服装、被单、鞋子等产品 600 余种，远销美国、法国、意大利、韩国等 30 多个国家和地区。2021 年实现产值 7000 万元，成为全国唯一一个具有土家织锦研发的企业、武陵源区唯一文化出口企业。

二、解决三个难题，为"妈妈工厂"发展助力

充分尊重妈妈与孩子的天然关系，紧扣"住宿""用餐""辅导"解决"留守难题"。**建好"妈妈公寓"解决住宿难题。**乖幺妹公司武陵源生产基地目前有员工 126 名，全部为女性。为了更好地体现"妈妈工厂"对女工的关怀，前期区妇联指导改建完成了 16 套"妈妈公寓"，供离家较远的优秀女工带孩子住宿；后期将适时改扩建更多"妈妈公寓"以满足需求。**提供"妈妈厨房"解决用餐难题。**在"妈妈公寓"内，免费提供整套厨房餐具，让女工和孩子除了在公司大食堂免费食用"爱心餐"之外，还可以根据需求选择自己单独做饭。**开设"妈妈课堂"解决辅导难题。**将"四点半课堂"提质升级为"妈妈教室"，配备完善阅览室和益智玩具等，安排专业辅导老师或社会志愿者免费为孩子辅导作业，为女工提升自我素质开辟"第二课堂"，刺激企业发展需求，为企业提供更高的产值。近年来，"妈妈工厂"累计培训学员 2100 多人次，带动全区 1463 名贫困母亲脱贫致富，为贫困母亲分红 540 万元，发放就业资金 870 万元，初步实现了安排就业一名妈妈、稳定脱贫一个家庭、助推一方平安稳定的效果。

三、编织三种大爱，为"妈妈工厂"发展增效

家庭"小平安"构筑社会"大平安"。"妈妈工厂"以"文化 + 旅游 +

扶贫"为切入点，编织三爱为基层治理"蓄势赋能"。**在家庭关怀中汇聚母爱。**"妈妈工厂"的建立，解决了孩子们放学后"组团"外出或在家中沉迷手机、游戏等系列问题和课后学习辅导难题。"吃、住、学、娱一条龙"让更多"陪读妈妈"们既能安心工作，又能陪伴孩子学习成长，让留守儿童不再留守，感受温馨的母爱。**在民族技艺上传承热爱。**土家织锦是一项流传了上千年的民族技艺，"妈妈工厂"为会织花的土家乖幺妹提供了一个更为广阔的展示舞台。不同的图案代表着土家乖幺妹不同的感情，映射出了新时代土家女性对美好生活的向往和追求。妈妈们在织锦的同时，陪伴在身边的孩子也能潜移默化地感受、学习和传承土家族织锦文化。**在社会和谐间展示大爱。**"妈妈工厂"在参与基层治理、构建社会和谐稳定中发挥了重要作用。"妈妈工厂"解决了"陪读妈妈"家门口就业增收难题，促进了本土文化传承与旅游发展的深度融合，既让妈妈们实现了"守着娃、赚着钱、养着家"的愿望，同时又实现了"家庭稳定、社会和谐"的基层治理工作目标。

用好"湾村明白人" 管好湾村那些事
——耒阳市加强和改进乡村治理经验做法

"湾村"（湘南地区特有的称谓，指临水而居、沿水建湾的自然村落）是耒阳市乡村治理的最小单元。"湾村明白人"是湾村内威望很高、群众信赖、处事公正、热心公益的新时代乡贤。2021 年以来，耒阳市大力开展"自治强基"品牌创建，创新推出"湾村明白人"乡村治理模式，激励能人管"闲事"，引导"里手"变"帮手"，实现了"小事不出湾村、大事不出乡镇"。

一、严把"三关"，高质量选好"明白人"

把牢三道关口，把"湾村明白人"选得明明白白、清清白白。全市有湾村 5061 个，选出"湾村明白人"5451 人。**把好推选关。**由各乡镇（街道）组织，在广泛宣传发动的基础上，通过自己荐、群众推、村组摸等方式，推出群众基础好、个人威望好、服务意识好且有特长、有责任、有纪律的"三好三有""湾村明白人"建议名单。**把好审核关。**由所在乡镇（街道）的公安派出所、司法所等相关部门进行联合审核，由乡镇（街道）党委组织个人谈话、问卷调查等综合考察，确保政治、人品、能力"三过硬"。**把好培训关。**多个部门围绕为民服务意识、矛盾调处能力、依法办事水平联合开展培训，结业考试成绩合格后颁发聘书。对农村党员、致富能手、人民调解员和"五老"人员（老干部、老战士、老专家、老教师、老模范）等择优选用。

二、争当"五员"，高效率办好"明白事"

充分发挥人熟、路熟、情况熟的"土著优势"，协助村干部把群众的操心事、烦心事、揪心事办成"明白事"。**当好政策法规"宣传员"。**在群众家门口用乡音土话讲党史、谈法治、听民意、传新风，实现了"面对面"开展政策法规宣传。宣讲习近平总书记系列重要讲话精神、党的二十大精神和宣传政策法规共计 9100 多人次。**当好矛盾纠纷"调解员"。**充分发挥宗族血亲优势，当好湾里湾外矛盾纠纷化解的"话事佬"，采取没事定期上门、有事随时上门、事了回访上门"三上门"方式，在"唠嗑"间把"麻纱"解决在湾里。如黄市镇竹海村"湾村明白人"谷新华和谢焱，通过依法说理、以德明理，成功化解了一起白鸡冲湾和牛里塘湾双方祖山边界多年历史遗留纠纷问题，获得村民一致好评。"湾村明白人"工作开展以来，累计化解乡村矛盾纠纷 2450 件。**当好乡村振兴"助推员"。**一方面大力发展产业，带动农民增收，如长坪乡潭湖村不到 25 岁的"湾村明白人"王小珉，返乡建厂兴业，给 120 名村民在家门口提供了就业岗位；另一方面发挥自身优势，"引老乡回故乡建家乡"。由"湾村明白人"牵线回乡的创业人员达 270 余人，并带动更多老百姓选择就近就业。2022 年，全市外出务工人员减少 1.58 万人。**当好乡风文明"监督员"。**发挥威望优势，示范带动村民开展农村"厕所革命"、环境综合整治，引导红白喜事立规矩、移风易俗树新风，推动形成良好家风、文明乡风、淳朴民风。如"湾村明白人"徐柏林上门宣传村规民约，成功劝说村民陈友运将原计划为妻子庆生的 50 桌酒席改为 10 桌，大大降低了菜肴烟酒标准，办一场简单朴素的酒席。**当好社情民意"信息员"。**"湾村明白人"及时收集、反映当地社情民意，发现重大矛盾纠纷、突发事件苗头，及时向村"两委"报告，当好党委政府的得力助手、服务群众的贴心人。全市共收集到社情民意 1100 余条，都得到了妥善处理，有效将风险隐患消除在萌芽状态，融洽了党群干群关系。

三、突出"三同"，高站位稳好"明白岗"

出台《耒阳市"湾村明白人"工作实施方案》，构建市级统筹主导、乡镇组织实施、村级负责主抓的"三级"管理机制，推动湾村治理与市域治理同频共振、同轴共转。**市乡两级同管理。**市级层面，成立耒阳市"湾村明白人"

工作办公室，对各乡镇（街道）工作进行及时指导、精准调度，并将全市"湾村明白人"汇总登记造册， 做到底子清、数据准、情况明；乡镇层面，具体负责"湾村明白人"的选聘、培训、调整等工作，并定期收集"湾村明白人"工作开展情况,确保考核有据可依、有据可查。**单位个人同考核。**对单位，将"湾村明白人"工作纳入所在乡镇（街道）绩效和平安建设考核，并建立"月考核、季通报、年评比"考评体系。对个人，市委市政府主导开展"优秀明白人""平安之星"等评选表彰活动，大力宣传先进典型，充分调动他们的积极性；对工作不得力、群众满意度低的"湾村明白人"进行调整。**当前长远同谋划。**优化年龄结构，注重从模范人物、退役军人、致富能手中培育新人，确保"湾村明白人"工作后继有人、薪火相传。全市"80后""湾村明白人"已有288人。

以"智慧网格"打通乡村智治"神经末梢"

——醴陵市加强和改进乡村治理经验做法

近年来，醴陵市践行"以人民为中心"发展思想，坚持以网格化服务管理为主抓手，打造"精细化管理、人性化服务、多元化参与、信息化支撑"的"智慧网格"，打通乡村智治"神经末梢"，构建起共建共治共享的乡村治理新格局。成功承办2021年全国创新社会治理现场会，先后获评"全国网格标准试点"城市、全国社会治理创新示范城市、省级平安市，连续3年获评全国创新社会治理经验做法、最佳案例，跻身全国县域治理能力百强第25位。

一、建好"网格平台"，贯通乡村智治要素链

按照"全覆盖、无缝隙"的原则，打造"市—镇—村—网格"四级联动网格平台，推动社会治理资源整合、要素集合、力量汇合，着力解决服务落不到底的问题。**规范阵地建设**。整合部门职能和现有资源，推进综治中心、网格化中心、政务中心"三位一体"建设，深化市长热线办、应急指挥中心、数字城管中心等部门的"多心合一"，设立市级网格管理指挥中心。统一配置要求，设立24个镇级网格化分中心、271个村级网格化工作站，以相对集中居住区域为单元划分600个农村基层网格。**健全信息系统**。以"数字醴陵"为支撑、大数据为基础，开发网格化服务管理信息系统，与"智慧党建""智慧政务"等部门系统实现"多网融合"、互联互通。整合政府行业监控、社会视频监控和农村应急广播资源，搭建联通市镇村三级的综治视联网实战平

台，做到资源共享、统一调度，实现对突发事件的"快速反应"。**配强管理队伍**。从村组干部中选聘 600 名农村兼职网格员，统一配备专用手机、工作证、工作包、职业装。每个网格设网格长、党小组长、联组长"三长"，配备督导员、调解员、城管员、安监员、网格警员、巡防员等"多员"，成立了"两代表一委员"帮扶队、"五老"宣讲队、妇团文明队、志愿者服务队、党员先锋队"五支队伍"，充实网格管理服务力量。

二、健全"网格机制"，扣紧乡村智治责任链

按照"小事不出村，大事不出镇，矛盾不上交"的工作要求，规范网格运行机制，着力解决责任落不了地的问题。**实行网格常态化巡查**。出台《网格员巡查走访制度》，通过网格平台系统自动派单功能，网格员定期对网格内独居、空巢老人、五类人员、重点关注人群等进行"四必访"（即每周必访、每月必访、每季必访、每半年必访），并将常态化走访与集中式排查相结合，定期排查重点场所、人员、领域、行业的风险源和安全隐患。近三年，累计排查安全生产隐患 2.5 万余处，排查化解矛盾纠纷 1800 余件，协助化解信访积案 12 件。**实行事件闭环式处置**。整合"网格化 + 微信群 +12345 政务服务热线"三个平台，畅通群众诉求反映渠道。建立部门职责、日常巡查、事件分类、问题交办四张清单，实行集体会商、交办反馈、挂号销号、督办通报等制度，网格员通过终端上报的事件，先由村（社区）或镇（街道）受理，若需部门（单位）解决的，由系统自动流转交办至相关责任部门（单位），确保每一个诉求都及时响应，每一个事件都有序应对，每一个问题都有效处置。三年来，累计上报事件 17 万余件，办结率、化解率达到 99.5%。**实行结果智能化评价**。出台考核管理办法，根据部门（单位）事件处置时效、群众反馈评价情况，每季度系统自动生成评价数据，作为部门绩效评估依据。根据网格员信息采集录入、事件上报、代办服务、考勤记录、群众评价等情况，每月系统自动生成评价数据，作为网格员绩效奖励、评优评先依据。

三、做优"网格服务"，延伸乡村智治服务链

坚持寓治理于服务、以服务促治理，结合"最多跑一次"改革，不断拓宽服务链条，着力解决服务落实不到位的问题。**梳理服务事项**。将信访、卫健、

民政、医保、环保、乡村振兴、退役军人事务等工作纳入网格，打破部门壁垒，梳理"五个一批"事项［即一批惠民事项、一批审批事项、一批监管（巡查）事项、一批宣传事项、一批平台事项］28 件，并优化每个流程、每个环节的工作时限和服务质量标准，切实提高基层工作的效率和管理水平。**优化服务方式**。将"醴陵政务"APP 与网格化服务管理信息系统深度融合，设立"掌上办事大厅"，实现 664 项公共服务事项的办事指南一键查询，预审资料网上提交。村（社区）干部、网格员、驻村辅警兼职代办员，通过"扫码找格、扫码找人"功能，代办员为居民全程帮办民生事项。近三年，累计代办各类事项 16 万余件，群众满意率达到 99%。**强化服务联动**。开展"社工 + 网格员 + 志愿者"组团服务，定期组织社会工作者、社会志愿者、网格员深入网格，帮扶困难群众、助力城市建设、协同环境治理、宣传惠民政策。三年来，累计走访帮扶群众 240 万余人次，收集民情民意 3.4 万余条，发放各类宣传资料 350 万余份，开展网格宣讲 1200 余场次。统筹整合部门职能、下沉工作力量，做到矛盾纠纷联调、社会治安联防、重点工作联动、打非治违联治、疫情防控联抓、基层平安联创，连续五年未发生较大以上安全事故，营造了安全稳定的社会环境。

"门前三小"打通农村公共服务"最后一公里"

——攸县加强和改进乡村治理经验做法

近年来，攸县以"创新农村公共文化服务体系"为抓手，大力实施"门前三小"工程，在老百姓家门口建立起小广场、小书屋、小讲堂，把服务送到群众"门口"，把文明种到群众"心中"，打通了农村公共文化服务"最后一公里"，"小广场跳出了大健康、小书屋读出了大天地、小讲堂讲出了大道理"。2020 年攸县"门前三小"经验作为湖南唯一一个成功入选第二批全国农村公共服务经验做法并向全国推介。2021 年 7 月被中央深改办推介。

一、分类实施，建设不求"齐步走"

不给村里添负担，不让工程打水漂，全面制定了详细的规划，积极稳妥推进"门前三小"工程。**规范申报。**按照"屋场申请、村支"两委"盖章确认、镇党委政府现场考察、屋场建设施工、县文体广旅局审核验收、县委县政府配送设施设备、组织开展活动"的操作流程，各地"门前三小"工程只要覆盖人口在 300 人以上、小广场面积在 300 平方米以上、小书屋和小讲堂面积在 20 平方米以上，经验收合格均可纳入奖补范围，并获得授牌。**因地制宜。**针对"门前三小"怎么建，政府制定了指导意见和奖补办法，但不下达指令性建设任务，不搞"一刀切"，不求"齐步走"，不图"高大上"，不搞大拆大建，只搞"微建设"，对"三小"场所的建筑结构、装修标准等不作硬性规定，条件不成熟的地区可先期建设"一小"或"二小"再"三小"。

示范带动。对建设规范、运行良好、效果突出者，评定为"门前三小"工程示范点，给予 2 万至 7 万元资金支持，鼓励各示范点树特色、创品牌，通过示范带动树立样板，由点及面辐射周边。建成"门前三小"工程 715 个，其中打造示范点 65 个、样板点 4 个。

二、民办公助，工作不演"独角戏"

充分贯彻"依靠群众、造福群众"的理念，尽最大努力发动群众共同参与到"门前三小"建设管理的全过程。**充分尊重群众**。坚持从群众需要出发做好群众工作，按照自下而上的推进模式，充分调动老百姓的积极性，由群众自行申报、自行建设、自主管理、自我服务，最大限度释放基层共建共治共享的能量。**广泛发动群众**。在安全的前提下鼓励老百姓利用闲置民房、老祖屋、旧村部、空置学校、老厂房等现有资源进行统筹规划建设。建成小广场总面积 22.5 万平方米，小书屋、小讲堂合计面积 2.12 万平方米，其中群众主动让出土地 1 万多平方米用于修建小广场，无偿腾出房屋 860 余间合计 9800 多平方米用于改建小书屋、小讲堂。以奖代拨投入 1300 多万元，撬动社会资本筹资 9260 多万元支持"门前三小"工程建设。**密切联系群众**。把"门前三小"作为干群联系重要平台，坚持走好群众路线，了解群众所思所想，及时解决群众需求。

三、注重实效，活动不摆"空城计"

立足"三小"是建来用的，注重实效发挥。**突出党建引领**。着力发挥各级党组织的引领作用，让"门前三小"成为党员发挥先锋模范作用的重要阵地，通过"党建＋文化服务"的模式，促进党的建设和群众工作深度融合。**大力培育乡贤**。充分发挥乡贤的示范带动作用，发动老党员、老干部、老教师、德高望重的老同志和文艺骨干，积极参与志愿服务和日常管理。全县志愿担任"门前三小"管理工作的"四老"人员达 1769 名，年龄最大的超过 80 岁。**建立健全机制**。不断在实践中完善管理使用制度，定岗定责把责任落实到个人，确保"门前三小"场所时时有人管、天天能开放，真正做到年有计划、月有主题、周有安排、日有活动，相关情况纳入单位文明建设评选的重要依据。**积极开展活动**。通过"政府主动送活动"和"群众自发办活动"，群众下单"点餐"、政府下厨"送餐"模式，以志愿服务为主要形式，把村民提出的"心愿"需求汇总收集，策划组织开展送政策、送法律、送科技、送医、送戏下乡等各类活动。"门前三小"已成为攸县送党课、送文化、送技术、送信息、送服务的重要场所，真正把公共服务送到了家门口，真正打通了基层公共服务"最后一公里"。

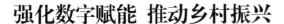

强化数字赋能 推动乡村振兴

——韶山市加强和改进乡村治理经验做法

　　韶山市自 2020 年入选首批国家数字乡村试点地区以来，立足实际，大胆尝试，探索出数字乡村发展新模式，为乡村振兴插上"数字翅膀"。

一、以试点为契机，强化示范引领

　　加强组织领导。将数字乡村建设作为一把手工程，成立韶山市推进国家数字乡村试点工作领导小组，制定《韶山市国家数字乡村试点工作总体实施方案》《韶山市关于加快推进国家数字乡村试点工作方案》，实施"1+1+N"工程，数字乡村建设全方位、多领域、深层次推进。**创新体制机制**。建立数字乡村建设联席会议制度，实行工作项目化、项目清单化、清单责任化。重点打造"一图""一码""一平台"，即绘出"数字乡村时空一张图"，整合"雪亮工程"视频等资源，在农业生产、生态环境等领域提供大数据分析、监测和决策支持；建设一个"韶农码"，为智慧农业、公共服务等提供总入口；构建统一的"综合信息化服务平台"，实现涉农数据全汇聚、乡村应用全融合。**突出政策支持**。制定《韶山市信息通信基础设施能力提升三年行动计划》，出台《韶山市现代农业示范园产业发展扶持优惠政策》，投入 3 亿多元，推动 5G、智慧农业、智慧旅游、互联网金融、移动电子商务等建设。设立财政专项资金，鼓励国有企业、社会资本参与数字乡村建设，在经费补贴、政府项目申报立项等方面予以支持。

二、以发展为根本，强化路径探索

推动数字为经济赋能。 大力实施"新基建"工程，形成覆盖全市的基础信息网络体系。城区信号覆盖率达99.04%，宽带互联网城区光纤到达率100%，新建、改造5G基站230个，5G信号覆盖核心景区、中心城区。推动数字经济与制造业深度融合，"三一（韶山）工业互联网项目"入选2022年湖南省"数字新基建"100个标志性项目。完善智慧旅游服务体系，建设数字化景区监控、GPS定位、电子票务、应急指挥、智能交通等管理系统。开启全电化、数字化进程，湖南首个泛在电力物联网县域示范"数字韶山"建成。**推动数字为发展提质。** 推动信息技术与农业农村深度融合，选择宏发、四清等10家较大规模农业生产企业建设智慧种植管理系统和生产移动管理系统，打造智慧农业示范基地，实现农产品生长环境智能监测和数字化管理。深入推进"互联网＋"农产品出村进城，以再次上榜国家电子商务进农村综合示范县为契机，整合电商孵化园等资源，搭建统一的旅游电子商务综合服务平台，重点培育韶山红茶、毛家食品等韶山网络主推产品，以品牌化带动产业发展。全市电商企业达145家，2021年实现电子商务交易额9.1亿元，同比增长率11.2%。**推动数字为服务提速。** 大力推进"移动支付便民示范工程"，实现景区窗口购票、自助售票、酒店民宿、商户店铺"云闪付"，打造了融合红色旅游、惠农金融服务的全国移动支付示范城市。深入推进"智慧党建"建设，构建集党务、政务、村务、商务、公共文化和社会服务于一体的村（社区）便民服务中心，村（居）民在家门口就可"一站享受"45项便民服务。开发并运行集新闻宣传、文化旅游、政务服务、便民服务、直播互动于一体的"红色韶山"手机APP，推出"莲城电工"微信小程序，不断提高农民数字素养和益农信息服务水平。**推动数字为治理增效。** 探索乡村数字治理新模式，加快平安乡村信息化。积极推进平安乡村"雪亮工程"建设，通过城乡视频监控连接贯通，实现城区景区监控"全覆盖、无死角、无盲区"，乡村视频监控覆盖率达95%。通过信息化手段，提升农村公共安全预防和应急处置能力，加强人居环境监测、移风易俗监督，增强对农村留守老人儿童的关注与关爱，实现更加精准高效的数字乡村治理。2021年，韶山市被授牌命名为"平安中国建设示范县"，并再次捧得"长安杯"。

三、以项目为抓手，强化特色打造

打造数字乡村应用亮点。紧紧围绕农业信息化推进、农村新业态培育、乡村治理数字化等评价指标，从数字文旅、智慧校园等十二个方面打造特色亮点项目，努力形成 N 个应用亮点。2022 年共引进、培育乡村旅游项目 10 个、研学项目 5 个、特色民宿 28 家。全域实施"湘妹子能量家园"工程，建立以村为主要单元、以家庭为切入点、以积分制为手段、以大数据科技为支撑的社会治理机制，为妇女发展赋能，为乡村治理增效，常住家庭户数注册率达到 70% 以上。全面推进"互联网＋教育"，打造"智慧校园"，促进人工智能成果在乡村教育中的应用，依托网络联校群建设，实现"三个课堂"的应用落地。**探索乡村治理"数字攻略"。**以开展全国乡村治理体系建设试点为契机，打造"一横两竖"工单式管理系统和自治、德治、法治、智治相结合的新样板，成为具有韶山特色的乡村治理"数字攻略"。全面构建全民共建共治共享的乡村治理工作格局，开发了"荣誉值＋"积分制 APP，群众通过参加志愿服务积分，让环境卫生、移风易俗、教育培训、遵纪守法、热心公益、典型先进等方面有了荣誉分值,给无形的村规民约赋予看得见、摸得着的价值，促进良好家风、淳朴民风、文明乡风的养成。**试行乡村智慧法律服务。**积极探索创新公共法律服务载体和方式，开展"互联网＋公共法律服务平台"项目建设，将多样化、智能化、人性化的服务模式融入公共法律服务体验之中，让群众享受到"智慧司法"建设带来的便捷法律服务。2021 年 7 月，湖南省首个村级智慧公共法律服务平台在韶山落地试行，老百姓的法律服务问题在"家门口"就可得到回应和解决。

"六化"共治 "六零"共创
构筑乡村振兴治理有效新格局

——洞口县加强和改进乡村治理经验做法

洞口县认真贯彻落实习近平总书记关于乡村治理的重要论述,大力开展"六零"(零事故、零非访、零发案、零违建、零污染、零疫情)村(社区)创建,以积分换项目为抓手,推动乡村社会治理制度化、网格化、积分化、项目化、数字化、文明化,调动村民参与社会治理共建共治共享热情,取得良好成效。

一、坚持机制创新,推动乡村治理"制度化"

洞口县统筹安全生产、道路交通安全、防学生溺水、信访维稳、禁毒、反电诈、社会治安、耕地保护、污染防治、疫情防控等 10 项民生底线工作,设定"六零"村(社区)创建目标,通过积分换项目,构建了"县级统筹、四级包保、各级联动"的乡村治理新格局。**县级统筹推动**,成立县社会治理攻坚行动指挥部,下设综合协调组和安全生产、信访维稳、禁毒、反电诈工作专班。落实"一月一排查、一月一汇总、一月一调度、一月一通报、一月一交办、一月一督办"的工作制度,对"六零"创建工作实行定期考核,考核得分情况纳入积分换项目管理。**四级包保联村**,县级领导联乡包村、乡镇干部包村、村干部包组、党员组长包户,构建"党组织—自治组织—网格体系"的治理架构。**各级联动落实**,县直各部门、各乡镇(街道、管理区)组织开展大走访、大排查、大整治活动,形成"多位一体"网格队伍;各村(社区)

组织开展主题党日、院落会、敲门行动、民情恳谈会等，确保创建工作宣传全覆盖；以村为单位，开展安全隐患、信访矛盾等隐患排查行动，建立问题台账，逐一整改销号，确保摸排整改全覆盖。

二、坚持党建引领，推动乡村治理"网格化"

坚持"就近、就便、就熟"，通过"村干部包组、党员组长包户"模式，实现党员组长联系群众全覆盖，有效促进基层社会治理。**建强主阵地**。以基层党建为引领，加强党支部建设。2021 年村级换届后，"一肩挑"比例达 97%，实现村级班子年龄、文化、能力"三优化"。坚持自主自愿原则，开展无职党员设岗定责，加大无职党员培训力度，提升履职能力，充分发挥党员先锋模范作用。**织密治理网**。全面整合基层党建、安全生产、文明创建、社会治安、疫情防控、应急等工作，形成基层治理"一张网"，发挥网格作用，助力基层治理。创新防汛救灾"户帮户"转移避险机制，推动网格内结对 5794 户，实现涉险户避险安置全覆盖，有效应对了多轮强降雨过程。"户帮户"经验被湖南省防汛抗旱指挥部在全省推广。**办好身边事**。通过入户走访，收集社情民意和群众诉求，帮助群众化解矛盾，做到小事不出网格、不出村。

三、坚持目标考核，推动乡村治理"积分化"

出台《洞口县基层社会治理积分换项目考核细则（试行）》及补充规定，对"六零"村（社区）创建工作的目标任务、考核范围、考核评分及奖项设置等方面进行具体细化明确，设置县、乡、村、组、户五级积分，以 364 个村（社区）为考核主体，联乡联村的 104 个县直部门、24 个乡镇（街道、管理区）一体考核、同奖同罚。**县级层面**，部门与村同奖同罚，在年度绩效考核中设 10 分，与联点村考核结果直接挂钩，不进行专门考核。**乡镇层面**，按地域位置和大小分为三个系列进行考核，由所辖村（社区）的平均分和乡镇（街道、管理区）本级考核分两部分构成，考核分值各占 50%，在年度绩效考核中设 20 分。**村层面**，乡镇每月按比例评选出 ABC 三个档次，行业部门按照工作指标完成情况加减分。**组层面**，按综合得分排名，优先安排实施获得项目。**户层面**，公示每户加减分情况，加分奖励可在村级"爱心超市"兑换实物奖励，激发户与户之间"比"的意识，推动各家各户遵规守纪、主动参与。

四、坚持项目奖惩，推动乡村治理"项目化"

整合项目和资金，探索"积分换项目"机制。2021 年，对 102 个实现"零非访"的村（社区）兑现项目奖金 1000 万元。2022 年统筹整合各部门项目资金 5000 万元，制定县直行业部门加减分标准、乡镇本级考核细则、乡镇考核村基础工作评分表，实行"工作经费＋项目资金"模式，分设"综合奖"和"目标实现奖""积分换项目奖"。**"综合奖"**，对乡镇（街道、管理区）综合考评，按地区分为三个系列乡镇，每年年底根据考核等级分别奖励工作经费。**"目标实现奖"**，对村（社区）考核，每年评比两次，每完成一项基本目标（共 6 项），奖励 5000 元作为工作经费，应奖尽奖，共计 1000 万元。**"积分换项目奖"**，对村（社区）进行综合考评，每月排名，年底评选综合排名前 100 名的村（社区），奖励项目资金，各村根据各组各户实际得分情况合理落实项目，共计 4000 万元。

五、坚持数字赋能，推动乡村治理"数字化"

开发"乡村治理服务数字平台"——洞口县基层社会治理村民积分考核数字化平台，将"六零"创建的 6 大类 30 小项内容纳入考核细则和积分管理，实行"网络＋网格"，建立"一户一档一码"，村民扫码即可查看积分、申报加分以及上报问题隐患、提交意见建议。赋码 25.03 万户 81.98 万人，占全县总人口的 92.11%；摸排各类风险隐患 5820 个，整改消除 5812 个。同时，作为"我们村"平台全国 6 个试点县之一，抢抓机遇，实施"互联网＋基层治理"行动，通过数字赋能，将"我们村"平台与"六零"村（社区）创建相结合，推进巩固拓展脱贫攻坚成果同乡村振兴有效衔接。全县 364 个村（社区）全部上线，注册县、乡、村三级管理员 778 人，是全国唯一应用全覆盖的县。中国社会帮扶网数字乡村平台试点总结推广座谈会在洞口县召开，"六零"村（社区）创建工作经验在会上推广。

六、坚持移风易俗，推动乡村治理"文明化"

创新推行移风易俗"三个3"规范，即"喜事缓办、丧事简办、宴会不办，红白理事会安排3人主事，操办时间不超过3天，操办费用不超过3万"，不断加强厚葬薄养、低俗婚闹、封建迷信等不良风气治理，为乡村振兴注入文明力量。**聚焦建机制促实效。**采取"党支部＋协会"工作模式，建立完善村民议事会、道德评议会、红白理事会等协会组织，将移风易俗"三个3"规范列入村规民约，设立移风易俗红黑榜，让"小规约"成为群众办理婚丧嫁娶事宜的"硬杠杠"。**聚焦强宣传立榜样。**强化正面引导，每个乡镇培育2个以上移风易俗工作示范村，各县直机关单位结合乡村振兴联点工作联系1个以上移风易俗工作示范点。操办红白喜事时，党员干部模范带头，村党支部提前介入，红白理事会全程监督，禁止在操办时间、操办费用、操办规模上相互攀比，严禁封路扰民。**聚焦严监管重奖惩。**把移风易俗工作纳入乡镇（管理区、街道）及机关单位年度绩效考核，纳入各村"积分换项目"考核的重要内容。实行保证金制度，操办红白喜事前，由当事人向村交纳保证金，违反"三个3"规定的，保证金将用于村公益事业，取消其在村内的各种评先资格。同时，对"道士""地仙"等红白喜事操办人员进行登记造册，开展专题培训，严厉打击利用封建迷信活动骗取钱财、坑害群众的违法活动。

文明实践"大比武" 助推乡风文明大提升

——永定区加强和改进乡村治理经验做法

近年来，永定区以"新时代文明实践季度大比武活动"为载体，大力推进乡风文明建设，丰富了群众文化生活，推动了农村移风易俗，提升了乡村治理水平。

一、中心搭擂台，三级平台"动"起来

参照试点建设工作要求，区、乡镇（街道）、村（社区）三级全面覆盖建成1个新时代文明实践中心、24个所、258个站，三级党组织书记共同抓。为紧密串联中心所站，全区一体推进，促进全域全员文明实践，区新时代文明实践中心精心搭建"文明实践大比武"擂台，每个季度持续开展比武活动，让三级文明实践平台"动"起来。**定目标**。通过上下一体、各方联动开展比武活动，促进文明实践走深走实，实现新时代文明实践中心"三个转变"：即变干部的衙门为群众的家门、变干部的想法为群众的自发、变干部的"守摊"为群众的"点单"。**建机制**。中心搭擂台，中心建设工作领导小组成员单位当评委，实践所站为主体，每个季度开展一次文明实践大比武活动，每次比武评选一批文明实践先进，以奖代补培育示范所站，褒扬激励优秀志愿服务组织、项目和志愿者。**抓常态**。围绕文明实践五大工作内容和区委区政府中心工作，每个季度设置不同主题，逐季接续推进，每季末通过对各个实践所站实地考察横向比、部门评价量化比、图文展示集中比，力促所站争上

游、当先进，切实增强比武的针对性、创造性、实效性，提升活动的吸引力、感染力、渗透力。

二、所站齐比武，实践活动"火"起来

连续开展七季"文明实践大比武"活动，将学习实践科学理论、宣传宣讲党的政策、培育践行主流价值、丰富活跃文化生活、持续推进移风易俗有机融入百姓日常生活，开展活动3500多场次，引导群众转变思想观念、生活方式，形成所站学比赶帮超的火热场面。**坚持目标导向**。紧扣乡村振兴战略任务和文明城市创建目标，围绕群众现实关切，围绕整治环境卫生助力疫情防控、脱贫攻坚扶志扶智宣传宣讲、扶弱济困情暖永定、道德滋养心灵文明花开永定、弘扬志愿精神用心为民服务、坚持以文化人助力乡村振兴、传承弘扬雷锋精神共创全国文明城市等七个主题，压茬开展比武活动，加快提升群众思想觉悟、道德水准、文明素质和社会文明程度。**坚持需求导向**。通过中心出题、所站作答、群众阅卷、社会检验，激活文明实践基层"细胞"。所站根据每季比武主题，开动脑筋加足马力，因地制宜创新方式方法深化拓展活动，群众在哪里，文明实践就到哪里，群众想什么，文明实践就做什么，以丰富多彩、灵活多样的"讲、评、帮、乐、办"，实现不同层次群众的物质生活改善、精神文化满足和自身价值实现，让群众在参与中有更多的获得感、幸福感。**坚持效果导向**。立足以比促改、以比促干，进一步提升所站动员能力、整合能力、引导能力、服务能力、创新能力、保障能力，激发群众文明实践主人翁意识，提振精气神。彰显先锋引领作用，大比武活动累计表彰先进实践所（站）46个次，优秀志愿服务组织6个，优秀志愿服务项目19个，优秀志愿者、宣讲员、工作者50名，奖补资金40万元，让实干者、能干者有荣誉更有荣光。

三、群众共参与，城乡面貌"美"起来

通过由表及里、以点带面地广泛开展文明实践大比武活动，以"众人拾柴火焰高、城乡面貌美起来"的实践成效，催生所站原生动力，调动群众争当文明实践主角的积极性，培育基层骨干志愿者300多名，带动群众参与文明实践活动30多万人次。**乡风民风美起来**。积极构建张家界"屋场会"文明

实践总品牌，以屋场为单元，挖掘身边"活教材"，将理论宣讲与红色经典故事、身边好人报告、文化文艺节目、实用技术培训、法治宣传、科普教育等结合起来，引导群众、教育群众、服务群众，凝聚向上向善正能量。大力推选道德模范、身边好人，开展多种形式的学习宣传活动，选树了 50 多名温润人心的道德典型，成为群众可亲可敬可学的榜样。广泛组织开展文明实践志愿服务活动，打造了"情暖童心"微心愿、"微爱公益"邻里守望、"爱尚世家"义剪、"温馨老年"孤寡老人服务等一批所站特色活动，让相亲相爱、互帮互助成为风尚。**人居环境美起来**。将人居环境整治列为文明实践大比武主题，常态化开展生态文明实践活动。以城区为重点，开展"城市清洁日"、垃圾出城、控违拆违、户外广告整治、文明交通劝导等活动，以农村集镇为支点，组织志愿者进行义务巡逻，劝导制止乱丢乱扔、乱停乱摆、乱搭扰建等行为，以村组农户"水、路、房、垃圾、厕所、墓"为着力点，进行政策宣传、美化整改、典型评比等，齐心协力为城乡美体塑形。枫香岗街道、沙堤街道、教字垭镇、天门山镇、牧笛溪村、八家村等所站将生态文明实践列入"我为群众办实事"项目，加速旧貌换新颜，群众生活品质显著提升。**文化生活美起来**。依托丰厚非遗资源，通过政府购买服务，委托张家界旅游职业学校开设阳戏艺术班，3 年内定向培养 40 名专业人才开展农村文化传习活动，发挥各类非遗传承人作用，创作展演《文明实践利国民》等一批文明实践文艺宣传作品，开展阳戏、花灯、快板、草狮子、更板磉、土家刺绣、土家织锦、莓茶制作技艺等非遗保护传承活动展 1600 多场次，活跃乡土文化，扶贫扶智志，"周五自习室"、"乡村文化广场"、"土家文化进课堂"、"非遗进校园"、阳戏剧团大篷车巡演、"小小讲解员"等活动项目深受群众喜爱。

小岗位大服务 "村务员"助力乡村振兴

——桂东县加强和改进乡村治理经验做法

近年来，桂东县创新探索农村公共服务"微治理"体系，以网格化管理为基础，创新推行"一员多用、多员合一、一网一员"的"村务员"治理模式，通过精细化管理，打通服务群众"最后一公里"，群众满意度、获得感、幸福感不断提升。村务员治理模式被列为全国农村公共服务经验做法，2022年5月6日人民日报进行整版宣传报道。桂东县连续21年保持全省"平安县"殊荣，连续3年获评全省信访工作"三无"县，2021年被评为全国首批信访工作示范县，2022年7月获评首届湖南"平安杯"。

一、推行一员多责、择优录用、统筹兼顾的人员整合机制

建立"一员多责"机制。2019年以前，采取"一人一岗"，设置生态护林员、农村（河道）保洁员、公路养护员、交通劝导员、安全生产监管员等公益性岗位，由本地居民和贫困群众来协助管理村务，一片区域往往涉及多个公益性岗位，存在职责不清、效率不高等问题。2019年，出台《桂东县村级公益性岗位整合工作实施方案》，按照村（社区）总人口8‰的比例设立"村务员"，对村务员实行网格化包组责任制，由一名村务员负责一个网格内的护林（鸟）、保洁、农村道路养护、安全生产监管、交通劝导、河道清理、环境保护等岗位职责，人员从1919名精简到1122名。**明确"村务员"职责清单。**给"村务员"定职责、明任务、拉清单，除履行农村保洁、道路养护、

护林防火、交通劝导、安全监管等日常职责外，还重点履行"党委政府政策宣讲员""人民群众矛盾调解员""信访维稳灾害信息员"等职能，负责宣传方针政策、调解矛盾纠纷、了解社情民意、收集各类信息等。尤其是发挥村务员在乡村治理中的作用，在一线了解问题、反馈问题、化解问题，有效促进邻里关系和睦、问题化解和谐、群众交流和气、家庭生活和美。**规范"村务员"岗位选聘流程**。村务员按照岗位要求签订一年期合同，每年在现有"村务员"合同到期前一个月，由各村（社区）发布新的村务员选聘公告。要求村务员必须具备与岗位相适应的劳动能力和责任心，居住在本村且年龄在60岁以下。实行竞争上岗、择优录用，村民自愿报名，由老百姓推选、村委会推荐、乡镇审核，审核后进行公示（公示期七天），公示期满且符合条件的人员，由村（社区）与其签订劳务合同，并报县农业农村局备案。同时，有针对性地组织开展业务指导和专业培训，切实提高"村务员"队伍的整体素质和履职能力，推动"村务员"工作专业化，大大提升了乡村治理工作效能。

二、构建部门指导、乡镇统筹、村级落实的工作管理机制

实施全域网格化管理。按照属地性便利性原则，实行农村公益服务网格化管理，将全县12个乡镇（场）113个村（社区）划分为若干个网格区域，按照"网中有格、格中有人、人在格上、事在格中"的网格化管理模式，由村支部书记担任网格长，"村务员"担任网格员，建立"责任全覆盖、管理无缝隙、情况全掌控、服务不遗漏"的网格化村务管理体系，充分发挥"村务员"管村务的作用，让村务员成为"全能管家"，实现村务服务全域覆盖，彻底打通服务基层、治理乡村的"最后一公里"。**实施常态化督导考核**。建立"村务员"管理规章制度，强化考核督导，用制度管人管事。实行"县级每季督查、乡镇每月考核、村级每日检查"的考核管理机制，由乡镇（场）负责日常管理、考核、督导，把群众评价作为村务员考核的主要内容，建立优胜劣汰的选用机制，及时调整更换不适应工作要求的人员，对考核不合格和因工作失误造成重大影响与损失的人员，依法解除劳务合同、不再聘用。同时，对表现优秀的予以表彰奖励，全县每年评选"优秀村务员"150名，每名奖励1200元。通过严督实考，"村务员"成为一支充满生机活力的乡村振兴工作力量，真正使"小岗位"发挥了大作用。

三、实行统筹安排、合理分配、凸显效益的资金整合机制

按照"经费随事转"原则，县财政每年统筹整合资金2000万元以及村级光伏发电收益，保障"村务员"薪酬待遇，整合资金按因素分配法（村民小组数量、人口数量、区域面积等）划拨到各乡镇（场）统一管理，由乡镇（场）负责按时发放工资以及为村务员购买人身意外保险等。有集贸市场的乡镇额外获得5万元的支持经费。通过实施"村务员"整合，一个网格区域由原来几个人变为一个人，工资由60—200元/月不等统一提高到1130元/月以上。在总体经费保持不变的基础上，"村务员"模式使乡村人、财、事得到优化完善，公益性岗位工作人员变身"职业化就业"。在"家门口就业"的同时，还可以兼顾家庭和农事，"村务员"们干活的主动性和积极性大大增强。除对责任区内公共场所卫生每天保洁外，还积极指导群众做好垃圾分类，督促村民、商户做好门前"三包"工作，乡村人居环境进一步优化。桂东连续4年入选中国最美县域榜单，被列为2021中国最美乡村百佳县市，空气质量达到国家一级标准，成功创建省生态文明建设示范县。

"党建引领＋群众主体"构建乡村善治体系

——零陵区加强和改进乡村治理经验做法

近年来，零陵区以全国乡村治理体系建设试点示范为契机，聚焦村级组织软弱化、民主协商形式化、矛盾纠纷多元化、乡村治理碎片化、乡风文明低俗化等问题，创新推行"五个一"治理模式，走出了一条独具特色的乡村善治之路。零陵区先后荣获全国村庄清洁行动先进县区，入选全国"清廉乡村"十佳案例、全国社会治理创新和平安创建经验做法，香零山村、悟山里村创建为全国文明村镇，水口山镇创建成省级文明村镇，全区 10 个乡镇全部创建成市级文明村镇，党务村务民主协商监督月例会两次入编《反腐倡廉蓝皮书》，2022 年乡村振兴月例会典型经验在全省进行推介。

一、强化"一个引领"，推动群众事党员领办

充分发挥党建在乡村善治中的引领作用。**实施"党员'137'包户"工程。**即 1 名党员帮扶 3 户群众，做好守法、尚德、提能、勤劳、清洁、和睦、教育等 7 项具体工作，做到党员联系到户、民情走访到户、政策落实到户、产业对接到户、精准服务到户"五个到户"。**实施"党建强基"工程。**按照"抓基层、夯基础、强治理、促发展"的思路，选优配强 16 个乡镇（街道）、334 个村（社区）领导班子，选派第一书记 76 名，组建乡村振兴帮扶工作队 62 个，基层党组织的凝聚力、战斗力明显增强。**实施"五讲五比"工程。**开展了"讲政治、比忠诚，讲学习、比能力，讲团结、比合力，讲担当、比执行，

讲纪律、比作风"的"五讲五比"活动，以学促干、比学赶超，形成了千军万马治乡村、千家万户美乡村的乡村治理新格局。

二、创新"一个例会"，推动重大事协商共办

创新开展"党务村务民主协商监督月例会＋云直播"，拓展升级为乡村振兴月例会，打造村级议事平台。**清单管理，让基层权力由"任性"变"规矩"**。聚焦乡村振兴"二十字"方针，梳理制定返贫监测、产业资产、村庄规划、平安乡村等八项清单，制定"小微权力"清单30余项，每月召开"月例会"进行议事协商，群众随时监督村级每一笔财务收支、每一项权力运行、每一个工程项目、每一个办事结果，"让群众明白、还干部清白"。**建章立制，让村级工作由"无序"变"有序"**。建立健全"四议两公开"、村级工程项目管理、村民议事等10余项配套制度，确保每一项权力行使都有法可依、有章可循。2020年以来，民主商议村级事项4299件，办理4017件。**全程参与，让村务监督由"独角戏"变"大合唱"**。按照"一村至少一群、一户至少一人"的原则，建立月例会微信群319个，15万人入群，让月例会插上"云直播"的翅膀，实现"群众点单、协商定单、村委派单、干部埋单、群众评单"，参与监督协商的群众、解决的事项均增加了数倍。

三、抓实"一个调解"，推动纠纷事靠前调办

探索矛盾纠纷诉前调解工作机制，推动预防纠纷"第一道防线"与解决纠纷"最后一道防线"有效衔接。**责任落实在前**。全面落实"疫情要防住、经济要稳住、发展要安全"的政治责任，建立"党委领导、政法牵头、司法推动、社会参与、多方联动"的诉前调解体系，变事后维稳为事前维权。**平台搭建在前**。整合公检法司、综治中心、人民调解委员会等资源，建立区乡村三级诉前调解网络体系，建成区调解中心1个、区行业性专业性调委会9个、镇（街道）级调解站16个、村（社区）级调解室334个，实现问题联治、矛盾联调、平安联创，变群众多头申诉为政府一站受理。**纠纷调处在前**。突出人民调解、行政调解、司法调解联动作用，探索建立"政法五老"＋好邻居（志愿者、新乡贤）＋9个行业调委会等调解模式，推行诉前双向分流调处，变立案受理为诉前调解。

四、健全"一个网格"，推动村民事就近快办

充分发挥网格的"触角"和"探头"作用，把乡村治理压实到第一线、最基层。**推动"一网贯通"**。整合党建、综治网格，以每个网格 120 户农户、15 名党员为基准，将全区乡村划分为 926 个网格，把"人、地、事、情、组织"纳入其中，梳理网格事项 30 类 111 项，下放就业、医疗、养老等 48 项重点民生事项，做到"多网融合、一网通办"。**架起"一座桥梁"**。投资 2.3 亿元完善乡村综合服务平台建设，以村社为平台、社会组织为载体、社会志愿者为支撑，大力推进"三社联动"，即时解决村民急难愁盼问题，架起了"心相近，一家亲"的民心桥。**打通"最后一米"**。以群众需求为导向，整合网格员、乡村干部、村辅警等力量，组建万人网格服务团，打通服务群众"最后一米"。

五、定好"一个民约"，推动民俗事文明新办

围绕乡风文明建设，大力推行"一约四会五星"。**"一约"定新风**。将村规民约与乡风文明建设深度融合，让村民将自身最关心、要求最迫切的事项，变成村民认可、通俗易懂的"美丽约定"，确保约出"好风气"，乡风文明持续向善向好。**"四会"睦乡邻**。以红白理事会、道德评议会、村民议事会、禁毒禁赌会为主线，开展"好乡风，大家议"等道德实践活动，真正实现小事不出村、大事不出镇、矛盾不上交。2021 年以来，协调处理邻里纠纷 3380 起。**"五星"创典范**。坚持先进带后进，每年评选一批"五星级文明村""五星级文明户"，以先进典型引导百姓崇德向善。2021 年以来，评选文明村 30 个、文明户 612 户，推选"零陵好人"20 名。

支部扎桩 社团织网 三员共治

——宁乡市大成桥镇加强和改进乡村治理经验做法

近年来，宁乡市大成桥镇坚持"支部扎桩、社团织网、三员共治"工作机制，充分培育发展社团组织，推动支部党员、社团会员、家庭成员三位一体参与乡村治理，构建"社会协同、公众参与"的乡村治理机制，探索出了一条以群众为主体推进"产业兴、环境美、治理优、民风淳"的乡村振兴共建共治之路。2019 年获评全国乡村治理示范镇，2020 年成功获评湖南省文明镇，鹊山村获评全国文明村。

一、构建"专业化 + 网格化"的社团治理体系

搭建"1+6"的社团组织。立足镇域实际，成立志愿者协会、凝成文明劝导服务中心、惠成平安服务中心、社会禁毒协会、围鼓戏协会、工商业联合会、巾帼风采志愿服务队 7 个社团组织，每个社团设 3—6 名理事会成员。其中，志愿者协会与镇新时代文明实践所统筹工作，广泛吸纳社会群众参与，发展会员 376 人；其余 6 个社团组织因其服务的专业性，主要吸纳在群众中威望较高、组织协调力较强、具有相应履职经验的人员加入，有成员 238 人。**畅通"网格 + 社团"的协调联动机制。**依据村民小组将全镇划分为 153 个治理网格，由巾帼风采志愿服务队会员、妇女组长担任网格管理员，负责及时收集上报需要触发社团服务的事项信息，并为社团提供引路、反馈、评价等附加服务。相关事项按照"1+1"的机制处理，即网格管理员在 1 天内上报问

题信息，社团在 1 天内解决到位，实现"一员采集、联动处置"，确保"小事不出村、大事不出镇、矛盾不上交"。**形成最大范围的乡村治理共同体。**让所有镇村干部成为志愿者，将市域内绝大部分的大成桥籍企业主吸纳进工商业联合会，由镇妇联、共青团、工会等对口联系相应社团工作，"社团织网"充分聚合起了政府、社会、市场和群众等多方资源，将治理覆盖面更多延伸到各阶层、各领域。

二、推行"清单化 + 订单化"社团治理模式

合理界定社团治理范围。坚持以服务发展大局、服务群众美好生活的"两服务"为导向，以发挥政治上的桥梁纽带作用、业务上的引领聚合作用、服务上的平台载体作用"三作用"为中心，做到力量下沉、资源下沉、服务下沉。出台《社团组织协助政府工作事项》，通过政府授权或购买服务，支持 7 个社团在政策宣讲、生态建设、乡风文明等 11 个领域开展 34 项业务，并不断拓展。**开展"清单化"日常服务。**各社团在业务范围内，详细制定项目化的服务内容及操作流程，按年度要点、季度重点和月度节点拟定阶段任务书、画出每日施工图，自觉开展精细化项目服务。凝成文明劝导服务中心针对农村酒席大操大办、人情攀比等陈规陋习开展治理，组织其成员特别是五老、乡贤上门耐心劝导，甚至专人盯守，倡导"丧事简办、婚事新办、其他事不办"的文明新风。2019 年以来，村民户均人情支出由 1.5 万元锐减至 5000 元，每场丧事开支由近 8 万元减少到 2 万元以下。全镇仅婚丧喜庆事宜就为群众减轻人情负担共计 3.6 亿元，红白喜事不燃放烟花鞭炮，非亲属之间不收送礼金已经蔚然成风。**开展"订单化"专项服务。**采取群众吹哨、任务指派、自愿领办等多种方式，深入开展破除乡村陋习、破除发展瓶颈、破除责任边界的"三破"行动。由惠成平安服务中心牵头承接零上访、零事故、零发案的"三零"善治村创建，全镇民间纠纷发生率和刑事案件发案率以两位数的比例呈逐年下降趋势。全镇 92 家经营性棋牌室业主全部签订自愿退出承诺书，自愿上缴麻将机 343 台，全镇没有一个营业性麻将馆。**引导群众参与全员共治。**各社团或组织"一月一大扫除""美家美妇""红黑榜"等主题活动，或搭建基层民主协商对话、乡友筹资投劳等线上线下平台。志愿者协会牵头发起成立深度贫困户爱心扶贫基金，年均募集资金 22.3 万元，以岗位援助形式帮助全

镇 58 户原深度贫困户增收。依托社团，面向全镇所有群众开展"存美德、挣积分、得实惠"活动，创新设立"功德银行"，营造"好人好事人人做、典型事迹人人评"的乡村新风尚。2019 年以来，全镇共启动群众筹资的美丽乡村和美丽屋场建设项目 151 个，撬动民间资金投入超过 1300 万元。

三、夯实"常态化 + 长效化"社团治理保障

舞活党建龙头。将党建工作嵌入社团组织孵化、发展全过程。按照"管行业联社团"原则，由镇党委政府的分管领导和线办负责人联系对应社团并派驻社团指导员，在社团成立、章程制定、活动开展、业务提升上全面强化政治领导和业务督导。在全市率先成立社团联合支部，镇党委选派总支书记，各社团负责人为支委成员。社团成员中党员比例达 61%，最多的超过 80%。**激活内生动力。**坚持以"专业、担当、奉献"的社工精神来凝聚和激发社团力量，组织各社团竞赛考评，将社团成员纳入"大成之星"评选范围，将优秀成员纳入预备党员和后备干部人选，提名推荐为"两代表一委员"，帮助社团开展提升成员政治素养、道德品质、业务能力的集中培训，鼓励以"传帮带"形式提高整体能力。各社团在市级以上媒体推出各类报道 60 余篇，营造了"我是大成人，我为大成好"的治理氛围。**突出政策支持。**在治理定位、项目帮扶、运行资金等方面给予支持保障。出台《大成桥镇进一步加强和改善乡村治理工作实施方案》，鼓励各村（社区）成立社团分会或分中心。将镇村部分闲置房产免费提供给社团办公，根据治理成效每年对社团给予 3 万—5 万元的经费保障，并且积极争取上级部门的项目资金支持，更多推进政府购买服务。

推行"一会三制" 赋能乡村善治
——宁远县湾井镇加强和改进乡村治理经验做法

近年来，宁远县湾井镇聚焦乡村治理症结问题和群众美好生活向往，积极探索以"一会三制"为核心的多维度全周期基层善治之路，先后荣获全国美丽宜居小镇、全国特色小镇、全国卫生乡镇、全国"扫黄打非"进基层示范点、全国乡村旅游重点乡镇、湖南省经典文化名镇、湖南省乡村治理示范乡镇等多项国家和省级荣誉称号。

一、推行月例会，"一言堂"变成"群言堂"

针对乡村治理中群众参与度不够高的问题，着力搭建策由民选、规由民定、事由民决的乡村振兴月例会平台，创新推行月例会"三五七九"工作法。**主体多元化**。由村"两委"组织，但参会人员不局限于村组干部，而是最广泛地发动群众参与，不选代表，不限制参会人员。同时，借助微信群、采取"云直播"等新传播方式，线上线下同步推进。**内容焦点化**。聚焦巩固脱贫攻坚、整治陈规陋习、发展集体经济、改善公共服务以及群众关心关注的其他焦点难点堵点问题，每月确定 1—2 个主题。**方式灵活化**。会议以自然村组或网格为基本单元，以群众日常休闲聚集场所为会场，以茶话会、夜谈会、屋场会等为主要形式，不设主席台、不搞主持词、不作书面报告，以"拉家常"的方式，用群众语言讲群众心里话。2022 年，全镇召开月例会 503 场次，参与群众达 27319 人次，收集意见建议 2152 条，解决实际问题 1467 个。

二、推行积分制，"一头热"化作"大家热"

针对乡村治理中村规民约难落地、村民主体作用难发挥等顽疾问题，下大力气在全镇 18 个行政村（社区）全覆盖推广运用积分制和红黑榜，将村民日常生产生活中的具体行为量化为积分，将"村里事"变成"家家事"。**建立积分体系，以"小积分"撬动"大工作"**。以户为单位，每月基础积分为 10 分，同时因地制宜设置正向激励清单和负面责任清单，分别给予加减分。积分每月一评，逐月累加。**规范积分评定，以"小积分"树立"大形象"**。由村"两委"干部、理事会成员、村民代表组成评议小组，对照评分细则逐月逐户评定积分，每月在村醒目位置和微信群线上线下同步集中公示各户积分情况，并按一户一档建立积分台账。**强化积分运用，以"小积分"释放"大能量"**。每季度举办一次积分兑换物品活动，积分兑换后不清零，终生累计存档。同时，通过"红黑榜"对先进典型和负面事例进行通报。东江村通过推行积分制和"红黑榜"，引导村民义务筹工筹劳 532 人次，撬动社会资本投入产业发展和基础设施建设 870 万元。

三、推行清单制，"一门式"开启"新模式"

全面落实基层群众性自治组织"三个清单"，全力推进基层公共服务"一门式"全覆盖，着力解决基层组织服务群众事项不清、责任不明、监督无章可循等焦点问题。**服务平台全覆盖，实现"就近办"**。全镇 18 个行政村（社区）全部建立标准化农村综合服务平台，所有平台均设置 150—300 平方米的"一站式"便民大厅和"一门式"服务窗口。开展平台专项治理，制定"十要十不准"措施，清理村（社区）工作机构、牌子 10 余块，实现"瘦身、提质、增效"。**服务事项全梳理，实现"一次办"**。全面推进为民服务窗口前移，坚持"应放尽放"原则，将与群众生产生活息息相关的 96 项服务事项全部下放到村，并梳理为"上门办、网上办、就地办、帮代办"四个清单，基本实现群众办事"最多跑一次"。**服务流程再优化，实现"极简办"**。全面优化服务事项受理条件、材料审查要点、注意事项等，构建极简审批体系，切实解决群众"看不懂"、干部"不会办"的问题。同时搭建起县镇村上下贯通、部门联动的一体化信息平台，每个村（社区）聘请 1 名熟悉信息化办公的人员专门负责办理服务事项。2021 年以来，通过清单制和"一门式"，全镇接转办件 1.8 万余件，上门办、网上办件 5 万余件，办结率达 100%。

四、推行赛马制，"一班人"带动"全村人"

针对推进动能不够充足、模范表率作用不够突出等问题，引入赛马机制，通过部分人的帮扶示范带动大多数人跟学跟做，形成比学赶超、创先争优的浓厚氛围。**以文铸魂根。**充分发挥湾井镇作为中华德孝文化始祖舜帝沐宿之地、"让第状元"李郃生育之乡等传统文化优势，汲取"谦逊仁厚""耕读传家"等精华元素，不断增强广大群众文化道德认同和自信自豪自觉。**以帮做示范。**全面推行党群连心"五个到户"工作机制，充分发挥党员干部的示范带动作用。2022 年以来全镇 662 名党员联系帮扶 1751 户农户，办理好事实事 3482 件。**以评促比拼。**定期开展"文明户""清洁户""好婆媳""好邻居""最美家庭"等评比，在广大群众中不断掀起比文明、比卫生、比和睦、比勤俭、比发展的热潮。**以考定优劣。**对各村实行"一月一调度、一季一通报、半年一考核、年终定优劣"的竞争机制，定期评选"最美村庄""进步村庄"和"蜗牛村庄"。同时镇财政专门安排 100 余万元资金用于奖补先进，推动形成能者上、优者奖、庸者下的工作氛围，激发广大干部赛马比拼的工作热情。

党建引领乡村振兴的"草坪答卷"

——鼎城区草坪镇加强和改进乡村治理经验做法

近年来，鼎城区草坪镇坚持"党建引领、镇村主导、群众主体、乡贤赞助、协会管理"，充分发挥本地人文资源优势，因地制宜摸索出了一种可复制、可推广、可持续发展的乡村振兴"草坪模式"，交出了一份党建引领乡村振兴的"草坪答卷"。

一、党建引领激"活力"，筑牢乡村振兴"战斗堡垒"

建强基层组织。提质升级镇、村两级服务中心，创新建设"智慧党建"平台，推动党务、政务、公共服务"三务合一"，推进基层公共服务（一门式）全覆盖，118 个行政审批服务事项下放到镇村。**建强干部队伍。**持续优化基层干部年龄和学历结构，建立"123"村级后备干部台账，深化落实"导师帮带制"，不断提高镇、村干部待遇，造就一支"懂农业、爱农村、爱农民"的干部队伍。乡镇班子成员 35 岁以下占比达到 37.4%，村（社）主职大专及以上学历占比达到 63%。**建强党员队伍。**持续推进党史学习教育常态化长效化，创新开展"幸福屋场画幸福""江南人看江南"等主题党日活动，庆"七一"重温入党誓词活动获央视《新闻联播》宣传报道。积极在产业链上、合作社中发展党员，大力创建"党员示范路""党员示范渠""党员示范田"，有效发挥了农村党员的先锋模范作用。

二、群众主体强"内力"，激发乡村振兴"源动力"

科学规划汇民智。通过召开镇村骨干会、基层党员座谈会、群众屋场会，广泛征求意见建议，全覆盖编制村庄规划，实现发展所需和群众所盼的高度统一。草坪镇三角堆村村庄规划获评第二届湖南省国土空间规划一等奖。**环境整治聚民力。**坚持教育引导群众、组织发动群众、帮助服务群众相统一，全面整治提升农村人居环境，建成幸福屋场 10 个，3 个村获评全国森林乡村，4 个村获评省级美丽乡村，1 个村获评全省基层党建示范点。2020 年底草坪镇获评全省美丽乡村示范镇。**移风易俗转民风。**全镇现建成 10 个人大代表实践站、23 个政协委员工作室，并广泛开展"十佳善德公民""五星家庭"评选和"文明镇村"创建。群众自发制定修订了《村规民约》《家规家训》，以良好家风带动形成文明乡风。草坪镇兴隆街村获评全国文明村。

三、乡贤赞助聚"合力"，共绘乡村振兴"同心圆"

引导乡贤念乡情。加强与本土外出知名人士和优秀企业家的走访联系，维系血脉亲情，号召他们情系家乡、情暖家乡。近年来，"鼎城优秀儿女"慷慨解囊设立各类奖学金、助学金，全区教育基金总额突破 5000 万元。**鼓励乡贤建乡村。**把参观乡村振兴成果作为"鼎商看鼎城"等招商引资推介活动的重要内容，动员他们回报桑梓、反哺家乡。如，草坪镇乡贤捐资 1000 多万元修建了杜鹃湖文化广场。全镇乡村振兴工作中已通过乡贤筹集各类建设资金和物资超过 3000 万元。**支持乡贤办乡企。**发挥乡贤企业家的独特优势，深化政企互动、村企合作，拓展"村集体 + 公司 + 合作社 + 农户"等紧密型利益联结机制，实现了乡贤企业和村级集体经济"双赢"，为乡村振兴不断注入"源头活水"。

四、协会管理提"效力"，探索乡村振兴"自治模式"

以爱卫协会美环境。健全"户分类、村收集、乡镇集中、区转运和处理"的农村垃圾长效管护机制，成立村级爱卫协会及镇级爱卫协会联合会，牵头筹集卫生费，配备村级卫生设施和聘请专职保洁员、清运员，每月组织开展环境卫生交叉评比检查，做到"一月一考评，一季一奖惩"，极大地激发了群众的积极性和责任感。**以老年协会助养老。**成立老年协会，推行"抱团养老"，组织对旧村部、旧学校等闲置场所进行改造利用，打造集娱乐室、阅览室、医务室、食堂等功能于一体的"农村互助幸福屋"，让老人衣食无忧、精神富足。以上获得中央电视台《新闻联播》推介报道。**以村务协会强治理。**完善村务管理和监督体系，引导村民成立道德评议会、村民议事会、红白理事会、禁赌禁毒会等协会组织，深度参与村务决策、财务监督和服务办理，促进村级"小微权力"运行更加公开公平公正，有效提升了乡村治理体系和治理能力现代化水平。草坪镇三角堆村、枫林口村获评全国乡村治理示范村。

激活红色资源 赋能乡村治理
——衡东县荣桓镇南湾村加强和改进乡村治理经验做法

南湾村位于湖南省衡阳市衡东县荣桓镇，是开国元帅罗荣桓的故里。近年来，衡东县荣桓镇南湾村始终注重激活红色资源，弘扬红色文化，赋能基层党建、提升村民自治水平、发展乡村经济。2021 年南湾村获评"全国红色美丽村庄""全国乡村治理示范村"。

一、用红色文化强党建，做好"领头雁"

"永远跟着共产党走"，是罗荣桓的遗嘱，也是他一生的真实写照。村支"两委"坚持传承罗荣桓元帅忠党爱党为党的精神，全面加强基层党组织建设，筑牢战斗堡垒。**红色文化人人学**。成立 4 个屋场党小组，组织全村 60 岁以下党员开展红色文化"每周自学、每月研学、每季赛考、每年奖评"，着力建设有思想、有温度、有力量的"红色南湾"。**红色精神处处见**。建设红色文化长廊，在全村范围内粉刷红色标语，将罗帅故事、罗帅语录、罗帅家书等相关内容融入文化墙，创办"罗帅故里话罗帅"村民故事分享会，做到红色文化处处见、红色故事天天讲、红色氛围户户有，让红色"基因"在南湾村薪火相传、生生不息。**为民办事件件实**。大力传承罗荣桓"有一份精力，就要为党多做一点工作"的精神，不断激发全体党员为民服务热情和干事创业激情。推进党支部"五化"建设，通过"主题党日＋志愿服务、民主议事、三务公开"等形式，落实"民情夜访"工作机制，变"群众往上跑"为"干部往下跑",主动问需于民。村民有了"主心骨",遇事找党组织都能解决,实现了小事不出村、大事不出镇、矛盾不上交、服务不缺位。2021年南湾村党总支被衡东县委评为"先进基层党组织"。

二、用红色文化促自治,当好"主人翁"

罗荣桓元帅曾要求家属"不能忘本、不要特殊"。"南湾是每一个人的南湾"理念深入人心,大家牢记罗帅嘱托,先公后私、顾全大局,人人讲奉献,事事有商量。**屋场恳谈聚民智。**对全村1064户村民实行"网格化"服务,将屋场恳谈会开到每一个片区。把村里修公路修水渠、拆迁历史遗留问题、低保户评定、村集体经济发展方向等涉及群众切身利益的事项摆到"台面上",听取村民意见建议,汇集大家的智慧。**议事"直播"保民权。**针对村民以老人和小孩居多、大部分青壮年外出就业的现状,南湾村通过微信视频会议方式,向全村群众直播议事过程,村民通过留言、现场表态等方式参与议事,人人都有话语权。推行"群众提事、党群议事、组织实施、结果交账"4步工作法,增强村民主人翁意识。**乡贤调解润民德。**把老百姓心中的"公道人""热心人"聚起来,成立红色调解工作室,主动化解邻里矛盾,增进邻里和谐。工作室成立以来成功调解邻里纠纷10件,近年来无一例刑事案件发生,平安乡村建设稳步推进。

三、用红色文化树新风,奏好"和谐曲"

挖掘红色文化与村规民约、家风家训在价值理念、价值导向方面的内在耦合关系,滋养村民心灵,推进移风易俗,树文明新风。**村规民约画出同心圆。**以罗帅文化为主题,结合当代实际,修订完善《南湾村村规民约》,呈现南湾"村言村语"特色。村规民约共10条186个字,涵盖爱党敬业、民主管理、勤劳致富、邻里和睦等方面,通俗易懂,广泛传唱。坚持问题导向,大家提倡什么、反对什么,一目了然。通过这一共同的价值理念引领村民同心同德,同向同行。**移风易俗改出热心肠。**成立红白理事会,制定《南湾村关于严禁大操大办红白喜事的规定》,对酒席桌数、伙食标准、烟酒档次相关事项进行明确,倡导厚养薄葬,节约办喜事。组建"南湾村红白喜事志愿服务队",闲时"串串门",忙时"搭把手"。志愿服务唤醒村民情感共鸣,增进邻里关系,村民办喜事开支节约 50% 以上。**"道德银行"存出向心力。**推行"道德积分银行"，对 7 类 48 个小项进行量化赋值，年终考评。依据得分情况，评选表彰"好媳妇""好儿女""好公婆"等 6 类先进人物 46 人，先进典型引领正能量。近年来，有 8 位村民通过"道德银行积分"从合作银行获得产业优惠贷款近 300 万元。

四、用红色文化优产业，念好"致富经"

罗荣桓故居坐落在南湾村，是全国重点文物保护单位、全国爱国主义教育示范基地，目前正在争创全国 5A 级景区。南湾村充分利用这一"红色招牌"，拓展红色文化产业链。**建成红色教育基地。**创新"现场教学 + 网上共享"模式，南湾村被列为省直机关党员干部党性教育现场教学点、市党员教育培训示范基地、衡东县红色教育基地。**拓展红色文旅项目。**发挥红色文化的资源优势，着力打造集红色旅游、教育培训、特色餐饮、乡村民宿、休闲度假、绿色消费于一体的红色文旅新村。以迎接罗荣桓元帅 120 周年诞辰为契机，推出十大项目、开展十大活动，资源有效整合。**打造红色电商品牌。**坚持"互联网 + 红色文化"思维，邀请主播直播宣讲红色故事、带货销售，罗帅故里土鸡蛋、砂糖橘、菜籽油走出衡东、远销省内外，每年人均增收近 1000 元，真正实现发展成果村民共享。

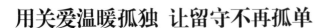

用关爱温暖孤独 让留守不再孤单

——常德市经开区石门桥镇赵家桥村加强和改进乡村治理经验做法

近年来，针对农村青壮年长期外出务工、留守儿童众多的现象，常德经开区石门桥镇赵家桥村积极探索，构建政府、高校、社会、村委和家庭五位一体的农村留守儿童关爱保护服务体系，切实改善农村儿童的生存、保护、发展环境，为留守儿童撑起爱的天空。

一、促乡村振兴，父母不再远离

解决留守儿童问题的根本办法就是让父母留在家乡工作，并且经济收入与外出打工差不多甚至更高。**全面推进乡村振兴事业发展。**加快特色产业发展，将油茶、果蔬、特色水稻和乡村旅游定为四大主导产业，还鼓励村民进行鸡、鸭、鱼、龙虾、牛蛙等禽类和水产品的养殖。目前，赵家桥已实施 3000 亩油茶林低改、千亩特色水稻种植、水果采摘园和多处民宿改造。先后成立了赵家桥村经济合作社、村办集体企业，大力发展村集体经济，农民人均可支配收入高于常德市平均水平，越来越多的人选择回家创业就业。**主动对接外出人员回乡就业。**赵家桥村"两委"通过微信、手机短信为外出务工的村民长期发布本地企业招工信息，并且积极对接劳动保障部门，对村民进行就业技能培训，让村民在家门口就能找到称心如意的工作。选优配强村班子，2020 年底赵家桥村"两委"换届，村委换届选拔产生了博士村支部书记，使村级党组织的结构进一步优化。同时，拉近与外出务工人员感情，激发他们"常留乡"

干事创业的激情，为有效解决留守儿童问题筑牢根基。

二、建"儿童之家"，留守也有温暖

赵家桥村以"儿童之家"建设为抓手，突出硬件建设、队伍建设、服务建设，帮助留守儿童。**硬件建设**。围绕乡村文化振兴，赵家桥村因地制宜整合资源，统筹闲置公共设施完善儿童之家、妇女之家和老年人日间照料中心。儿童之家配有视频交流、学习阅读、娱乐活动等基本设施和设备，儿童心理咨询室和手工活动室陆续建成，室外还有安全宽敞的活动场地。**服务建设**。创建"党员服务示范岗"，充分发挥儿童之家的管理、宣教、关爱、保护的服务功能，通过开展多项公益、有趣活动，辐射带动周边大坪村、九龙庵村农村儿童事业的共同发展，营造"人人关心、人人受益、人人参与"的浓厚氛围。**队伍建设**。为推动"儿童之家"良性运营，赵家桥村建立以社工统筹，以儿童主任、志愿者、专业人士为主要服务力量的"1+3"服务团队。2021年，赵家桥村的"儿童之家"被湖南省民政厅认定为"省级示范儿童之家"。

三、聚社会爱心，活动精彩纷呈

引入社会组织。启动由常德市民政局主办、常德市小雨滴青少年社会工作服务中心承接的"童梦乐园·儿童之家"社会工作服务项目，积极开展各项关爱儿童的活动。由小雨滴服务中心举办的"做最好的家长"家庭教育指导讲座，帮助留守儿童、困境儿童家长树立科学的家庭教育理念，提升其监护能力。**借助社会力量**。从2020年开始，赵家桥村每年借助社会力量在留守儿童当中开展手工制作、科普活动、家庭教育指导、儿童议事会、绘画活动、航空航天科普、未成年人保护法宣传、学党史等各类活动12场，服务超1000人次。有了社会力量的共同参与，村里关爱留守儿童的活动还吸引了邻近的大坪村、九龙庵村孩子们的参与。**发动爱心人士**。赵家桥村支"两委"发动本村有爱心、有责任心、有能力的教师、"五老"人员、乡贤、民间能人担任儿童之家兼职辅导员，为留守儿童和家庭提供灵活便捷的辅导服务。同时，长期吸纳社会志愿组织及爱心人士，到儿童之家不定期开展亲情关爱及服务活动。通过一对一帮扶、慈善捐赠、实施公益项目等多种方式，对赵家桥村的"留守儿童"和"困境儿童"及其家庭实施救助帮扶。

四、借高校之力，知识灌溉心田

2021 年以来，赵家桥村积极探索"借助高校之力提升留守儿童关爱工作水平"的新模式，以湖南大学、湖南农业大学、中南大学、湖南文理学院在石门桥镇长期驻点、支持农村现代化建设为契机，组织大学生志愿者到赵家桥村开展暑假"三下乡"社会实践、环保志愿服务等活动，针对"留守儿童"开展防溺水安全知识讲座和防诈骗教育讲座，同时向村民开展助学资助政策宣讲，在赵家桥村"留守儿童"心中种下崇尚知识、积极上进的种子，形成强大的正面引导，帮助他们健康成长。

移风易俗换来文明乡风
——东安县石板铺村加强和改进乡村治理经验做法

近年来，东安县井头圩镇石板铺村多措并举推进移风易俗，持续发力培育文明乡风，全村形成了新风正气。2022 年 8 月，石板铺村做法被编排成文艺节目向农业农村部作成果汇报演出。

一、坚持党建引领，让文明乡风立起来

支部领头。村党支部组织村民推选村里威望高、热心公益的老党员、老村干部和乡贤成立了乡风文明创建理事会，全面负责乡风文明建设工作。理事会实行理事长负责制，副理事长及理事包片负责制。理事会根据需要定期召开会议，研究推进乡风文明创建工作。**党员带头。**充分发挥党员示范带动作用，大力实施党建引领、红色文化引领、典型示范引领三大工程，推动党员自我约束，带头遵守《乡风文明创建承诺书》，带动群众自觉参与移风易俗，树立文明新风。**制度管头。**将文明新风教育纳入乡村振兴月例会固定议程，以宣讲新风促民风转变，引导群众共议共倡"一约四会"。不断健全完善相关规章制度，将建设文明乡风有关要求纳入村规民约，出台完善村民文明手册、文明创建评选办法、村庄环境卫生管理细则等一系列规章制度，并建立正面激励机制。

二、突出群众主体，让文明乡风活起来

从红白喜事管起。长期以来，农村大操大办、铺张浪费、厚葬薄养、人

情攀比、封建迷信等陈规陋习饱受诟病。2018 年以来，理事会协助群众办理各类红白喜事每年 20 余起，平均每起节约 2 万至 3 万元（烟花、鞭炮可节约 6000 元左右，香烟可节约 3000 元左右，狮龙演唱可节约 5000 元左右，座堂鼓节约 2000 元左右，酒席开支节约 10000 元左右），每年节约资金 60 余万元。崇尚节俭、喜事新办、厚养薄葬、丧事简办深入人心。**从孝老爱亲做起。**石板铺村是远近闻名的长寿之村。理事会成立后，更是把孝老爱亲作为乡风文明创建的重要内容来抓，争取上级资金创建了德孝文化园，每年评选表彰孝老爱亲优秀家庭，经常上门看望慰问空巢老人和贫困家庭老人。关注老年群体的精神生活，成立了村老年大学和老年舞蹈队，让老年人老有所乐、安享晚年。**从环境卫生严起。**围绕建设生态文明宜居美丽乡村，把整治环境卫生、维护村容村貌，倡导人人爱卫生、人人讲文明作为乡风文明主题活动来抓，明确理事会成员的责任区，督促保洁员定期清理垃圾，对卫生工作搞得差的家庭进行劝导，对不文明行为进行批评教育。

三、深化文明创建，让文明乡风传下去

挖掘德治资源。突出建设中国德文化之乡"民德"基地，大力弘扬传统"孝、悌、忠、信"等传统美德，引导村民自觉践行社会主义核心价值观，增强集体意识、主人翁意识，塑造自尊自信、理性平和、积极向上的良好心态，为文明乡风建设提供源源不断的精神动力和道德滋养。**传承传统文化。**以新时代文明实践中心为载体，组织腰鼓队、舞龙队、老年协会，编排三句半、广场舞、快板等文艺节目，广泛宣传党的路线方针政策，丰富百姓文化生活，加快群众文化养成，营造崇德向善、邻里相望、礼尚往来、和谐互助的社会氛围，引导村民自我教育、自我管理，培育文明新风。**树立典型模范。**广泛开展"道德讲堂""我们的节日""传家训、立家规、扬家风"等主题活动，开展"好媳妇""好婆婆""最美清洁户"等道德模范户评选活动，发挥先进典型示范带动作用，共筑文明和谐友善的社会环境。

用好"小积分" 做好"新答卷"
——新化县油溪桥村加强和改进乡村治理经验做法

油溪桥村位于新化县吉庆镇东北部,属石灰岩干旱地区,曾为省级特困村,也是有名的软弱涣散村。近年来,油溪桥村创新推行村级事务"积分制"管理,带领全村群众不等不靠、自主脱贫、共同致富,以实际行动书写乡村振兴"新答卷",先后获评全国文明村、全国民主法治示范村、全国首批乡村治理示范村等 40 余项荣誉。2019 年入选"全国首批乡村治理经验做法"。2021 年被农业农村部指定为全国三个"耕耘者"导师村之一。

一、"全方位"组织引领

从产生到落地,积分制始终坚持党的领导、充分体现党的主张、贯彻党的决定。村支"两委"对"积分制"管理实行严格责任分工,成立了村积分制管理领导小组,负责积分制筹划、审核认定、考核考评以及带头执行等各个环节。村组党员干部以身作则带头推行"积分制",切实以"一班人"带动"全村人"。

二、"全参与"民主集中

坚持"广泛民主、高度集中"原则,采取三上三下(三次回到群众中签字,三次集体讨论),交给"阅卷人"来商量。**"策由民选"**,6 个院(落)

组长通过多种方式广而告之，全面提升村民知晓度、认可度和参与度，及时收集村民群众的好建议。**"规由民定"**，以村规民约和征集到的民意为基础，依法逐步完善积分内容和实施细则，形成《积分制》草案。**"事由民决"**，采取"六步修订法"（收集民意、集体讨论、做通工作、修订完善、表决签字、规约试行一年），召开村民代表大会，投票表决通过《积分制》草案，在实践中查漏补缺、动态完善。

三、"全覆盖"精细赋分

在内容上，对标习近平总书记关于乡村治理的重要论述，聚焦安全生产、信访维稳、禁赌禁毒、反诈打跨等基层治理重点和人居环境、乡风文明等村民关注点，将禁赌、禁毒、禁燃、禁炮、禁伐、禁猎、禁渔、禁塑等纳入积分制赋分项目，其中加分子项 35 个、扣分子项 41 个，实现村级事务"全覆盖"。**在赋分上**，总积分由基础分、奖励分和处罚分等构成，逐人建立动态管理台账。其中基础分根据户主承包人口数量、户口是否迁移等情况确定；奖励分、处罚分主要根据参与村级事务或造成严重不良影响情况确定。**在范围上**，分群众、党员、村组干部、投资经营者等四个层级进行积分考核。

四、"全过程"规范管理

一事一记录。村委会建立管理台账与积分手册，实行"一户一档"规范管理，农户申报积分并提供相关证据，经管理小组成员核实后计入台账。**一月一审核。**管理领导小组每月 28 日审核认定结果，计入相应数据。**一季一公示。**每季度在村务公开栏等醒目位置进行公示，接受村民监督，有异议的可向村支"两委"反映核实。**一年一核算。**每年末进行核算，结果登记进档案，第二年重新开始计算。**一人一考评。**结合年终评定最终分值，将积分制得分情况与村组干部工资绩效、个人考评、换届提名及党员评先评优、村民村集体收入分配等直接挂钩。

五、"全链条"成果共享

奖励形式分为物质奖励、精神鼓励和享受激励政策，年度内积分实行累积使用，奖励之后不清零。**物质上**，将积分作为集体经济分红依据。**精神上**，开展积分分享活动，年底积分张榜公布，让大家比学互鉴、晾晒成绩。**政策上**，通过积分享受有关激励政策。

通过积分制管理，为实现乡村产业兴旺、生态宜居、乡风文明、治理有效、生活富裕集聚了内生动力、发展合力。

"积分制"+产业振兴：通过"积分变股份、村民变股东"，最大限度激发村民参与村级产业发展积极性，逐步形成了以考察观光、培训、乡村旅游为支柱，甲鱼、经果林相配套的产业体系。在全省创建首个整村国家级AAA景区，成立1家村集体旅游开发有限公司和1家乡村振兴交流中心，引进6家与村集体建立利益联结机制的产业开发公司。2021年村人均收入28600元，村集体经济收入261万元。

"积分制"+人才振兴：采取"选举一批、招聘一批、培养一批"的形式引进各类专业技术人才，推行村校、村企合作培育乡村能人，聘请知名专家教授担任技术指导员，为乡村振兴提供了坚强人才支撑。目前有各类管理技术人员16人，培养了一大批致富能手，吸引回乡就业人员100多人。

"积分制"+文化振兴：将精神文明纳入积分管理，以文化建设提升村民精气神。每年评选一批"最美党员""最美村官""最美家庭"等"十美"村民，"以村为家、以业为乐、以和为贵、以简为荣"在村里蔚然成风。多年来未发生一起治安案件、未发生一起安全事故、未发生一起黄赌毒事件，每年节约烟花爆竹、酒席宴请等大量开支。

"积分制"+生态振兴：践行"绿水青山就是金山银山"理念，将生态管护纳入积分管理，推行绿化工程、联村建绿和封山育林，实行村民包庭前卫生清扫、包绿化管护、包美化建设、包设施维护、包污水净化"五包"制。对风景林编号存档，15年来不砍一棵树，栽种苗木30余万株，绿化率从48.5%提升至92.8%。依托良好生态发展漂流、"农旅"、参观培训等新业态，走出了"两山"转化新路子，获评全国"两山"转化案例。

"积分制"+组织振兴：实行积分制管理后，将党员考核由抽象画像到数字量化，与腾讯公司合作开发小程序，积分操作、村级事务管理实现指尖一键查询、一键掌握，先进后进一目了然，让每一名党员干部争相"得分"，主动联系服务群众，"积"出了基层组织力。油溪桥村成功创建湖南省基层党组织建设示范点、全省党员干部学习基地、全省党性教育现场教学点。

七

深化农村改革篇

改革是乡村振兴的重要法宝。要解放思想，逢山开路、遇河架桥，破除体制机制弊端，突破利益固化藩篱，让农村资源要素活化起来，让广大农民积极性和创造性迸发出来，让全社会支农助农兴农力量汇聚起来。

——习近平

党建引领多元发展 助推集体经济"造血"增收

——邵阳市深化农村改革经验做法

近年来，邵阳市深入落实省委、省政府《关于进一步加快发展壮大农村集体经济的意见》，坚持党建引领，实施发展壮大农村集体经济攻坚行动，着力补短板、增动能，以八大模式为蓝本，总结推广 72 个村发展变化的具体实例，增强村级组织"造血"功能。

一、党建引领绘蓝图

组织领导有力。建立了发展壮大村级集体经济联席会议制度，实行"两月一调度一考核一通报"。健全了市级领导包县市区、县市区领导包乡镇、乡镇领导包片、乡镇干部包村的村级集体经济发展包干指导责任制，形成党政统筹、组织牵头、农口主抓、部门配合、乡村实施的工作格局。**政策硬核发力。**整合各级各类扶持政策，激发政策叠加效应，印发《邵阳市发展壮大农村集体经济攻坚行动实施方案（2022—2024 年）》，提出 9 条措施，明确发展目标。督促各地建立健全村级集体经济经营性收入增长奖励机制，隆回县制定《关于建立村级集体经济经营性收入增长奖励机制的指导意见》，邵阳县制定《邵阳县发展壮大农村集体经济奖励实施方案》。加大财政支持，全市整合各类资金 6.08 亿元用于发展村级集体经济，设立 1000 万元村级集体经济发展专项资金，用于扶持有发展潜力、提升较快的集体经济薄弱村和奖励示范引领作用突出的"示范村"。**驻村帮扶助力。**将发展壮大村级集体经济工作纳入驻村帮扶工作重要内容，要求帮助驻点村研究解决资金、政策、信息、技术等方面的问题。坚持合力抓、能人治、外力帮、结对扶，强化责任担当，定期开展指导，充分发挥驻村帮扶推动作用。新邵县各县派驻村工作队后盾单位负责落实不低于 5 万元的扶持资金，通过村级人才培训、项目资助、以奖代投、进步奖励等多种方式扶持村级集体经济发展。

二、百村示范出新招

点面结合树典型。结合全市抓党建促乡村振兴示范村建设，在全市选树100 个集体经济典型村、10 个集体经济发展标杆村，总结提炼资源开发、物业经营、资产盘活、资本运营、产业发展、村庄经营、生产服务等 72 种发展方式，形成多元带动、百花争艳的发展路径。如邵东市青山村采取"党员带头、村民自愿、资金自筹"的方式征地 30 亩作为宅基地报批，集中连片建房，集中配套水、电、路、绿化等基础生活设施，出售给有购房需求的村民，解决了宅基地紧张、村民建房投入大的问题，为村里增加了 200 多万元的集体收入。双清区莲荷村针对当地多山少田缺水的情况，因地制宜建设特色苗木基地，培育专业养护人才，进行劳务输出，建成花果山农家乐，主打采摘、休闲旅游，实现集体经济收入 31.9 万元。隆回县芙峰村成立建筑劳务有限公司为村级建设提供劳务服务，承包本村沿河机耕道、水圳、水渠、山塘、文化舞台等 10 余个项目，村级集体收入共达到 21.14 万元。**"一村一策"找准路。**在摸清家底的基础上，看准发展前景，把准发展方向，找准发展思路，坚持因地制宜，精准制定村级集体经济发展规划，实行"一村一策"。2021 年全市村级集体经济收入 5 万元以下的 909 个薄弱村都编制了"一村一策"，而且明确规定扶持资金及项目都要倾斜支持薄弱村。**规范管理出效益。**充分发挥村级财务"互联网＋监督"平台和村务监督委员会作用，规范村级集体经济收入入账和会计核算管理，明确村级集体收入支出范围。加强日常审计和专项审计，加强村级债务管理。依法规范集体资产发包、租赁等经济合同，纠正违规发包、长期低价发包、逾期未收回等行为，清理不规范合同。

三、从严考核促落实

分解考核任务。按照方案要求，将工作任务细化分解到各县市区，建立了全市村集体经济发展"消薄攻坚"任务台账。实施"消薄攻坚"动态监测机制，"一月一更新、两月一调度、一季一讲评，年终总对账"。**建立考核机制**。将村级集体经济发展工作纳入县市区党委政府实施乡村振兴战略实绩考核、县市区年度绩效评估、县级党委政府主要负责人和领导班子综合考核评价，以及县乡党委书记抓基层党建述职评议考核、乡村振兴驻村帮扶考核和村党组织书记"双述双评"重要内容，建立全方位、多层次考核评价机制。**强化结果运用**。将发展壮大村级集体经济工作纳入全市实施乡村振兴战略"七大专项行动"，实行每两月集中组织一次考评通报制度。对未按要求实现年度工作目标的县市区，县市区党（工）委书记抓基层党建工作述职评议考核不得评为"好"等次，县市区委组织部部长抓党建促乡村振兴述职评议考核不得评为"好"等次。

"月例会"为乡村振兴注入持久"动力源"

——永州市深化农村改革经验做法

习近平总书记指出，实施乡村振兴战略要充分尊重广大农民意愿，调动广大农民积极性、主动性、创造性，把广大农民对美好生活的向往化为推动乡村振兴的动力。永州市坚持乡村振兴为农民而兴、乡村建设为农民而建的理念，在乡村治理中积极探索乡村振兴月例会，激发群众主体意识，让农民群众在乡村振兴中唱主角，充分发挥群众主体作用。

一、把牢正确方向，提升例会召开规范度

聚焦村级会议的功能定位，变"散漫随意开会"为"规范高效开会"。**坚持党的领导。**乡村振兴月例会工作由市县党委实施乡村振兴战略领导小组统一领导，纳入县、乡、村三级党组织书记抓基层党建述职评议范围。明确会议原则上由村（社区）党组织书记组织召开，议事主题、议事内容、程序流程、参与人员等需经过党支部审定，切实坚持基层党组织的领导地位不动摇。**明确例会内容。**聚焦落实防返贫监测与帮扶、巩固脱贫攻坚成果、乡村发展、乡村建设、乡村治理等涉及群众急难愁盼的重点事项，突出村级党务公开、村务公开、村"三资"公开、服务公开、项目公开等群众重点关切，开展民主议事协商监督。**规范会议流程。**会前结合各地党员干部联系群众机制，采取入户走访、电话、微信、座谈等方式，收集整理形成"议题清单"。会上开展例行宣讲，通报上月议题办理和村级财务开支等情况，对当月议题

开展协商讨论，对达成共识、形成具体办理意见的建立"决议清单"。会后及时跟进责任落实、办理进度、办理结果，做到"凡事有交代，件件有着落，事事有回音"。自推行乡村振兴月例会以来，全市共采纳群众意见建议3825条，为群众解决"急难愁盼"问题83602个。

二、突出群众主体，提升协商议事参与度

注重村级会议的良性互动，变"为民做主"为"请民做主"。**与会人员多元化。**与会人员实行"7+X"，"7"是固定人员，包括：村党组织成员、村民委员会成员、村务监督委员会成员、村民小组长、有威望的老同志、驻村工作队、乡镇领导等7方面代表；"X"是不固定人员，根据需要，可邀请联村县级领导、后盾单位和相关单位负责同志、乡镇纪检监察干部以及致富带头人、党员代表、新乡贤、利益相关方等参加会议，普通群众可以自愿报名主动参会。**会议形式丰富化。**月例会原则上每月上旬召开，尽量避开农忙季节，视实际情况确定会议频次。目前全市共召开乡村振兴月例会13220次。着力创新会议形式，采取座谈会、茶话会、视频会等群众喜闻乐见的方式组织。零陵区推行"月例会＋云直播"，全区"云直播"在线群众逾23万人，让在外务工的村民也能建言献策、参加评议监督。**沟通协调常态化。**在加强村务监督委员会、村民议事会建设的基础上，每个行政村组建了5—7人的乡村振兴月例会监督委员会，委员会成员按程序，重点从"老人""能人"和"有意见的人""三类人"中产生，搭建起村支"两委"与群众沟通议事的桥梁纽带。

三、抓好决议落实，提升为民服务满意度

强化村级会议的执行落实，变"走形式"为"求实效"。**实施清单化管理。**会前收集"议题清单"，会上形成"决议清单"，会后制定"落实清单"，并把落实结果交由群众打分，形成"群众点单—协商定单—村委派单—干部买单—群众评单"的工作机制。自全面推行乡村振兴月例会以来，全市行政村共议事38925件，已办结35642件，办结率达91.5%。**建立抓落实机制。**对议定事项，村（社区）层面能解决的，迅速拿出解决方案或约定日期解决；情况比较复杂、现场难以决断的，制定解决方案和进度安排，逐步推进解决；村级自己无法解决的，逐级上报至乡镇、县区研究解决；并将召开月例会的

实绩实效纳入实施乡村振兴战略考核内容，实现群众、村支"两委"、乡镇、县直四个主体的工作联动。**开展多渠道监督**。通过村微信群、党务村务公示公开栏、"互联网＋监督"等平台，每月公开月例会商定事项和办理结果。积极组建"监督服务微信群"，实现村级全覆盖。

四、发挥催化作用，提升乡村振兴效能度

放大村级会议的溢出效应，变"我在看"为"我要干"。**激发乡村发展新活力**。把产业发展、公共服务、基础设施建设等事项作为乡村振兴月例会的重要议题，有效整合、挖掘资源，激发乡村发展潜能。全市各村通过月例会，对集中育秧、耕地抛荒治理、农资农机调运、基础设施修缮等事项开展商议讨论、动员部署，确保了全市双季稻面积稳定在 450 万亩以上。**孕育基层治理新模式**。通过会前矛盾纠纷排查、会中各方讨论评议、会后办理结果公示打分等措施，将村民变成村支"两委"的智囊，并让利益相关方进行面对面交流，实现村民纠纷逐一化解，干群关系不断改善。自乡村振兴月例会推行以来，永州市乡村振兴领域信访同比下降 69.2%。**焕发乡风文明新气象**。将乡村振兴月例会与农村陈规陋习整治、村规民约制定、"星级文明户"评选、志愿者服务、积分制推行等结合起来，培育了文明乡风、良好家风、淳朴民风，全市县级以上文明村占比 67.23%，文明乡镇占比 88.82%，"十星级文明户"评选覆盖率 80% 以上。

因地制宜推广"八种模式"
发展壮大新型村级集体经济

——怀化市深化农村改革经验做法

近年来,怀化市坚持党建引领村级集体经济发展,大力实施村级集体经济"消薄攻坚"行动,因地制宜探索出新型村级集体经济八种模式,目前全市 1762 个村已推广实践,推动村级集体经济不断发展壮大。

一、全产业链托管

由村集体接管农户生产资料,统一"管、防、收、加、售",做到标准、技术、市场、价格、品牌"五统一",有效提升产品质量、产量和附加值,降低农户管理成本,促进村集体和农户双增收。洣水湾村是溆浦县柑橘主产区,有纽荷尔脐橙 1.5 万余亩。由于青壮年大多外出务工,果树缺少管护,果子质量不高,卖不出好价钱。村里以"全托管"的方式,集体接收农户橘林统一管理,实现了降本、提质、增收,村集体获得部分增值收益,其余收益全部归农户所有,村民还可继续外出务工增收。柑橘管理成本由农户自管 0.7 元 / 斤降到集体托管 0.3 元 / 斤,精品果产量提高 40% 以上,每斤高出市场价 2—3 元,可为集体增收 100 万元。

二、农资集采服务

针对村域主导产业,瞄准春耕备耕、秋冬种等节点,实时掌握周边农资需求,通过村集体与平台合作,进行化肥、农药、农具等农资集中采购供应,实现集体收入和村民生产成本"一增一降"。麻阳县黄连冲村是水果种植大村，化肥等农资消耗大。该村把农户单独采购转为村里集中采购，通过召开村组干部和党员大会达成共识，30 名党员种植户带头、107 户农户参加集采。通过农资集采，每 2000 亩柑橘可为集体增收 8 万至 10 万元，群众农资成本可降低 15%。该村已与周边 4 个村达成集采协议。怀化市引进电商平台 2 家，在 8 个县市区已开展农资集采试点。

三、农村项目承建

以单个村或多村联合的形式，由村集体组建具有一定资质能力的工程施工队、农业服务队、运输公司、劳务公司等，主要承建单个投资额在 200 万元以下的农村生产生活基础设施建设项目，实现村集体增收。针对疫情期间很多外出务工人员返乡现象，芷江县沙湾村积极转变思路，组建村级劳务公司，建立"劳动力数据信息库"，开展多领域技能培训，组织参训人员劳务输出和参与涉农工程建设，已与 15 家用工单位建立长期劳务合作关系，输出固定劳动力 97 人，解决临时用工需求 137 人次，劳务创收 62 万余元，村集体也获得佣金 5 万余元。洪江区楠木田村与建筑工程能人联合成立湖南省楠木田建筑工程有限公司，已为村集体创收 18 万元。

四、仓储冷库经营

村集体建设仓储设施、标准厂房、专业市场等，通过租赁经营、托管经营、自主经营等方式，获得稳定收入。刘家坝村是沅陵县的"菜篮子"，果蔬种植面积 1600 亩，建成了占地 5000 平方米，集冷库、仓库、地窖、酸菜加工厂于一体的冷链仓储中心，探索"冷链仓储＋合作社＋基地＋农户"模式；建立集中连片标准化种植基地 850 亩，并与广州等地公司开展订单销售，带动 600 余人在家门口就业，每年支付农户土地流转资金 50 余万元，村集体增收 50 万元。

五、土地流转服务

村集体统一代理流转村民土地，并统一租赁给工商企业或大户，收取服务费或土地分红，提高村集体经济收入。靖州县渠阳镇以官团村为龙头，组建覆盖辖区 9 个村的集体经济联合体，流转整合国道沿线耕地 4160 亩、林地 1200 亩。流转土地的农户通过土地入股的形式成为联合体股东，联合体再通过租赁形式将土地交给企业及大户进行集中经营，获取分红。仅耕地分红一项，每年集体经济收入可增收 200 万元，以土地入股的群众可获分红 160 万元。

六、民生经济融合

聚焦民生实事，由村集体建设自来水厂、维护电力设施、创办幼儿园等，补齐民生领域短板，实现民生改善与村集体增收。会同县上坊村一直面临水源困扰，村"两委"筹资 120 万元修建自来水厂，对村民实行低水价制度，解决 3000 余名群众"喝水难"问题，并为村集体带来每年 10 万元的纯收入。该村又新建幼儿园，为每个学生减免学费 800 元以上，托管留守儿童 68 名、单亲家庭儿童 8 名，实现了经济发展和民生改善同频共振。

七、村庄整体开发

由村集体领办创办乡村旅游经济实体，挖掘旅游资源，兴办农家乐、度假村、采摘园、农耕体验、健康养老、乡村民宿等乡村旅游项目。辰溪县溪口村立足沅江生态文化资源，流转全村 4700 亩土地建设"百果园"沅江风光带和精品民宿区。溪口村成了"网红"打卡地，被列入湖南省旅游精品路线。通过村级产业户户入股、年年分红，2019 年以来给村民分红 300 多万元，村集体年纯收入 20 万元以上。

八、土地入股经营

以村为单位开展土地股份合作，创建土地股份合作组织，独资经营或与其他新型农业经营主体、企业股份合作经营，适度规模化、集约化发展种养业、加工业和服务业，增加村级集体经济收入。鹤城区大坪村是典型喀斯特地貌区，生态环境优美。该村以鸭梨江峡谷 1.2 万亩原始次森林"入股"怀化大峡谷景区，流转农民零散荒地、山林、水面约 400 亩"入股"发展高山特色种养产业，流转 1000 亩土地"入股"现代农业产业园项目等，用活做足土地文章。2021 年，该村集体收入达 70 万元以上。

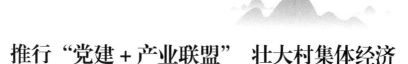

推行"党建 + 产业联盟" 壮大村集体经济

——常宁市深化农村改革经验做法

近年来，常宁市探索推行"党建 + 产业联盟"，推动产业联合、要素聚合、多元融合，带旺了特优农业、带强了集体经济、带富了农民群众。目前，常宁市集体经济收入 10 万元以上的村达 183 个，占比 50.4%，其中 50 万元以上的 16 个、100 万元以上的 6 个，实现了从"输血兜底"到"造血共建"、从"点上开花"到"面上结果"、从"一枝独秀"到"百花齐放"的转变，为乡村振兴提供了源源不断的内生动力。

一、破除区域"壁垒"，实现产业联合

充分发挥党建引领作用，打通行政地域、行业限制，推动产业集约经营、规模发展。**让同质产业联起来。**舞活乡镇党委"龙头"，统筹辖区内同一产业，跨村建立产业联盟，发挥比较优势，推动集群发展。如塔山瑶族乡实行 9 个村党组织结对共建，成立"茶叶联盟"，发展高标准有机茶园 5 万多亩，创办茶叶加工乡村车间 14 个，产值 1.7 亿元。截至 2021 年底，该乡集体经济收入突破 220 万元，2 个村突破 50 万元。新河镇针对镇内淡水资源丰富、鱼肉质紧味美特点，引导成立"新河鱼联盟"，建立集生产、加工、销售于一体的综合产业发展平台，打造以新河贡鱼文化为核心的鱼旅文化，每年为村集体增收 10 余万元。**让经济能人聚起来。**强化人才支撑，通过招才引智、外请内育等方式，汇聚一批发展壮大村级集体经济能人。注重从返乡创业青年、致富能手、专业合作社带头人等人员中选取有能力、敢担当、善治理的

人才担任村党支部书记，着力培育、选好、配强"雁阵"队伍。大力实施"双培双带"工程，从农村党员中培育致富带头人 361 名，带动群众参与产业发展，真正起到"选好一个带头人，联结一个公司，激活一个村庄"的蝶变效应。如新河镇大禾坪村党总支书记雷强迫、吕坪村党总支书记王敏共同成立雷王电子商务公司，建立高效优质的农村电商平台，线上销售本地品牌"王谷岭"再生稻米、土鸡蛋等特色农产品。塔山瑶族乡板角村党支部书记彭承禄曾在外经商，回村后与村里贫困户合伙办起粽子加工厂，带动了一批群众脱贫致富，村集体经济收入也从 7000 元增加到 35 万元。**让"链"上党建强起来。**建立产业链党组织，实施产业链党建联盟，把党支部建在产业链上、把党员聚在产业链上，实现党的建设与产业发展双融双促。近年来，常宁市共成立 21 个党建联盟，每个联盟分别挂钩联系一名党建指导员和一名产业指导员，以"党建链"串起"产业链"，构建产业链头部企业党组织引领、链上企业协同推动的"1+N"党建联盟组织体系，推动上下游企业同频共振、抱团发展。如西岭镇成立油茶、烟叶、无渣生姜及中药材加工、生态旅游 4 个产业联盟党总支，通过"支部＋合作社＋农户""支部＋企业＋党员＋农户"等发展模式，推动党建与产业链深度融合。截至目前，该镇绝大部分村集体经济收入突破 10 万元，其中桐江村达到 160 万元。

二、打破资源"孤岛"，实现要素聚合

立足本地资源优势，进一步加大财政、金融、用地、科技等要素扶持力度，推动各类资源要素靶向集聚、优势互补，支持农业特色产业发展壮大。**资金共筹。**强化产业政策扶持，对新造油茶林奖补 500 元／亩，对种植烤烟返还 70% 的烟税。推行"党建＋信用＋镇村（产业）"金融服务模式，与建行合作推出"裕农共享贷"，累计为全市村集体经济组织授信 3.5 亿元，撬动相关村年均增收 16 万元。塔山瑶族乡是衡阳市首个享受"裕农共享贷"业务的乡镇，村集体经济合作社共审批授信贷款 2300 万元，有效摆脱村级资金困境，偏远山区变成本土农企农户茁壮成长的"希望田野"。**项目共建。**市财政每年设立 800 万元专项资金，扶持村集体经济新建项目，采取"公司出原料包销售、村集体出场地、群众出劳动力"方式，合力推动项目落实，近 2 年建立乡村车间 157 个。建立农村产权交易中心，实行整乡整村荒山土地

流转，保障发展用地需求。**信息共享**。积极搭建沟通交流平台，推动产业联盟的信息、技术、市场等资源有效整合、多方共享。如新河镇去年共组织开展产业联盟集中座谈、现场参观等各类交流活动数十次，分产业联盟建立微信联络群，及时发布政策信息、市场动态。2022 年，共发布各类信息 20 余条，实现产业发展信息共享。**品牌共创**。全力打造"常宁茶油""常宁塔山茶""无渣生姜"等地理标志产品，辐射带动油茶、茶叶等相关产业发展，让产业联盟成员共享品牌效益。2021 年，全市茶油产量达 2 万吨，综合产值达 40 亿元。2022 年引进湖南竞网集团等互联网企业，以"产学研金媒"协同推进模式助推油茶公用品牌建设。做大做强"塔山茶"品牌，全市茶园面积达 7.8 万亩，涉茶产业综合产值达 2 亿元。塔山瑶族乡先后获评"全国一村一品示范乡""全国农业产业强镇建设示范乡"。洋泉镇西南村成功打造"西庄源"黄花菜、"船山艾"泡包等品牌。

三、疏通关键"节点"，实现多元融合

着力突破过去集体经济单打独斗、群众参与不够等关键瓶颈，完善产业联盟体制机制，让党组织、企业、群众结成利益共同体，实现共建、共治、共享。**推广党群联建机制**。大力推行"屋场党建＋五个到户"工作，组建屋场党小组 1264 个，定期召开"屋场恳谈会"，宣传政策、化解矛盾，形成"党群连心、共谋发展"的联盟议事模式，凝心聚力抓产业。塔山瑶族乡发挥党建引领作用，通过入户"敲门"、支部开展屋场恳谈等方式，帮助农户与村、企业签订采茶鲜叶三方收购协议，消除农户与企业间的供需矛盾；通过维持茶叶采收秩序，组织管理定点收购，协调全乡茶产业链上的各项服务工作，每个产茶村集体经济增收 8 万元—10 万元。**完善利益联结机制**。推行村支部带头领办产业，村民参股发展集体经济，探索"就业带动、保底分红""订单收购、土地流转、固定分红"等模式，构建让村集体、企业和群众三方受益的利益联结机制。如新河镇大禾坪村合作社由村集体合作社入股 51%，公司入股一部分，农户以土地或资金入股一部分，带动普通群众一起参与发展内循环流水槽渔业养殖。2021 年，该村实现集体经济收入 50 万元，每户年均增收 5000 元以上。**健全实事联办机制**。注重将产业发展与乡村建设、基层治理、环境整治、乡风文明建设等有机结合，实现互促共融。柏坊镇新柏村

结合城乡治理标准化工作，大力推广普及示范菜园、果园建设，村民们共同参与建设、管理，实现农村人居环境、农民增收、盘活闲置土地等多方面同步提升，让乡村更具生机与活力。同时，由产业联盟主导设立村集体经济发展公益基金，按 5%—10% 的比例提取集体经济项目收益，支持村内建设，办好民生实事，实现发展成果人人共享。

推行"党建 + 诚信金融"新模式
共建金融支持乡村振兴"高速路"

——华容县深化农村改革经验做法

近年来，华容县与县内 9 家商业银行合作，将金融工作纳入乡村振兴工作全局谋划，探索推行"党建 + 诚信金融"新模式，有效解决了银行不敢贷、农户贷款难等问题。2021 年以来，各商业银行累计为华容县信用户投放贷款 3.15 亿元，为乡村产业发展注入了金融"活水"。

一、精准画像，开展授信服务

农村党组织与群众联系紧密，对群众情况熟悉。广泛开展信用村、信用户评定，让基层组织为乡村振兴增信。**建立工作机制。**成立由县委书记任第一组长、县长任组长的"党建 + 诚信金融"工作领导小组，制定《华容县"实施'党建 + 诚信金融'模式、共推乡村振兴三年行动"的指导意见》。推行县主导、乡主责、村主建、群众主体、银行共建方式，乡镇成立由值班负责人、支村"两委"、联点金融机构代表等为成员的信用村评定小组，村级成立"两委"班子成员、农民代表（一般 5—15 户推选 1 人）等人员组成的信用户评定小组，银行对村（社区）派驻"金融村官"。**整合信用资源。**以基层组织为主体，全面考察区域内群众信用资源，涉及群众生活、生产、做人、做事各方面，如水电缴费、资源资产、贷款还款、闹访信访、遵纪守法等情况。整合税务、人社、农业、法院等部门信息，逐步归集至县内大数据平台，加快建设农户信用系统。信用数据信息不宜公开的，严格落实保密措施。信用村、信用户评定情况由县统一汇总，定期向各银行推送共享，打破信用资源垄断。**实行动态管理**。压实评定人员责任，发现在评定中弄虚作假、优亲厚友的，已评信用村、信用户降级作废，并追究相应责任人的责任。实行信用年检复评制度，规定信用村、信用户有效期3年，每年对信用村、信用户资格予以审核，达不到要求的取消资格。

二、政银联动，对接用信需求

各级党组织当好银行与农户间的"桥梁"，让评定信用快速、精准转变为贷款资金。**协调政策优惠**。对信用村内信用户，由银行在还款能力内确定授信金额，直接凭信用贷款，无须抵押、担保。督促商业银行降低利率，至少在同类贷款指导利率的基础上下浮10%以上，并专项配置农户贷款规模。推动银行优先为信用村建设惠农通服务点，同等条件下优先为信用户办理贷款，确保农户方便、快捷办理贷款。鼓励商业银行根据自身实际，制定其他优惠政策。**加大投放引导**。根据县域实际，选择优质稻、优质油及芥菜、生态渔业（小龙虾、鲈鱼、东湖胖头鱼等）、生猪、中药材"二优四特"产业作为投放重点，针对育种、生产、收储、加工、物流、销售等环节提供全产业链金融服务。加大对种粮大户、养殖能手、专业合作社、家庭农场等经营主体投放力度，支持乡村生产性、生活性基础设施建设。探索农房、土地流转等财产权抵押信贷业务，盘活乡村资产。**牵头挖掘需求**。由村（社区）统一收集信用户贷款申请，并组织村民代表初审，提交相关银行确定额度，加快贷款投放。利用党建网格，联合各商业银行，用好电视、广播、微信、短视频等媒体，广泛宣传"党建＋诚信金融"优势，推介银行金融产品。发挥信用村示范引领作用，通过已贷款信用户口口相传，扩大"党建＋诚信金融"影响力。

三、闭环管理，维护守信环境

作为全省17个县域金融生态评估A级县之一，华容在"党建＋诚信金融"中切实维护良好金融生态，确保不良贷款率在3%以下。**强统筹**。持续推进乡村治理"136"工程，即完善村规民约"一个制度"，建好村支"两委"班子队伍、集体经济队伍、群众自治队伍"三支队伍"，开展无逾期贷款、无非正常上访、无治安刑事案件、无安全环保事故、无诉讼、无违法建设（含乱埋乱葬）"六无创建"，将诚信金融工作与基层党建、乡村治理、底线工作有机融合、统筹推进。**强约束。**修订完善各村村规民约，将"诚信金融"是否纳入作为信用村评定基础条件之一，强化群众自我约束。设置"熔断"机制，对农户不良贷款率超过 2% 的信用村予以预警、酌情减少优惠措施，高于 3% 的予以摘牌、取消相应优惠政策。同时，加快推进逾期贷款清收工作，着手建立长效工作机制，进一步健全全县信用体系。**强激励。**对工作成效明显的干部，优先给予提拔重用。适时表彰诚信村（社区）、诚信农户、诚信企业，推介先进典型。对金融机构支持乡村振兴先进单位，配比存放财政性资金。协调银行安排适当经费，"以奖代补"给予村级支持，提高工作积极性。

文明新婚俗 改革树新风

——澧县深化农村改革经验做法

澧县作为全国首批婚俗改革实验区，积极培育和践行社会主义核心价值观，大力推进婚姻领域移风易俗，传承发展中华优秀婚姻家庭文化，倡导正确的婚姻家庭价值取向，遏制婚俗不正之风，为推进婚俗改革提供了澧县样板，工作经验在全国婚俗改革实验区工作汇报会上作交流发言，国内多家主流媒体进行了专题报道。

一、坚持政府主导、群众主体，构建联动新体系

构建多元工作体系，广泛凝聚各方力量，共同推进婚俗改革。**组织推动。**把婚俗改革纳入党委政府重要议事日程，成立县婚俗改革工作领导小组，负责婚俗改革工作的统筹协调、整体推进和督促落实工作。出台省县两级共同研制的《澧县婚俗改革试点工作实施方案》，推进婚俗改革工作规范化和制度化，并将婚俗改革纳入绩效考核指标，实现婚俗改革与其他重点工作同部署、同安排、同考核。**党员带动。**严格落实婚嫁报告备案制度，党员干部规范操办婚嫁喜庆事宜，自觉践行喜事新办、婚事简办，公开接受社会监督，充分发挥率先垂范、以上率下的引领作用，有效提升群众参与性、积极性。**群众发动。**充分调动和发挥红白理事会、村（居）民议事会等基层自治组织作用，修订完善村规民约、居民公约、红白理事会章程等，规范村（居）民操办婚嫁喜庆事宜行为，让群众在办事流程、人情礼金、酒宴标准等方面有章可循。

全县 291 个村（社区）全部成立红白理事会，全部将婚俗改革内容纳入村规民约和居民公约。

二、坚持正面引导、反面遏制，树立婚嫁新观念

围绕"婚事简办、喜事新办、婚育新风"理念，坚持除陋习和树新风双向发力，引导树立正确婚嫁观念，形成良好婚俗风尚。**立喜庆新规，反铺张。**倡导婚嫁双方降低彩礼数额，少要或不要彩礼；倡导除婚宴外，不办订婚定亲等其他喜庆活动；倡导简化婚礼仪式，控制婚礼规模、迎亲车辆，抵制讲排场、比阔气、高额彩礼等不良风气。党委政府对践行喜庆新规的新人给予奖励，并纳入"文明家庭""移风易俗好青年"评选对象。乡镇主要负责人对不办婚礼的新人上门祝贺，形成了鼓励婚事新办的鲜明导向。**立喜宴新规，反浪费。**倡导绿色节俭，控制婚宴菜品数量、分量，鼓励打包、光盘，制止餐饮浪费。规范行业行为，要求酒店餐饮和婚庆服务企业控制酒宴和婚庆活动规模标准，不办豪华宴席和豪华婚庆活动。全县统一确立单方举办婚宴不超过 20 桌，双方合办不超过 30 桌的标准。梦溪镇涝河村倡导婚宴酒席标准不超过六荤六素，不燃放烟花爆竹、不搭建拱门、不悬挂气球。**立随礼新规，反攀比。**倡导不收受或者不变相收受亲戚以外人员礼品礼金，亲戚少随礼或不随礼，亲属所送贵重奢华礼品，不在公众场所展示炫耀。全县各地根据实际情况制定随礼上限标准，大堰垱镇九旺村通过村规民约规定随礼金额上限 300 元的标准，有效减轻了群众经济负担。

三、坚持阵地强基、服务提质，搭建婚事新平台

深挖婚事新办社会效益，建立健全服务关爱体系，拓展服务功能，延伸服务范围，为美满婚姻"保驾护航"。**高标准阵地建设。**建设县级新时代文明实践中心 1 处、文明实践所 19 处、文明实践站 291 处，围绕婚俗改革常态化开展各类文明实践活动，把喜事新办的触角延伸到群众身边。投入 300 多万元打造国家 3A 级婚姻登记处，设置独立的颁证大厅、婚前辅导室、婚姻家庭调解室，建立 500 余平方米的婚俗文化展厅，配齐叫号等候、服务评价系统、电视等服务设施以及饮水机、老花镜等便民设备，搭建了规范便捷、优质高效的婚姻登记服务平台。**全过程婚姻辅导。**通过政府购买方式，引入专业机

构，开展婚前辅导、颁证仪式、婚姻调解等服务。将婚前辅导纳入领证环节，组织观看婚前辅导视频，普及家庭责任、沟通技巧等知识，提升当事人婚姻家庭责任感，从源头减少婚姻纠纷，3300多对新人享受到此项服务。将婚姻辅导植入离婚流程，婚姻辅导员积极提供情感沟通、心理疏导、关系修复、纠纷调解等服务，帮助当事人树立面对婚姻的积极心态，促进婚姻家庭稳定。接待离婚调解1489对，成功劝和988对，调和率66%。**多形式教育引导**。组织法制教育活动，将《民法典》婚姻家庭部分相关条文单独成册，宣传婚姻家庭权利和义务，引导新人共同维护婚姻家庭。组建心理咨询师、金婚夫妇、道德模范、妇女干部等群体构成的志愿者队伍，深入镇（街道）开展普法宣教、婚姻家庭辅导等活动，提高婚姻经营能力，近两年来全县离婚率下降52%。弘扬传承良好家风家教，深入开展好家风好家教好家训进社区、进村庄、进校园、进企业活动，形成扶弱济困、积极向善、守正持家的良好民风。

探索打造县域流通"两个到户"模式

——慈利县深化农村改革经验做法

近年来,慈利县供销合作社围绕整县推进"两个到户"工作目标任务,大力实施"五个一"工程,全面推进县域线上综合合作平台和线下经营网点体系的融合升级,探索打造了县域流通全覆盖、线上线下相融合的"两个到户"模式。

一、开发一个线上综合合作平台,搭建"两个到户"信息化服务平台

围绕加快打造"数字供销",依托县社全资公司湖南惠民供销农业服务有限公司,开发集信息互通、供需共享、直播带货、购销结算、物流配送等多功能于一体的"惠民供销"线上综合合作平台。平台整合供应商 200 多家,上线产品涵盖农资化肥、粮油蔬菜、生鲜水果、日用消费品等 10 多个大类,近 1500 个品种,能有效满足基层群众生产生活需求。同步开发"惠民供销"微信小程序,依托乡村基层社建立 300 多个乡镇、村级网点微信服务群,发展 8 万多名群众进群入社,及时收集群众的生产生活供求信息,直接联结到户、服务到户。结合春节、五一、端午、国庆等重要节日以及本地农产品丰收活动,组织社有企业、农民专业合作社、种养大户在线上平台开展优质农特产品直播促销活动。2021 年,慈利县社累计组织开展直播 52 场,助农促销清明茶、蔬菜、瓜果、蜂蜜、葛粉、红薯粉等农产品,实现农产品销售额 200 万元。

二、做优一批乡村供销经营服务网点，夯实"两个到户"基层服务阵地

乡村供销合作社（乡镇供销综合服务中心和村级供销综合服务社）是开展"两个到户"为农服务的主阵地，慈利县社积极争取组织、商务、农业农村以及乡村振兴部门的支持，按照政策推动和市场激励相结合的办法，优选一批基础条件较好、商业氛围较浓的乡镇和村居，按照"五个统一"（统一形象、统一服务范围、统一服务标准、统一价格、统一配送）标准打造一批乡村供销经营服务网点示范点。全县建立 1 个县级乡村振兴馆、25 个乡镇惠民供销综合服务中心、344 个村级惠民供销综合服务站，形成县、乡、村三级贯通的经营服务体系，乡镇实现全覆盖，行政村覆盖率达 80% 以上。为促进线上服务平台和线下网点体系的融合发展，慈利县社大力推行"自办平台＋他方执行"服务模式，先后整合 30 多家涉农市场经营主体入驻平台开展服务，并创新采取"线上下单＋线下配送＋便民公益服务"的方式，开展农产品进城、工业品下乡、种养技术指导、动物防疫防病指导、金融信贷（与邮政银行合作）、保险（与大地保险合作）、免费快递（与"三通一达"合作）、存取款（与建设银行、农商行合作）、缴费等综合便民公益服务，为探索开展生产、供销、信用"三位一体"综合合作积累了经验模式。

三、培育一个供销特色农产品品牌，打造"两个到户"经验做法

慈利县社立足当地特色蜂蜜产业，牵头组建张家界供销云商股份有限公司，采取"公司＋基地＋农民专业合作社＋农户"模式，以与广大蜂农共同组建产业联盟的方式实现"联结到户"，以在蜂蜜产品的产、供、销全过程中开展"管家式"指导服务的方式实现"服务到户"，共同培育"一界农户"特色品牌，推动当地蜂蜜产业的高质量发展，探索打造具有地方特色的"两个到户"经验做法。具体做法是：由慈利县社牵头，以张家界供销云商公司与福兴养蜂专业合作社为大股东，组建张家界五雷蜂蜜有限公司，与全县 386 户蜂农组成产业联盟，定期组织蜂农开展种养专业技术指导、培训，帮助销售产品，先后投入 200 多万元在岩泊渡镇农业产业孵化园建立了现代化蜂蜜生产加工线和统一的产品质量标准及溯源体系，对蜂蜜产业进行规模化、标准化生产。2021 年以来，先后开展养蜂技术培训 500 多人次，培养了 121 名职业蜂农，带动 3000 多名农户参与产业发展及就业，每户蜂农年均可

增收 2000 元以上。"一界农户"不仅成为了慈利县优质农特产品品牌，也成为了慈利县供销合作社推动产业发展、助力乡村振兴的知名品牌。

四、拓展一批农产品流通渠道，推动"两个到户"扩容增效

慈利县社将打通农产品流通渠道、破解农产品销售难题作为推动"两个到户"工作取得实效的一项重要内容扎实推进。**争取政策支持**。慈利县社以消费扶贫为契机，积极争取县政府出台"全县所有行政机关、企事业单位工会会员重要节日的工会福利在扶贫专柜中消费；明确各单位食堂全年采购总量的 30% 在扶贫专柜中消费"政策，由惠民供销公司具体实施。**打造"三专"平台**。全县 250 台消费扶贫智能专柜投入运营，首家消费扶贫专馆顺利开馆，第一家乡村振兴馆开馆。**强化联结服务**。慈利县社以"两专"平台为纽带，先后与全县 25 个乡镇、40 多个村集体经济和 100 多家扶贫产品经营企业、农民专业合作社、家庭农场对接，建设标准化产业基地 2000 多亩，带动 1000 余人发展产业，提供种子、农资配送以及技术指导等服务，产品由公司统一收购，在惠民供销电商平台、"两专"平台上进行销售，助农增收 300 多万元。**强化平台对接**。组织全县 150 多种扶贫产品进"三专"平台，进行政机关、企事业单位食堂，促进生产端与消费端对接。依托张家界供销云商公司，对接扶贫"832"平台，销售大米、食用油、茶叶、蜂蜜等本地特色农产品，并与本地 10 多家农民专业合作社合作，引导 300 多户农户参与生产，产品由云商公司统一销往全国各地，累计销售 340 万元，有效带动了当地农业产业发展。

五、建设一个线下物流配送体系，实现"两个到户"保障到位

积极争取省发改委、省供销合作总社等部门支持，大力实施县域冷链物流体系项目建设。湖南惠民供销公司目前已配备物流车 7 辆，开通覆盖全县的 6 条物流配送循环线路，实行每日配送。2021 年，慈利县社争取到省发改委和省总社 300 多万元项目资金，在县城黑峪湾双桥仓库建设县、乡、村三级智慧物流体系项目。目前，该项目已完成"三通一平"建设、围墙围栏、2 号仓库的基础平整以及消防池的海底基础，整体主体施工的基础基本完成。该项目建成后，将建立城乡一体的数字化物流信息平台，实现统仓统配、智能分拣、冷链物流，加速城乡流通。

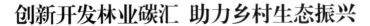

创新开发林业碳汇 助力乡村生态振兴

——龙山县深化农村改革经验做法

湘西最大的优势是生态资源，最大的财富是生态资源，最大的潜力也是生态资源。为切实践行习近平总书记提出的"绿水青山就是金山银山"发展理念，促进贫困地区生态振兴，找到一条实现生态产品价值转化之路，2016年5月，湖南省林业厅和湘西自治州人民政府在龙山县启动了湖南省唯一的林业碳汇试点，探索林业碳汇的湖南开发模式、经营方式、运行规则和技术路线，为湖南省全面开发林业碳汇探索和积累必要的经验。

一、探索模式，实行委托开发

林业碳汇须由具有独立法人资格和开发能力的企业作为项目业主开发。基于实际，龙山县林业碳汇试点项目选定了中部林业产权服务（湖南）有限责任公司作为项目开发业主，确定了龙山县砂子坡国有林场、万宝山林场、八仙洞林场等9个林场（所）作为项目开发实体。2017年1月11日，中部林业产权服务公司与龙山县9个林场（所）分别签订了林业碳汇开发协议，明确项目业主与拥有林地和林木资源的开发实体采取合作开发碳汇模式，中部林业产权公司承担碳汇开发的项目设计、审定、注册（备案）、监测、核证、减排量签发（备案）和交易等技术和经济责任，龙山县9个林场（所）承担项目造林、项目森林经营及项目管护等实体建设投入和经营管理责任，碳汇交易收入按项目业主30%、开发实体70%的比例进行分配，并确定林业碳汇开发交易不涉及开发实体的林木实体权益。

二、统筹资源，科学规划设计

龙山县林业碳汇试点项目规划设计分为碳汇造林及碳汇森林经营 2 个方面，设计总规模 8.1 万亩。其中，碳汇造林 2.35 万亩，碳汇竹子造林 0.15 万亩；碳汇森林经营 5.5 万亩，将产生 177.6 万吨碳汇量。其中，针对荒山荒地开展的 2.5 万亩新造碳汇林，预计 20 年计入期内将产生 44.3 万吨碳汇量；针对现有的 5.6 万亩中幼林，按近自然森林经营理论和技术开展经营改造，开展碳汇森林经营，预计 20 年计入期内将产生 133.3 万吨碳汇量。同时，在 20 年项目计入期内预计额外增加森林蓄积 61.7 万米^3，按 60% 出材率计算，可出材 37.0 万米^3；按每增长 1 米^3 森林蓄积释放氧气 1.62 吨计算，可增加释氧量 99.95 万吨。

三、精准研制，建立技术体系

龙山县林业碳汇试点项目同时与湖南省林业科学院、湖南省林业调查规划设计院合作，以龙山林木资源为基础，开展 10 余个树种碳汇计量模型研制和湖南林业碳汇调查设计方法及相应指标体系研制，为湖南林业碳汇计量与监测奠定科学基础，后期将用于指导湖南林业碳汇全面开发。依照在龙山县探索开发的标准和经验，制定了"湖南省林业碳汇项目设计技术规程（暂行）"和"湖南省林业碳汇项目参数清单（暂行）"。通过对 10 余个树种碳汇计量模型的监测，获得了碳汇造林与碳汇森林经营效益计量比较值。试点项目设计结果表明，20 年计入期内，碳汇造林每亩每年可增加 1.1188 吨碳汇量，碳汇森林经营每亩每年可增加 1.1854 吨碳汇量，碳汇森林经营项目的碳汇量比碳汇造林项目的碳汇量高约 6%。碳汇森林经营将成为未来湖南林业碳汇开发的重点领域。

四、创新方式，实行期货交易

碳汇造林及碳汇森林经营首次核证一般要在项目实施 5 年以后开展，也即碳汇量的形成和交易至少要在项目实施 5 年以后。为使林业碳汇开发的效益前置，龙山县林业碳汇试点项目创新林业碳汇交易方式，实行期货交易，促进林业碳汇持续稳定发展。2017 年 11 月 30 日，在湖南省政府举办的"2017 年亚太低碳技术高峰论坛"上，湖南松本林业科技股份有限公司与中部林业产权服务（湖南）有限责任公司签订了《湖南龙山县碳汇项目核证自愿碳汇量购买意向协议》，湖南松本林业科技股份有限公司以期货交易的方式，订购了中部林业产权服务（湖南）公司在湘西龙山县试点开发的湖南首批林业碳汇项目。中部林业产权服务（湖南）有限责任公司与龙山县合作开发的 8.1 万亩碳汇林 20 年计入期内预计产生的 177.6 万吨碳汇量按期货交易方式预售给湖南松本林业科技股份有限公司，并约定碳汇交易价格 40 元 / 吨，预计销售总收入 7104 万元，即 20 年期 877 元 / 亩，折合每年每亩 43.85 元。龙山县召市镇等 3 个乡镇参与碳汇试点的 777 户 2503 名林农的 7345.5 亩面积造林，预计 20 年计入期内将产生 16.4 万吨碳汇量，按 40 元 / 吨预售价计算，年均碳汇交易收益达 32.8 万元，按林农 60% 比例计算，农户年均收益 19.68 万元，每亩每年平均收益 26.79 元。

坚持"三引三迈" 赋能"乡村振兴"

——冷水江市铎山镇深化农村改革经验做法

近年来，冷水江市铎山镇始终把发展壮大村级集体经济作为凝聚党心民心、巩固执政基础的重要抓手，作为基层组织建设的"一号工程"，以"三引三迈"为抓手，因村施策、精准发力，推动村级集体经济提质增效，获评省级美丽乡村示范镇荣誉。全镇 22 个产改村（居）中，集体经济收入 10 万元以上的村 13 个，20 万元以上的村 4 个。

一、党建引领，迈准步子

坚持将党建引领贯穿村级集体经济发展全过程。**规划跟着政策走。**对标对表省委《关于进一步加快发展壮大农村集体经济的意见》和娄底市委、冷水江市委系列政策文件精神，结合本地实际，制定集体经济发展五年行动计划，一村一策一专班推进。**政策跟着项目走。**充分利用市级领导挂点、驻村工作队帮扶、规上企业联系等资源条件，争取资金 2200 余万元，实施项目 30 余个。**项目跟着能人走。**推行村党支部领办产业、能人领办项目，紧扣村级集体经济发展项目，列出任务清单和作战图，实行支部"派单"、能人"领单"，充分发挥能人带动作用和群众主体作用。目前，全镇能人领办创办的合作社达 35 家，带动万名群众入社增收。**能人跟着组织走。**靶向引才，建立乡贤人才库，开展外出乡贤座谈会和上门拜访活动，吸引 30 余名乡贤能人返乡创业；精准用才，以村支"两委"换届为契机，把"土专家"选拔进村干部队伍，新一届村党支部书记中，致富带头人达到 7 名，发挥了"领头雁"作用。

二、产业引航，迈开步子

打造形成了以"牛韵"产业为龙头、"富硒"产业为支撑的村级集体经济新格局。**横向贯通"农文旅"，做大"牛韵"产业。**依托农业、文化、旅游资源禀赋，以花桥村为核心，辐射周边 5 个村，抱团发展"牧草种植—肉牛养殖—牛席餐饮—食品加工—文化旅游"全链条牛产业链，每年吸引数万食客品尝特色美食、体验小桥流水、探寻梅山文化，2021 年产值突破 10 亿元。**纵向融合"产加销"，做精"富硒"产业。**立足眉山葡萄、大坪杨梅等特色富硒水果品牌，引进农业深加工、冷链物流企业 10 家，对接"乐得西"等本地农副产品电商企业，畅通"线上＋线下"销售渠道，形成"产、加、销"三位一体的四季精品水果产业链条，2021 年产值突破 8 亿元。**深度整合"废变宝"，做活"三资"文章。**通过清理回收、集约利用、招商引资等方式，开发利用村集体闲置或低效使用的老校舍、老村部、土地、沟塘、荒山等集体财产。目前，全镇出租集体商铺房屋 12 间，盘活闲置土地 2500 多亩，每年为村集体增收 80 万元。

三、要素引路，迈稳步子

着力在考核激励、利益联结、监督管理等环节综合施策，推动村集体经济健康长远发展。**注重考核激励。**对村级经济年经营性纯收入超过 10 万元的村，每年从集体经济纯收入新增部分中列支 5% 资金，奖励作出重要贡献的村干部，2021 年累计发放村干部奖金 122 万元。**注重利益联结。**建立"党支部＋合作社＋企业＋农户"利益联结机制，动员群众以土地、技术等形式入股，分享收益，形成"土地流转拿租金、基地务工挣薪金、发展产业得现金"的可持续发展、可持续增收机制。**注重监督管理。**严格落实"村账乡代管""四议两公开"等制度，建立健全村级财务收支预决算、财务公开、审计监督、收益分配等制度，充分发挥村务监督委员会作用，保障群众的知情权、参与权、决策权和监督权，确保村级集体经济健康发展。

八

加强党对"三农"工作的全面领导篇

全面推进乡村振兴，必须健全党领导农村工作的组织体系、制度体系、工作机制，提高新时代党全面领导农村工作的能力和水平。

——习近平

做实基层党建 力促乡村振兴

——岳阳市加强党对"三农"工作的全面领导经验做法

"今年我们村集体有望增收 12 万元，打了一场漂亮的翻身仗，一举摘掉集体经济薄弱村的帽子"，福星村党总支书记杨建宏掩饰不住兴奋之情。2022 年湖南第三届油菜花节开幕，君山分会场就设在福星村。连日来，福星村里人流如织、游客纷至沓来。福星村依托节会的举办，抓实"党建＋产业振兴"，引导村级组织流转土地，做强特色产业，发展旅游经济，走出了一条壮大集体经济的新路子。这是岳阳市着力夯实基层基础，突出实干实效，不断强化党建引领作用，激活乡村振兴动能的一个生动缩影。

一、开展"四亮创建"，让组织"强起来"

围绕"抓党建、促发展、优服务"，大力开展以党支部亮旗帜、组织生活亮规矩、党员示范亮身份、党建阵地亮形象为主要内容的"四亮创建"主题活动，激励基层党组织和广大党员在乡村振兴中走在前列、当好先锋。坚持支部扛旗、领导示范、党员带头、群众参与，全面推行清单制、承诺制、公示制、评议制举措，推动"四亮创建"主题活动走深走实。全市 3500 个乡村基层党组织、11.9 万名农村党员积极参与，广泛搭建"三联一创""六到网格、六兴乡村"系列载体，深入开展"党员志愿服务先锋行"活动，3.8 万名党员登记注册志愿者，组建 1300 支"乡村振兴志愿服务先锋队"，在疫情防控、生态保护、春耕生产、禁捕退捕、便民服务中充分发挥党员先锋力量、彰显党建引领作用。

二、实施"消薄清零"，让家底"厚起来"

深入实施村级集体经济"消薄清零"攻坚行动，结合岳阳实际，明确二十条村级集体经济发展路径，推行四大举措，着力推进薄弱村全面清零，整体提升集体经济实力。实行建档立卡管理，全面澄清集体经济底子，掌握薄弱情况、分析薄弱原因、找准发展路径、选准发展项目，逐村建立工作台账。突出典型示范带动，全市选树 20 个集体经济发展好的村作为标杆，分片组织 374 个建档立卡薄弱村支部书记现场观摩、专题培训，交流结对、互助共赢。开展专项督导考评，实行一月一调度、一季度一督导、半年一讲评，市委组织部对 102 个乡镇、县委组织部对 374 个薄弱村督导"两个全覆盖"。建立销号退出机制，坚持"挂图作战"、攻坚推进、销号管理，全市"一本总账""一张总图"管到底，制定集体经济薄弱村退出验收标准，按照村申请、乡申报、县核查、市抽查步骤，验收一个、销号一个、巩固一个。

三、推进"整建提质"，让治理"好起来"

按照"抓重点、治乱象、固根基、建机制"的要求，大力实施整建提质专项行动，全面提升党建引领基层治理水平。聚焦电信网络诈骗、涉毒、非法宗教蔓延、黑恶势力影响等问题，全面开展"村情体检"，全市摸排软弱涣散村党组织 19 个。部署实施政法机关干部下基层活动，向城郊接合部、高校周边、农村宗族势力影响的村选派"100 名平安书记"，推行政法党员领导干部"基层走访日""民情接待日"制度。集中开展"治乱象、优服务、当先锋"主题党日活动，组织签订党员承诺书 10 万余份。加强农村网格化精细治理，依托 1.8 万个农村网格党小组，广泛开展"敲门行动"，做到村不漏户、户不漏人，"零距离"宣传动员群众，广泛凝聚基层治理力量。

四、建立"业绩档案"，让责任"实起来"

聚焦党建重点任务，抓实乡镇关键层级，健全"抓书记、书记抓"机制，全面开展乡镇党委书记实绩评价。实行目标化引领、清单化推进、定量化评价，以"20+3+N"为主要内容（"20"即乡镇抓党建促乡村振兴 20 条重点任务，"3"即"四亮创建""消薄清零""整建提质"3 个专项，"N"即乡镇党建自选创新动作），科学合理地确定评价标准，建立可量化、可操作、可评价的目标责任体系。加强过程管理、质效评价，实行普遍访谈、问题约谈制，"一人一册"建立纪实评价档案。全面加强评价结果运用，推行"一书一函"（实绩评价意见反馈书、党建考核等次建议函）举措，开展十佳乡镇、十佳乡镇党委书记"双十佳"评选。

实施"万雁入乡"行动 赋能乡村全面振兴

——衡阳市加强党对"三农"工作的全面领导经验做法

为破解当前乡村缺人才、少干部等现实困境，衡阳市创新实施"万雁入乡"行动，计划"十四五"时期选派万名干部人才下沉乡村一线，凝聚众力、汇集众智助力乡村振兴。首批选派的 5000 余名干部人才已全部到岗到位，投入乡村振兴工作。

一、破壁垒畅渠道，动员最"精锐"的干部人才投身乡村一线

坚持市县联动、部门协同，打破人员身份、行业领域等限制，集聚优势人力资源，有序导流到乡村去。**建立干部培养"长回路"机制，选派一批年轻干部下沉乡村。**引导没有基层工作经历的 80 后干部到乡村去，把长期在一线工作的优秀干部交流上来，拉长干部成长链条，首批选派下沉 2642 名年轻干部，包括挂任乡镇党委副书记的 135 人、任乡镇班子成员的 98 人，还有一批到村（社区）担任第一书记。**坚持"凡晋必下"导向，选派一批专家人才下沉乡村。**将服务基层作为人才晋升职称的必备条件，首批选派 1484 名专家人才到乡村服务，包括 678 名农技专家、585 名城市骨干教师、221 名医疗人才。**依托社会治理专项行动，选派一批政法干警下沉乡村。**结合市域社会治理现代化试点合格城市创建、整建提质等工作，首批从公检法司等部门选派 438 名政法干警到乡村强基善治。**搭建作用发挥平台，选派一批退出领导岗位职级干部下沉乡村。**按照就近、就亲、就便原则，动员引导 417 名已退出领导岗位的职级公务员回乡返村，发挥优势增添贡献。**夯实驻村帮扶力量，选派一批机关企事业单位干部下沉乡村。**市县两级机关和企事业单位向脱贫村、易地扶贫搬迁村（社区）、乡村振兴任务重的村、乡村振兴示范村等选派 750 支乡村振兴驻村工作队，进一步强化帮扶。

二、严管理优服务，打造最"硬核"的下派队伍扎根乡村一线

坚持严格管理与优化服务并重，引导激励与约束惩戒并举，推动下派干部人才队伍在乡村过得硬、留得住。**从严从实强监管。**制定出台《关于建立干部人才成长"长回路"机制开展万名干部人才下乡村活动助力乡村振兴和"三强一化"建设的意见》等文件，实行派出、派驻单位"双重管理"制度和不胜任不尽职"召回"制度，开发运行"万雁入乡"管理信息系统，实行信息化纪实管理，市县组织部门每半年开展一次下派干部情况考察，进一步强化监督考核。**用心用情强保障。**全面落实生活补助、交通补贴、购买保险、健康体检等待遇保障，健全完善谈心谈话、走访慰问、关爱解困等制度。充分发挥派驻单位的后盾作用，在资金保障、产业规划、项目支持等方面提供支撑，并建立落实主要负责人定期到派驻村蹲点调研制度，2022 年开展蹲点调研 2816 次，帮助解决实际问题 1300 余个，推动项目落地 638 个。**真招实措强激励。**优先在乡村一线评选和提拔使用干部人才，每年分类别按照下派总人数 35% 的比例确定年度考核优秀等次名额，不占派出派驻单位评优名额，不影响其在原单位的正常提拔使用、职级（称）晋升。下沉期满后，将根据表现情况，提拔重用一批、表彰激励一批、宣传报道一批、培养储备一批。

三、明职责重实效，谱写最"嘹亮"的实干旋律唱响乡村一线

坚持人岗相适、才尽其用，持续加强引导培养，推动下派干部人才的智慧在乡村涌流，实绩在乡村书写，事业在乡村铸就。**制定职责"任务书"。**综合考虑乡村发展需要和下派干部人才优势，分别明确组织振兴指导员、基层治理指导员、产业发展指导员、民生事业指导员"四员"职责，形成了人人有责、知责、履责和尽责的良好局面。乡镇党委挂职副书记重点抓基层党建、产业发展等工作；专家人才重点是发挥各自优势，补齐当前乡村农业技术、教育卫生等民生事业方面的短板。**用好培训"加油站"。**分类举办乡镇党委

挂职副书记、村（社区）第一书记等岗前培训班，并纳入"新时代基层干部乡村振兴主题培训计划"，实行一对一"导师帮带"，通过以老带新、师徒结对等办法，全面提升下派干部人才抓乡村振兴工作的履职能力。**搭建干事"大舞台"**。将基层实际需求与干部人才的分配紧密结合，把他们锚到方向对口、领域擅长、业务熟悉的具体岗位上，确保每个下派干部人才都有大展才华的舞台，都有大显身手的机会。比如，下派的农技专家实施科技成果转化项目27个，帮助解决技术难题162项；驻村工作队大力推进乡村车间建设，目前已建成乡村车间498家，安置就业6.5万人；等等。同时，在疫情防控、防溺水、自建房排查等底线工作方面，下派干部人才也发挥着积极作用。

培育新型职业农民 打造乡村振兴生力军

——永州市加强党对"三农"工作的全面领导经验做法

2016 年 12 月，永州市委启动农村人才培训战略，创建永州市农村党员和青年农民培训中心（简称"培训中心"），探索"党建 + 乡村振兴高素质农民培育"模式，全力培育新型职业农民。经过五年多的积极探索和实践，永州市高素质农民培育模式实现了从"输血"到"造血"的华丽转身，有效鼓起了农民"钱袋子"，形成了多重利好的叠加效应。共举办培训班 119 期，培训学员 4.6 万余名，增加就业岗位 10 万余个，累计带动周边群众 17 万余人脱贫致富，实现产业增收 8 亿余元。培训中心先后获评"全国职工教育培训示范点"、"全国新型职业农民培育示范基地"、"全国农村创新创业孵化实训基地"、"全省乡村振兴人才培养优质校"、湖南省"一户一产业工人"培养工程示范点等荣誉或称号。做法先后被人民日报、经济日报、央视网等50 余家省级以上新闻媒体推介。

一、打好乡村振兴战略"整体战"

把就地培养高素质农民作为脱贫攻坚和乡村振兴的有效突破口，以创新之笔落实好振兴之为。**在培训理念上对接乡村振兴战略大局。**培训中心以产业振兴、人才振兴和组织振兴为靶向，强化以先进的理念武装农民头脑，以实用的课程培养实用人才，以市场化的思维提升农民商业理念，扩大学员市场供给战略视野，增强学员一二三产业融合发展意识。培训学员刘文华是道县上关街道七里岗村党支部书记，2019 年在培训中心学习现代种养殖技术等课程后，将砂糖橘、脐橙等经济作物引进七里岗村，带动全村 90 多户村民，其中脱贫户 30 户，承包村集体土地 8100 多亩发展种植，村民年收入较过去翻了几番。他说："在培训中心接触了很多新的理念，扩大了视野。目前我思考并正在践行的是如何把村里有限的资源变成资产，把资产变成资金，把资金变成股金，让老百姓变成股东，从中获得利益。"**在专业设置上对接农民和市场需要**。每年初，对全市 14 个县市区的 3188 个村（社区）进行摸底调查，直达基层。根据摸底汇总情况，结合市场需求，开设种植、养殖、农村电商、企业用工等 4 大类的 19 个专业。涵盖果树种植、家政服务、水产养殖、烹饪烹调、农庄规划与管理、建筑装饰、服装设计、电子装配等方面，参训学员报名踊跃，反响好。**在跟踪服务上对接参训学员需求**。培训中心注重跟踪问效，不是"一培了之"。培训结束后，积极做好跟踪服务、跟踪问效，通过建立网络学堂、组织教师定期回访、安排种养大户现场指导、创建微信群和 QQ 群等方式，及时掌握学员的创业情况，提供技术服务，打造一个永久的"流动学堂"。自 2017 年 5 月培训开班以来，培训中心根据学员需求，邀请湖南农业大学、湖南生物机电职业技术学院、湖南省农科院、永州工贸学校的专业教师实地解决产业问题 50 余次，通过网络及电话解决问题 700 余次，为学员产业发展保驾护航。

二、练好课程体系建设"组合拳"

培训中心始终坚持党建引领，在此基础上针对不同类别和培训特点科学设置课程。**坚持党建引领，为学员精神补钙**。培训中心在以往党建理论课程的基础上，紧紧围绕习近平新时代中国特色社会主义思想，开设了乡村振兴战略政策解读、廉政教育、学唱红歌、分组讨论、学员讲坛等特色课程，"党建 +"课程体系日渐成熟，筑牢基层党员精神堡垒。**完善实用技术课程教学，为学员技术充电**。以现代种植、现代养殖、农村电商课为基础，积极丰富和创新授课形式，培训中心将课堂搬进了"蓝天教室"，将教授请进了"绿水田埂"，将种养能手请上了"黑板讲台"，多方位、多维度开展实用技术教学，学员在种养基地观摩的同时就地上理论课，实现了理实一体化的深度结合，增强了在田间地头的授课实效。**紧跟时下热点，为学员产业赋能**。培训中心开设了农庄与乡村旅游、休闲山庄及民俗规划设计、创意农业与乡村旅游、抖音直播带货等课程，积极探索如何充分利用好乡村的自然和人文资源，把符合农村实际、契合农民需求的文创产业与乡村旅游融合起来，为农业发展注入新动能，搭建了"农＋文＋旅"的新课程平台。

三、奏好提质增效"交响乐"

持续拓展校外实训基地。按照动态管理原则，对前期建设不力、复核不达标的基地予以摘牌。并对参训学员回乡创业的基地进行摸底，在全市范围内精心遴选了 53 家校外实训基地，便于学员在当地深入学习。**持续提升师资力量。**更新和充实了以校内管理队伍专业教师、校外专家教授、农村"田秀才""土专家""乡创客"三大阵营为主的管理及授课班底，强化了实用型师资力量的配备。**持续强化后续管理。**充分利用"红星云""科教云"等微信公众号，对参训学员进行大数据管理，开展结业后的远程教育，确保每一位学员在乡村振兴中大展身手。2018 年现代种植班一位学员在培训中心学习回去后，扩大了油茶种植规模，由于技术没跟上，油茶产量始终不理想。培训中心老师了解情况以后，邀请湖南生物机电职业技术学院的教授到他的种植基地实地走访，帮他开出提高产量的"药方"。据了解，次年该学员基地的油茶产值增长 2.5 万余元。

坚持"四精"理念 着力锻造"硬核"驻村工作队

——望城区加强党对"三农"工作的全面领导经验做法

近年来,望城区把加强驻村工作队建设作为强基固本的重要抓手,坚持"四精"理念,着力锻造乡村振兴的"硬核"力量,为党建引领乡村振兴注入强劲动力。2021年,全区所有村级集体经济都稳定在20万元以上,其中50万元以上的村达到49个,100万元以上的经济强村达到24个。

一、精锐选派

出台《长沙市望城区驻村第一书记和工作队考核管理办法(试行)》,明确第一书记和驻村干部选派范围、条件和程序。严格人选标准,按照组织推荐、择优选拔的原则,实行尽锐出战,精心挑选131名政治素质好、实干本领强、工作作风实、善做群众工作的优秀干部到村担任驻村第一书记和工作队员,其中,党员占93.3%,40岁以下的占36.3%,具备农村工作经验或涉农专业特长的占78.2%。同时,注重选派对象和选派村社区的匹配性,坚持一村一策、人岗相适,将89个重点村划分为美丽宜居村庄创建村、红色资源村、基层党组织软弱涣散村、特色产业发展村等9种类型,有针对性地选派干部驻村。

二、精准培训

按照分级分类的原则,区驻村办会同农业农村(乡村振兴)等部门,通过专题培训、观摩拉练、经验交流、集中研讨等形式，每年组织驻村第一书记和工作队员进行集中轮训，邀请各级领导、职能部门负责同志、专家学者以及优秀驻村第一书记进行授课辅导，帮助驻村第一书记和工作队员明确角色、找准定位、提升能力。2022年，全区举办集训14期次，培训368人次，参训率达到100%。乡镇街道党（工）委每季组织召开一次驻村工作队经验交流会，探讨工作思路和举措，助推驻村队员之间相互砥砺成长。坚持在干中学，结合"党员承诺制"，每年承诺为群众办一件以上的实事或好事，带头深化"我为群众办实事"活动，在实干中提升服务群众的本领。

三、精细管理

压实派驻单位责任，将驻村帮扶管理及经费保障纳入各乡镇街道、各部门目标责任考核，领导班子和党政领导干部年度考核，作为党委（党组）书记抓党建述职评议考核的重要内容，全面压实派出单位工作责任。明确驻村队员职责，围绕建强村党组织、推进强村富民、提升治理水平和为民办实事服务4个重点任务制定驻村工作10项重点任务清单，让驻村第一书记和驻村队员"列单式"抓好工作落实。常态化开展督导，坚持以"四不两直"督导为主，由区驻村办联合乡村振兴局等单位开展常态化巡回督促和业务指导，对抽查、检查中发现的问题，及时下发督查通报，督促整改到位。2022年，开展督查3次，督促整改各类问题56个。并建立召回制度，对驻村期间作风不实、履职不力、不服从当地党委政府工作安排、民主评议满意率较低、存在违纪违法行为的驻村第一书记和工作队员，及时予以召回。

四、精心激励

坚持政治激励、精神鼓励、物质保障相结合，消除驻村工作队员后顾之忧，激发他们的干事激情。高标准落实驻村工作队员生活补助、交通补助、通信补贴，为驻村队员购买人身意外伤害保险。将驻村第一书记年度考核、评先评优进行单列，全区乡村振兴驻村工作队员2021年度考核优秀人数占总人数的 35%。加大选树表彰先进力度，对优秀驻村工作队员及第一书记，及时总结宣传，讲好乡村振兴故事，树立鲜明导向，营造崇尚先进、学习先进、争当先进的浓厚氛围，凝心聚力推动乡村振兴。2021 年以来，累计从优秀驻村干部中提拔使用 3 人，18 名驻村队员获区级以上表彰奖励。

深化驻村工作 助力乡村振兴

——荷塘区加强党对"三农"工作的全面领导经验做法

近年来，荷塘区坚持加强基层党组织、治理体制机制、基础设施、农业产业等建设，稳步走好新时代党的群众路线，连续 4 年选派干部驻（联）村，深入村组，发动、带领群众广泛参与到疫情防控、城乡帮困、就业帮扶、人居环境整治等各项工作中，形成了"政府投入少、群众参与度高、工作效果好"的可喜局面。

一、坚持"严"字，把好"基础线"

坚持党管干部原则，强化党组织在选人用人中的把关责任，确保选好人、用好人、育好人。**严格选人。**坚持和落实好干部标准，采取自愿报名与部门推荐、组织选人相结合的方式，不限级别、不限年龄，从区直部门、街道遴选 290 名政治坚定、作风优良、责任心强的干部参与驻（联）村工作，为乡村振兴把好"人才关"。**科学用人。**充分考虑干部年龄、专业、经历、职务层次等因素，对人选进行科学搭配、优化组合，先期明确一名工作经验丰富的正科职干部担任队长，搭配两名优秀年轻干部、后备干部，确保每支工作队不少于 3 人。队长对年轻干部进行思想上传、业务上帮、作风上带，使其尽快成长。**系统管理。**制定实施《荷塘区乡村振兴驻村工作队管理办法》，逐步健全完善教育培训、工作例会、量化考核管理等制度，全方位为驻村工作提供制度支持和有关待遇保障，让驻村干部安心尽心。

二、突出"实"字，建好"练兵场"

坚持把实绩作为"第一标尺"，注重在基层一线磨炼干部意志、提升本领，做深做细做实"三农"工作。**推深做实农业农村工作。**引导驻（联）村工作队深入农村开展扶贫帮困、人居环境整治、疫情防控、村集体经济发展、农耕生产、自建房隐患摸排等系列重点工作，鼓励驻（联）村干部通过抖音直播带货、拍摄宣传片等方式，推广农村美食、荷塘美景，奋力开创"三农"工作新局面。截至 2022 年 6 月底，累计开展人居环境整治、抛秧、志愿帮扶等活动 160 余次，发布助农抖音视频 50 余条，帮扶群众 1900 余人，链接帮扶资金 300 余万元，有关工作情况获新华社等媒体报道。**协助构建基层治理体系。**驻（联）村干部充分发挥主观能动性，当好政策"接口"，引导完善"村党组织—村民小组（网格）党组织—党员联系户"的农村党组织体系，协助各村党组织健全"一约四会"制度和自治组织，选优配强自治组织骨干成员，形成"头雁"效应，加快构建自治、法治、德治相结合的基层治理体系。樟霞村村规民约被评为湖南省"十佳村规民约"，并获评省级乡村治理示范村。**广泛链接多方资源。**引导各村成立 24 支党员志愿服务队，持续开展大走访、敲门行动、五个到户等活动，广泛收集群众诉求，引导群众有序参与爱心捐赠，积极链接政府和社会资源 1300 余万元，有效形成财政资金、社会资金共同参与社会治理的多元化筹资机制，为驻（联）村工作注入源头活水，党群干群关系进一步密切。

三、用好"活"字，搭好"保障网"

坚持严管和厚爱结合、激励和约束并重，注重提升干部"三农"工作能力素养，为乡村振兴提供坚强的组织保障和人才支持。**创新交流平台。**区委主要领导先后召开"群众工作论坛""乡愁论坛"等乡村振兴主题夜谈会 20 余场，鼓励驻（联）村干部积极分享驻村工作中遇到的困惑及感受，引导驻（联）村干部在广泛交流和思想碰撞中，激发振兴乡村新活力。每年开展覆盖全体驻（联）村队员的单独谈话，重点考察干部驻（联）村工作表现情况及干部个人成长情况等。**加强培训教育。**先后召开乡村振兴驻村第一书记和工作队培训会、农村产权交易暨土地制度改革培训会、发展壮大村集体经济业务培训会；组织驻（联）村工作队员赴醴陵、韶山、江西等地开展乡村振兴专题调研，学习先进经验，提升干事能力。**强化激励措施**。将严管厚爱、约束激励结合起来，在评先评优、职级晋升等多个方面，重点向乡村振兴工作一线干部倾斜，进一步激发干部优势、释放人才红利，真正打造一支政治过硬、本领过硬、作风过硬的乡村振兴干部队伍。根据工作实绩，每年评选出优秀驻村工作队、优秀驻村队员并进行表彰，累计表彰优秀驻村工作队 16 支、优秀驻村队员 31 人次、新锐驻村队员 9 人次。

"擂台比武"亮成绩　以赛促练增干劲

——湘乡市加强党对"三农"工作的全面领导经验做法

为更好地发挥农村基层党组织的引领作用,湘乡市开展了抓党建促乡村振兴"擂台大比武活动",在全市 297 个农村基层党组织中掀起了抓学习、强实干、领发展的热潮,激发了广大党员积极投身乡村振兴的热情,为巩固拓展脱贫攻坚成果、全面推进乡村振兴提供了坚强组织保障。

一、选出"牛书记",形成示范效应

精心制定"擂台比武"实施方案,要求全市所有行政村的党组织负责人参与,围绕"五大振兴"活动主题和各乡镇(街道)共性指标、重点任务、特色亮点,科学设置评比指标,通过自搭擂台、小试身手、登台比武等活动搭好乡镇(街道)初赛、县级复赛和决赛"两级擂台",选出优秀的农村带头人,构建村(社区)党组织书记"头雁矩阵",建立结对帮带机制。通过跟班工作、专题指导、抱团发展等方式,引导广大村(社区)党组织书记向"头雁"学习看齐,充分发挥头雁领飞的示范带动效应。

二、比出好模式,促进经验推广

决赛中 10 名优秀的"擂主"走上擂台,大家谈感受、晒成绩、找差距、立标杆、定承诺,呈现出一派热火朝天、竞相赶超的热烈场面。东郊乡浒洲

村党总支书记从做优融合文章、做活产业文章、做实治理文章、做强组织文章、做大引领文章五个方面，详细展示了浒洲村近年来抓党建促乡村振兴积累的经验和成果。龙洞镇泉湖村是陈赓大将的故乡，是全国红色美丽村庄建设试点村，该村党总支书记生动阐释了"红、绿、蓝""三色"泉湖发展理念。山枣镇洪塘村党总支书记分享了她20多年基层工作探索出来的"只有跟党走，才能干出来""只有破心门，树新理念，才能有新高度""只有实干才是硬道理"等经验。活动过后，编印了《湘乡市抓党建促乡村振兴典型案例选编》，将一批可借鉴、能复制、操作性强的经验做法，向全市各农村基层党组织进行推广，要求各农村基层党组织结合实际进行借鉴、复制，全面提升了各农村基层党组织抓党建促乡村振兴的能力和水平。

三、推广新经验，开拓更宽视野

活动前期，通过在各镇村实地考察，发现了一些新情况、新经验，进一步推动了其他工作的开展，起到了以小见大、"四两拨千斤"的效果。如针对基层党建工作习惯按部就班开展、载体不丰富等问题，出台了《湘乡市基层党建品牌"8511"计划实施方案》，计划用5年时间打造8个以上乡镇（街道）、50个以上村（社区）、10个以上市直机关、10个以上两新党组织党建工作品牌。针对党建在个别领域引领作用发挥不强的问题，启动了"龙城先锋·党建强基"攻坚行动，通过实施"素质提升""融合互促""先锋引领""党群连心""清廉湘乡"5个计划，进一步提升党建工作水平。此外，还对考察中发现的一些新经验进行了推介，如把泉塘镇的"支部建在网格"等新经验向全市进行推广，取得了很好的实效。

四、赛出大氛围，激发竞争热潮

通过擂台比拼的形式，全市各村（社区）党组织书记轮番上阵，比"实功"、晒"经验"、亮"成绩"，找差距、补短板、强弱项，激发了各村党组织书记团结奋进、争先创优的热情。大家纷纷表示，将以此次擂台比武为新的起点，继续弘扬大干、快干、抓紧干、拼命干的精神，在全面推进乡村振兴的征程上勇毅前行。

巧做乡贤文章　赋能乡村振兴

——邵东市加强党对"三农"工作的全面领导经验做法

近年来，邵东市深入学习贯彻习近平总书记关于"三农"工作重要论述，认真落实省第十二次党代会提出的"推动乡村人才振兴，引导能人回乡、市民下乡、乡贤助乡、企业兴乡"的部署要求，发出"迎乡贤建家乡、改陋习树新风、兴产业振乡村"倡议，引导有声望、有爱心、有能力的乡贤人士助力乡村振兴，奏响齐心协力建设美丽宜居乡村的"交响曲"。

一、坚持"聚心共商"，以乡情为纽带凝聚乡贤力量

积极打好"乡情牌"，号召和吸引乡贤回报桑梓，全面参与乡村振兴。**高度重视乡贤宝贵资源。** 把乡贤资源作为乡村振兴的重要力量，成立了市委书记、市长任组长的工作领导小组，出台了实施方案，建立了县级推进、乡镇落实、村（社区）为主体的乡贤工作机制。通过组织开展乡贤家乡行、乡情恳谈、节庆联谊等系列活动，激发乡贤回报家乡、振兴乡村的热情。全市共组织乡贤商讨、对接乡村振兴事宜座谈会 2600 余场（次），商定各类项目 1300 多个。**着力构建乡贤组织体系。** 根据乡贤人士的发展领域、特点专长和创新创业、回报家乡的意向，分门别类建立乡贤资源信息库；充分发挥商会和行业协会作用，成立各级乡贤组织，让乡贤回乡干事有桥梁、遇到问题有组织，增强了返乡助乡的信心和决心。全市共摸底登记在册乡贤 3.2 万余名，成立村级乡贤工作站 580 个，在泰国曼谷、北京、昆明、深圳等地设立乡贤

联络站 32 个。**积极搭建乡贤议事平台。**通过推荐乡贤担任各级人大代表和政协委员，选聘乡贤担任乡村班子顾问等方式，搭建起乡贤参与家乡建设和乡村振兴的平台。2021 年以来，乡贤参与村庄规划编制献计献策 1900 余条，对乡村振兴提出意见建议 3200 余条，为全面推进乡村振兴从顶层设计到具体项目落地提出了宝贵意见。

二、坚持"聚力共建"，以乡村为舞台彰显乡贤作为

积极发挥乡贤优势，集聚资源要素，推动人才回乡、项目回归、资金回流、总部回迁，为乡村振兴注入"源头活水"。**引导乡贤成为产业发展带动者。**鼓励支持乡贤开发优势特色农业资源，积极参与现代农业产业园、特色农产品优势区等项目建设，助力农业高质量发展。依托打火机、小五金、中医药、箱包等传统特色优势产业，引导轻工产品下游产业链延伸到村，积极兴办乡村工厂和就业帮扶车间。全市新增农民专业合作社 151 个，新建精品果蔬、中药材等基地 213 个，新办就业帮扶车间 27 个。乡贤黄玉彪将邵东国际商贸城总价值 1.05 亿元的 23 间商铺和 47 间仓储 20 年的租赁权，捐赠给里安等 10 个村（社区）作为村集体经济。**引导乡贤成为美丽家园建设者。**积极引导乡贤通过捐助资金、投工投劳等方式，投身农村人居环境整治"一拆二改三清四化"行动，协助拆除农村空心房 2900 多间，拆除乱搭乱盖 480 多处，实施道路两侧绿化 29 公里，建设美丽屋场 690 个，乡村面貌焕然一新。曾氏铝业集团董事长曾小山捐建邵东市第一实验学校，2022 年率家人捐款 1580 万元；中伟集团创始人邓伟明捐资 8000 万元修建中伟大道。**引导乡贤成为文明乡风引领者。**鼓励乡贤参与法律宣讲、移风易俗、纠纷调解、禁毒禁赌、反电诈、新时代文明实践等基层治理工作，着力打造一支善于宣传政策法规、敢于化解矛盾纠纷、勇于参与社会治理的乡贤志愿队伍。全市 580 个村（社区）都制定了乡村振兴公约，组建乡村振兴志愿服务队 1322 支，建立老年人、留守儿童日间照料中心 227 个，调解矛盾纠纷 879 起，有力促进了乡村和谐稳定。

三、坚持"聚能共赢"，以乡兴为目标激发乡贤动力

积极探索"三级联动、联系密切、精准高效"的工作机制，充分调动乡

贤参与乡村振兴的积极性、主动性、创造性。**强化沟通交流，尊重乡贤意愿。**在乡村振兴项目库制定和项目实施过程中积极听取乡贤意见，开发邵东乡贤网和手机 APP，让乡贤既能根据自身优势"量体裁衣"，又能通过网上平台"看单点菜"。对于重特大乡贤建设项目，党政主要领导亲自出面，主动与乡贤进行面对面沟通，共同敲定合作事宜。**强化政策支持，提供优良服务。**出台迎乡贤兴乡村支持政策清单 45 条，在产业发展、基础设施建设、资金保障等方面给予支持。实施六大强农措施、就业帮扶车间等奖补项目，260 个项目共兑现奖补资金 2000 余万元。对乡贤参与乡村振兴积极性高、贡献大的村，优先确定为"精品示范村""示范美丽屋场""示范产业""示范线路""示范车间"和"示范日间照料中心"创建主体。整合水利、交通、农业农村、乡村振兴等部门资金 4000 余万元用于示范创建，撬动乡贤投入资金 5200 多万元。**强化激励措施，树立鲜明导向。**对贡献较大、表现突出的乡贤，在"五一劳动奖章""三八红旗手"等评选中给予倾斜，并优先考虑作为"两代表一委员"人选。大力宣传先进典型，每年评选表彰 100 名壮大家乡经济成效突出的企业家、1000 名带动作用明显的乡贤和 100 个迎乡贤建家乡示范村，营造了争当乡贤、共建家乡的浓厚氛围。

"双报一领"破解农村流动党员管理难题

——永兴县加强党对"三农"工作的全面领导经验做法

2020年，永兴县按照"流出（流出地党组织）主导、三方（流出地、流入地、党员）协同、网络支撑、情感融合、因人施策"的思路，探索出了农村流动党员"双报一领"管理模式，让农村流动党员"既向流入地党组织报到又向流出地党组织报告，并积极认领党组织分配的工作任务"。2022年，"双报一领"工作被中组部列入全国党员分类管理创新案例，经验做法在中组部《组工通讯》推介。

一、强化日常管理，让流动党员流动不流失

永兴县共有农村流动党员4000余名，约占全县农村党员总数的四分之一，主要分布在珠三角地区。针对这些党员数量多、分布较为分散、入党时间短等特点，按照"双报一领"模式，强化了管理。**推动流动党员到流入地党组织报到**。流出地党组织给每名流动党员免费邮寄一个专属"礼包"，包含组织关系介绍信、党员证、党员徽章、纪念衫、学习簿、党组织寄语等，督促流动党员持介绍信和党员证到流入地党组织报到。同时，流出地党组织主动与流入地党组织联系，商请流入地党组织主动联系党员，将他们纳入日常管理。2021年，全县有1244名流动党员完成了报到，占比30.8%，接受流入地党组织日常管理。**要求流动党员向流出地党组织报告**。报告方式以网络为主，实地为辅。利用"学习强国"APP会议功能，每季度相对固定一天召开视频

会议，要求流动党员报告学习、工作、生活情况。对因特殊情况不能参会的可通过微信、电话等方式向支部报告。同时，各基层党组织还利用传统节日等流动党员集中回乡契机，召开"流动党员专题组织生活会"，组织回乡的流动党员交流互动。流动党员每年至少回来参加一次现场会议。2021年，全县有3000多名流动党员每月报告，占比超过80%；超过90%的流动党员工作单位、居住地、联系方式发生变化时，会主动报告。**搭建流动党员认领任务平台**。流出地党支部根据工作需要，不定期在微信群发布工作任务，流动党员结合自身实际主动认领，做好党组织分配的工作。2021年，全县各基层党组织在微信群里发布任务2328件次，参与认领任务的流动党员达5680人次，约七成完成了认领任务。

二、规范组织生活，让流动党员离乡不离党

把外出6个月以上并且没有转移组织关系的党员纳入流动党员党支部管理，不硬性要求流动党员必须将组织关系转出，而是建立流动党员信息台账，建立"离乡不离党"微信群，加强与流动党员的交流互动，加强与流入地党组织的沟通对接，增强了党员意识和组织归属感。**规范组织生活**。流动党员既可就近就便在流入地参加组织生活，又可在线上通过视频方式参加组织生活。2021年以来，在流入地参加组织生活的超3000人次；全县各基层党组织共召开线上视频会议847次，参加会议的流动党员超8180人次，参会率接近80%。2021年中秋国庆期间，全县总计约有800名流动党员回乡参加"专题组织生活会"。**严格党费收缴**。全县有2000名流动党员按要求向党组织主动申报了收入状况，各基层党组织根据党费收缴管理使用规定核报了党费缴纳标准，全县流动党员缴纳党费月人均增加38.47元。此外，流动党员向党组织缴纳党费，也改变了过去一年交一次的做法，绝大部分流动党员都通过微信群每月定时向党组织交纳党费。**强化积分管理**。将流动党员完成"双报一领"情况纳入党员积分管理，每月在微信群公布党员积分情况，每季度评选1名优秀流动党员，年度评选3名模范流动党员。对连续半年未落实"双报一领"要求或全年积分在60—70分的，评定为基本合格党员，接受乡镇党委统一组织的"回炉"教育培训。对不参加"回炉"或经培训后不整改、整改不到位的，以及年度积分在60分以下的，经支部大会研究定为不合格党员。

三、助力乡村振兴，让流动党员有为更有位

积极搭建流动党员发挥作用的平台，让流动党员了解家乡发展的所需所盼，在他乡也能发挥先锋模范作用。特别是通过助力"乡贤回乡、助力家乡"主题活动，结合流动党支部在广州、福州、贵阳等地设立 7 个乡贤驿站，激发乡贤回馈桑梓、反哺家乡之情。**在乡村建设上发挥作用。**全县各村（社区）梳理基础设施建设需求，建立乡村建设项目库，通过流动党员与全县在外乡贤的"亲密"对接，以流动党员带头，引导包括流动党员在内的乡贤参与到美丽乡村建设中来。全县总计接受捐物捐资近亿元，用于资助乡村教育、医疗、文化、交通、卫生、农业生产等方面基础设施建设，用于农村环境整治、亮化美化等工作。乡贤李红京为县一中新校区捐资 5000 万元建设体育馆。**在产业发展上主动作为。**借助流动党员在外的技术优势、信息优势、平台优势、渠道优势，广泛开展招商引资和返乡创业，全县达成初步投资意向 2000 余个，创办企业 40 余家，涉及农业、工业、旅游业等行业，金额超 12 亿元。其中，黄泥镇许群华投资 5 亿元建设华创智慧安防产业园。**在重点工作上担当重任。**不断唤醒流动党员的党员意识，使流动党员在不同地方都能发挥作用。金龟镇小田村 6 名流动党员主动认领动员群众打疫苗任务，动员 30 余名亲友接种新冠肺炎疫苗。黄泥镇涌水村 20 名流动党员认领并完成了 3000 余箱永兴冰糖橙销售任务。流动党员在流入地积极参与志愿服务活动，有 300 多人被评为先进个人。